JN445372

유아발달

Development of young children

:: 머리말 ::

시대가 변하고 가치의 기준이 변해도 인간이 포기할 수 없는 중요한 것이 있다면 그것은 바로 다음 세대를 이어갈 아이일 것이다. 저출산으로 인한 인구감소가 사회적 이슈로 대두되고는 있지만 인간에게 아이란 동물과는 다른 우월한 유전자의 전이 대상 및 인류역사를 진보시키는 주체가 되기 때문에 사회조직 안에서 그 존재를 지속적으로 이어가는 것이다. 따라서 필립 아리에스Philippe Aries가 지적한 것처럼 일종의 익명상태에서 벗어나지 못하고 아동기에 대한 의식이 부재했음에도 아이에 대한 '귀여워하기'가 존재했던 과거에도, 그리고 인간 의식의 발달과 더불어 아동에 대한 과학적이고 체계적인 학문 연구가 놀랍게 이루어지고 있는 지금에도 아이란 존재는 인간 삶의 영역에서 매우 큰 부분을 차지하고 있다.

유아발달은 생명의 탄생에서부터 취학 전 유아기까지의 인간의 성장과 변화를 설명하고자 하는 학문이다. 최근 영아기에 대한 관심의 증가로 2014년부터 보육교사 자격증을 취득하기 위한 필수과목으로 '영아발달'이 선정되었고, 이에 만 3~5세 유아기의 발달내용을 보다 전문적이고 체계적으로 정리해야 할 필요성이 대두되었다. 따라서 이러한 요구에 부응하기 위해 본 서를 출간하게 되었다.

이 책은 제3부 제9장으로 구성되어 있다. 제1부는 발달의 이론에 관계되는 내용으로 발달의 개념, 원리, 쟁점 그리고 발달의 이론에 대한 전반적인 내용을 다룬다. 제2부는 각 발달영역에 대한 내용으로 신체 및 운동발달, 인지발달, 언어발달, 사회성발달 그리고 정서발달로 나누어 각 발달영역에 대해 발달의 개념, 발달의 특징 및 연령별 교육내용, 교사 및 부모의 역할 등을 다루었으며, 마지막으로 각 발달에 따른 체크리스트를 제시하여 유아의 발달 정도를 각 영역별로 평가할 수 있도록 하였다. 제3부는 유아기의 발달내용과 2013년부터 도입된 국가 수준 공통교육과정인 누리과정을 연계하여 분석하였다. 이를 위해 누리과정에 반영된 각 발달영역을 설명하였으며, 각 발달영역마다 누리과정과 표준보육과정, 그리고 2007 개정 유치원교육과정을 비교하여 유사점과 차이점을 제시하였다.

이 책은 유아교육학과, 보육학과, 아동학과 등에서 유아발달 강의의 교재로 사용될 뿐 아니라 유아와 관련된 일에 종사하는 관계자, 그리고 유아발달에 관심이 있는 모든 사람에게 유용한 자료로 사용될 수 있을 것이다. 마지막으로 이 책이 출간되기까지 도움을 주신 모든 분들에게 감사의 말을 전하고 싶다. 함께 뜻을 모아준 각 장의 저자들과 이 책의 출판을 맡아주신 파워북 사장님과 김재광 상무님, 편집부 가족들의 노고에 감사드린다.

2014년 6월

대표저자 정희영

차 례

PART 1 발달의 기초

Chapter 1 발달에 대한 이론적 기초

Chapter 2 유아발달의 이론

PART 2 유아기 발달

Chapter 3 유아기 신체 및 운동발달

Chapter 4 유아기 인지발달

Chapter 5 유아기 언어발달

Chapter 6 유아기 사회성발달

Chapter 7 유아기 정서발달

PART 3 각 발달영역과 누리과정과의 연계

Chapter 8 신체 · 언어발달과 누리과정과의 연계

Chapter 9 사회성 · 정서 · 인지발달과 누리과정과의 연계

PART 1

발달의 기초

제1부는 발달의 기초로서 발달에 대한 이론적 기초와 유아발달의 이론에 대해 서술한다. 발달에 대한 이론적 기초는 발달의 개념, 유아발달의 특징과 원리, 유아발달의 쟁점 등을 다룬다. 유아발달의 쟁점은 영아발달의 쟁점과 같은 맥락으로 유아가 발달할 때 유전과 환경, 학습과 성숙 중 어느 것의 영향을 많이 받는지를 다루며, 결정적 시기와 민감기, 연속성과 불연속성 그리고 초기 경험과 후기 경험의 중요성을 다룬다.

유아발달의 이론으로서는 정신분석이론, 학습이론, 인지발달이론, 성숙이론, 동물행동학적 이론 그리고 생태학적 이론 등을 다룬다. 정신분석이론으로는 프로이트와 에릭슨 등을 다룬다. 학습이론으로는 파블로프, 손다이크, 스키너 그리고 반두라 등의 이론을 다룬다. 인지발달이론에서는 쾰러, 피아제, 정보처리이론, 비고츠키 등의 이론에 대해 다루었다. 성숙이론으로는 게젤과 몬테소리의 이론을 다룬다. 동물행동학적 이론으로는 로렌츠, 보울비, 윌슨의 이론 등을 다룬다. 마지막으로 생태학적 이론으로 브론펜브레너와 엘더의 이론을 다룬다. 그리고 각각의 이론에 대한 평가가 이루어진다.

CHAPTER · 1

발달에 대한 이론적 기초

1. 발달의 개념
2. 유아발달의 특징과 원리
3. 유아발달의 쟁점

학습목표

- 발달의 개념을 안다.
- 유아발달의 특징과 원리를 이해한다.
- 발달의 쟁점에 대해서 이해한다.

핵심개념

- 발달의 개념
- 유전과 환경
- 학습과 성숙
- 결정적 시기와 민감기
- 연속성과 불연속성
- 초기 경험과 후기 경험의 중요성

CHAPTER · 1

오늘날의 영유아교육은 철학가와 사상가들, 심리학자들에 의해 시작되었다.

본 장에서는 영유아발달에 대한 전반적인 이해와 영유아교육에 영향을 미친 발달을 체계적이고 과학적으로 탐구한 발달이론 중에서 초기 이론과 20세기 대표적인 정신분석이론, 행동주의와 사회학습이론, 인지발달이론 등을 살펴보고자 한다.

영유아교육은 영유아가 어떻게 성장하고 발달하는지를 알 때 효과적으로 이루어질 수 있다. 과거에는 발달을 상승적인 변화에만 초점을 두고 설명하였고, 이로 인해 발달은 출생 후 청소년기까지만 일어나는 현상으로 생각하였다. 그러나 요즈음에 와서는 보다 넓은 개념으로 발달의 상승적 변화와 하강적 변화 모두를 포함한 전 일생 동안 이루어지는 개념으로 변화하고 있다.

1. 발달의 개념

발달development의 개념은 고대 그리스시대로부터 유래한 것으로 자연발생에 의한 생명발생으로 이해하는 등 그 시대에는 발달을 생성 개념과 동일시하였다.

발달과 유사한 개념으로 성장growth이라는 용어가 사용되고 있는데, 인간의 변화 과정을 언급한다는 의미에서 본질적으로 공통점을 갖지만, 엄밀히 비교해 보면 성장이란 개체의 신장, 체중, 골격 등과 같은 신체적 · 생리적 측면의 양적 증가만을 뜻한다(Gallahue & Ozmun, 2006). 오늘날 발달의 중요한 특징은 양적으로나 질적으로 자라가고 더 좋아지는 것을 말하며 이는 상승上昇의 개념이다. 과거에는 발달의 상승적인 변화에만 초점을 두었기에 출생 후 청소년기까지만 발달이 일어난다고 보았다. 그리고 신체적 성장이 멈춘 중년기를 지나서는 더 이상 발달이 이루어지지 않는다고 믿었다. 따라서 발달의 개념에서 중년기와 노년기의 변화는 제외되었다. 그러나 오늘날 발달의 개념은 과거 발달 개념보다 더 폭넓은 의미를 갖는다.

발달이란 어떤 생물이나 사물이 자라거나 좀 더 나아지는 것을 말하고 또는 시간이 경과함에 따라 양적 또는 질적으로 변화하는 과정이다. 양적인 변화는 신장, 체중, 어휘력에서 보이는 변화와 같이 크기 또는 양에서의 변화를 의미한다. 질적 변화는 신체조절능력의 기능화나 정신작용의 구조적 변화를 일컫는다(조성연 외, 2005). 질적인 변화는 지능의 본질이나 정신작용에서의 변화와 같이 본질, 구조 또는 조직상의 변화를 의미한다. 이와 같은 양적 · 질적 변화는 전 생애 동안 끊임없이 일어나는데, 그 변화 양상은 성숙maturation과 환경environment에 따라 달라진다.

성숙이란 뇌 기능의 분화나 사춘기의 2차 성징과 같이 유전적 요인에 의해 변화되는 과정이고, 경험은 부모, 친구, 교육, 대중매체 등 유아가 접하는 모든 환경조건을 의미한다. 즉, 유전적인 성숙과 환경적인 경험에 의해 발달의 개인차가 발생하는 것이다(Gallahue & Ozmun, 2006).

이런 점에서 볼 때, 발달은 모든 속성의 변화과정과 성숙 및 환경의 요인을 포괄하는 좀 더 광의의 개념으로 정의되어야 한다. 따라서 발달은 수정된 순간부터 죽음에 이르기까지 전 생애에 걸쳐 성숙과 경험에 의해 일어나는 양적 변화와 질적 변화의 과정이다(이봉선 · 이숙재, 2008).

이를 정리하면 다음과 같다.

첫째, 최근에 와서는 보다 넓은 발달의 개념으로 발달의 상승적上昇的 변화와 하강적下降的 변화 모두를 포함하고 있다. 예를 들어, 영유아기의 인지발달을 살펴보면, 유아기의 특징인 자기중심적 사고가 없어져야 전조작기의 단계에서 그 다음 단계인 구체적 조작기의 단계로 발달한다. 또한 뇌발달에 있어 두뇌의 주요 구성인 뉴런과 시냅스는 영아기에 성인보다 훨씬 많이 증가하였다가 점차 사라진다. 효율적인 뇌발달을 위해 필요 없는 과잉시냅스가 제거되는 것이다.

둘째, 아동기 위주의 발달관에서 전 생애적 개념의 발달관으로 확대되었다. 발달은 수정된 순간부터 죽음에 이르기까지 전 생애에 걸쳐 성숙과 경험에 의해 일어나는 양적 변화와 질적 변화의 과정이다.

앞서 살펴본 것과 같이 발달은 상승+과 하강-의 개념이 모두 포함된 과정이다. 섀퍼(Shaffer, 2000)는 인간발달human development을 생명이 시작되는 수정부터 생명을 마치는 죽음에 이르기까지 한 개인의 전 생애에서 이루어지는 체계적인 변화과정으로 정의하였다. 여기에서 '체계적인 변화과정'이란 모든 인간의 발달에는 일정한 순서와 패턴이 있음을 뜻한다. 또한 변화change와 함께 발달연속성developmental continuity이 함께 있음을 의미한다. 발달연속성이란 시간이 지나도 안정적으로 존재하고 지속적으로 과거를 반영하는 것으로, 유아기의 발달은 이후 아동기발달에서도 지속적인 영향을 미친다. 이와 같이 최근에는 시간의 흐름 속에서 나타나는 모든 변화과정을 발달로 정의하고 있다.

셋째, 인간발달학의 다학문적multi-disciplinary 특성이다. 인간의 발달이 정자와 난자의 수정에서부터 죽음에 이르기까지의 모든 과정을 포함하고 있기 때문에 인간발달학문은 생물학, 의학, 신경과학, 심리학, 교육학, 사회학, 가정학 등에 이르기까지 다학문적인 영역multi-disciplinary이며, 인간의 발달과정을 연구하는 학자들을 발달학자라 부른다. 최근 인간발달학문은 이들 학문들 간의 통합을 통해 많은 발전을 이루고 있다.

- 뉴런neuron : 뇌를 구성하고 있는 신경세포
- 시냅스synapse : 뉴런과 뉴런을 연결해 주는 부분

2. 유아발달의 특징과 원리

발달이란 난자와 정자가 수정되는 순간, 즉 수정에서부터 시작되는 계속적인 과정을 말한다. 수정되는 순간부터 세포분열이 시작되는데, 하나의 세포인 수정란은 수백만 개의 세포가 형성될 때까지 아주 빠른 속도로 분열이 계속된다. 새로 형성된 세포들은 세분화된 역할을 맡아 신체의 여러 기관을 형성하게 된다.

태내기의 발달순서는 정해져 있다. 모든 태아는 같은 순서로 그리고 거의 같은 시기에 발달한다. 성장과정은 태내기나 출생 후나 매우 복잡한 것이지만, 유아발달에는 몇 가지 일반적인 원리가 있다.

인간의 발달단계는 태아기, 영아기, 유아기, 아동기, 청년기, 성인기, 중년기, 노년기로 나누어진다. 이 중 유아발달의 특징과 원리를 살펴보면 다음과 같다.

1) 유아발달의 개인차

모든 유아발달의 정도는 각 개인마다 다르며 발달의 속도는 일정하지 않다. 신체는 다양한 기관과 신체 부위로 이루어져 있으며 신체 부위에 따라 성장 속도가 다르거나 심리적 발달의 속도도 다르게 이루어진다. 일란성 쌍생아들 간에도 출생시부터 개인차가 나타난다. 모든 유아의 발달은 일정한 순서대로 이루어지지만, 발달의 속도와 양상은 아동마다 제각기 다르다. 어떤 아이는 돌 되기 전부터 걷기를 할 수 있지만, 또 어떤 아이는 한참 이후에 걸음마를 시작한다. 또한 언어발달에 있어서도 일반적으로 남아보다 여아의 언어발달이 빠른 경향이 있지만, 유아들에 따라 언어습득의 시기도 각기 다르다.

2) 유아발달의 유전과 환경의 상호작용

유아발달은 부모에게 물려받은 유전적 요인이 많은 영향을 미친다. 머리카락과 피부색, 키, 몸무게, 지능에 이르기까지 우리는 발달의 많은 부분을 부모로부터 물려받는다. 그러나 머리카락, 피부색과 같은 특징 외에 키와 몸무게, 지능은 부모의 유전과 외부 환경과의 상호작용 결과이다. 사람마다 가지고 있는 유전인자와 환경이 다르기 때문에 성장률에 다양한 차이를 보인다. 부모에게 좋은 신체적 조건과 지능의 유전인자를 물려받았다 할지라도 영양이 제대로 공급되지 못한다면 잘 자랄 수 없다. 이와 마찬가지로 부모로부터 좋은 유전인자를 물려받지 못하였다 할지라도 풍요로운 환경에서 적절한 영양과 자극을 받는다면 부모보다 더 좋은 체격과 지능을 가질 수 있을 것이다.

3) 유아발달 각 영역 간의 연관성

유아발달의 각 영역인 신체운동발달, 인지언어발달, 사회정서발달은 서로 밀접하게 연관되어 상호작용한다. 특히, 유아의 신체운동발달이 인지언어적 과정에 영향을 미치고, 인지언어발달은 사회정서발달에 영향을 미치며, 사회정서발달은 또 신체운동발달에 영향을 미친다. 즉, 모든 영역은 서로 밀접하게 연관되어 있다. 예를 들어, 유아가 언어발달이 잘 이루어지면 정서적인 안정을 갖게 되고 사회성발달이 촉진된다. 사회성발달이 잘 이루어지면 자아존중감이 발달하게 되고 자아존중감의 발달은 정서적인 안정과 타인과의 원만한 관계를 지닐 수 있게 한다. 또한 사회성과 정서발달은 인지발달에도 긍정적인 영향을 미치게 된다.

3. 유아발달의 쟁점

인간발달이란 수정에서 죽음에 이르기까지 인간의 전 생애를 통해 계속되는 과정을 말한다. 유아기는 전 생애 중 한 부분이지 발달선상에서 고립된 기간이 아니다. 유아기에서만 볼 수 있는 독특한 특성이 있기는 하지만, 유아기는 영아기와 아동기의 발달과 경험에 연관되어 있다. 유아발달을 이해하고 설명하기 위해 많은 발달심리학 연구가 이루어졌다. 그로 인해 유아발달에 영향을 미치는 요인이 유전인지 환경인지, 유아발달을 촉진하는 것이 학습인지 성숙인지, 유아발달이 결정적인 시기를 놓치면 불가능한 것인지, 발달에 민감한 시기에 자극을 주면 좀 더 잘 발달하고 이 시기를 놓치면 더 많은 자극과 노력이 필요한 것인지 등에 대한 논쟁이 끊임없이 이어지고 있다.

1) 유전과 환경

유아발달에 영향을 미치는 것이 유전인가, 아니면 환경인가에 대한 논쟁은 오랜 기간 학자들에 의해 제기되어 왔다.

전성설前成設을 주장한 학자들은 인간이 남성의 정자나 여성의 난자 안에 이미 완전한 형상을 갖추고 있다고 믿었다. 따라서 수정 시 오로지 제한된 양적 변화만이 일어나며, 환경은 발달의 결과에 거의 영향을 미치지 않는 것으로 믿었다. 반면에 로크Locke는 아동을 '백지상태tabular rasa'에 비유함으로써 생물학적 기초가 아닌 환경적 영향력만이 모든 발달적 변화를 설명할 수 있다고 가정하는 극단적인 환경론을 주장하였다.

이에 대한 방대한 연구가 진행되는 가운데 유전과 환경 둘 중 하나를 선택하는 것은 불가능하고 유아발달에는 유전과 환경 모두 영향을 미친다는 결론에 이르렀다. 즉, "유전과 환경이 어떻게 상호작용하는가?"하는 것이 더 중요함을 깨닫게 된 것이다. 유전적인 요인은 인간으로서의 무리를 특징지어 준다. 예를 들어, 남성과 여성의 차이 등이 그것이다. 그러나 환경의 변화에 의해서 유전적 요인이 변화를 보이는 경우도 있다. 미국의 노어스웨스턴North Western 대학의 게틀레라Lee T. Gettlera 교수팀은 자녀가 없는 평균 21.5세의 남성을 대상으로 남성호르몬인 테스토스테론 수치를 측정하고 5년 후에 다시 테스토스테론 수치를 잰 결과, 두 번째 검사를 실시할 때 자녀를 두고 있는 남성은 자녀가 없는 남성보다 테스토스테론 수치가 현저히 낮아진 것으로 나타났으며 이 현상은 갓 출생한 아이를 집으로 데려오는 순간 가장 크게 나타났다고 밝혔다. 아직까지는 테스토스테론 수치 저하가 양육에 도움이 되는지, 낮아진 테스토스테론의 양이 이후 얼마나 지속되는지에 관한 정확한 자료는 없으나 이 현상을 통해 환경에 따른 생물학적 변화를 설명할 수 있다.

가정의 경제적인 수준도 영유아발달에 영향을 미친다. 표준화된 검사수행에서 가정의 소득 수준이 높을수록 영유아의 신체 · 인지 · 사회성발달 점수가 높게 나타났다. 영유아에게 영향을 줄 수 있는 환경으로는 가정 이외에 또래, 교사, 유치원 등이 있는데, 양육을 환경과 동일시하던 시각에서 벗어나 그 이외의 환경의 영향에 대해 살펴보는 연구들도 있다.

2) 학습과 성숙

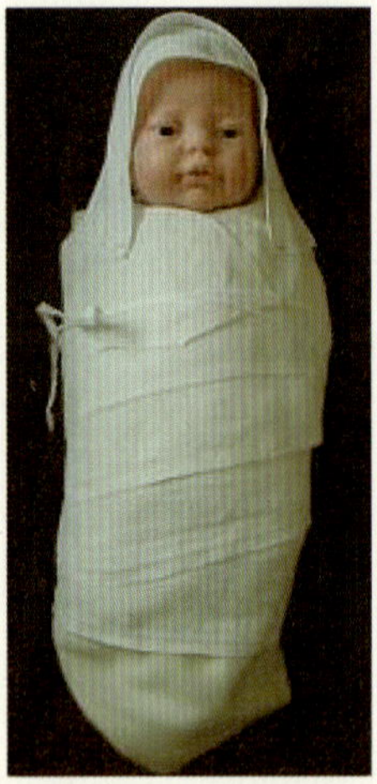

▲ 고전적인 스와들링 모습

발달과 관련하여 종종 제기되는 또 다른 쟁점은 성숙과 학습의 역할에 관한 것이다. 성숙과 학습에 관한 논쟁은 앞에서 논의한 유전과 환경의 영향에 대한 논쟁과도 유사하다. 유전과 환경의 논쟁이 발달에 영향을 미치는 요인에 관한 근원의 문제에 초점을 맞춘 것이라면, 성숙과 학습에 관한 논쟁은 어떤 기제와 과정을 통해서 변화가 일어나는가 하는 문제에 초점을 맞춘 것이라고 할 수 있다.

영유아의 발달을 이끌고 변화시키는 것은 학습인가? 아니면 성숙인가? 라는 전제 또한 오랜 논쟁거리다. 성숙은 유전적 요인에 의해 발달적 변화들이 나타나는 생물학적 과정이다. 개인적으로 약간의 기간 차이는 있지만, 특별한 자극을 주지 않아도 아기는 몸을 뒤집을 시기가 되면 몸을 뒤집는다. 또 생후 2년간 몸무게와 키가 급속히 증가한다. 과거 중세시대에는 태어나서 생후 12개월이 훨씬 넘은 영유아까지 팔부터 발까지 감싸는 '스와들링swaddling'을 하여 양육하였다. 이 방법은 지극히 성인 중심적인 방법으로, 수유를 할 때 유아가 팔과 다리를 마음대로 움직이지 못하여 어른이 수유하기가 쉬웠다고 한다. 또 그대로 뉘어 놓으니 돌아다니면서 일을 저지르지 못해서 양육하기가 쉬웠다. 그러나 유아 입장에서는 마음대로 움직일 수 없고, 워낙 꽉 싸 놓아서 배변을 보고도 어른이 갈아 주기 전까지 참아야 하는 고통이 있었다. 또 캐나다 인디언 문화에서는 유아를 요람에 넣어 키웠다. 그러나 스와들링과 요람에서 성장하여 걷기를 학습할 기회가 없던 유아들도 성장하면 모두 걸었고, 이러한 결과는 유아의 발달이 성숙에 의해 이루어진다는 관점의 근거가 될 수 있다. 성숙론자들은 질 낮은 환경이 유아발달을 저해하는 요인이 될 수는 있지만, 기본적으로 성장은 성숙에 의존하다고 믿는다.

그와 반대로 학습론자들은 발달에서 경험의 중요성을 강조한다. 학습은 훈련이나 연습에서 기인하는 발달적 변화를 말하며, 그 결과는 개인차가 있고 개별적이며 특수하다. 학습은 직접 또는 간접 경험의 산물이다. 예를 들어, 도리도리머리를 좌우로 돌리는 동작, 죔죔죄암죄암(젖먹이가 두 손을 쥐었다 폈다 하는 동작의 준말), 곤지곤지젖먹이가 왼손 손바닥에 오른손 집게 손가락 끝을 댔다 뗐다 하는 동작는 평균 6~10개월이면 잘 할 수 있지만 유아에게 기회를 주지 않으면 아예 하지 못할 수도 있다.

3) 결정적 시기와 민감기

모든 발달이론들의 공통적 견해는 인간발달은 연속적인 변화라는 것이다. 이러한 변화들 중 어떤 것은 특정 시기에는 매우 빠르게 일어나지만, 다른 시기에는 느리게 일어난다. 그러므로 발달심리학자들은 중요한 변수로서 변화속도의 차이에 관심을 갖는다.

영유아발달을 설명하는 데 있어 과거에는 '결정적 시기'라는 용어를 사용하여 이 시기를 강조하였다. 결정적 시기는 제한된 시간 내에서 유아가 특정한 적응행동을 습득하도록 생물학적으로 준비되어 있으며, 이를 위해서는 적절한 자극적 환경이 지원되어야 한다는 것을 의미한다(Berk, 2000). 동물행동학자 로렌츠Lorenz는 '각인'이라는 용어로 결정적 시기를 설명하였다. 로렌츠는 어미 기러기가 낳은 알들을 두 집단으로 나누어, 한 집단의 알들은 어미 기러기가 부화하게 하고, 다른 집단의 알들은 부화기에서 부화시켰다. 어미 기러기가 부화시킨 알에서 나온 새끼 기러기들은 어미 기러기를 따라다녔지만, 부화기에서 부화되어 알에서 나오자마자 로렌츠를 본 새끼 기러기들은 로렌츠를 어미처럼 졸졸 따라다녔다.

같은 실험을 청둥오리 새끼들에게도 해보았는데, 기러기와는 달리 청둥오리새끼들은 어미 청둥오리에 비해 몸집이 지나치게 크지 않고 청둥오리처럼 "꽥꽥"소리를 내는 물체만 어미로 각인하였다. 그래서 로렌츠는 일단 쭈그려 앉은 채로 주기적으로 "꽥꽥" 소리를 내야 했다.

로렌츠는 각인이 생후 초기 제한된 기간 내에만 일어나는데, 만약 이 기간 동안 어미가 없으면 대신 어미를 닮은 대상에 각인이 일어날 수 있다고 보았다. 각인은 어린 동물이 생후 초기 특정한 시기 동안 어떤 대상에 노출되어 그 뒤를 따르게 되면 그 대상에 애착되는 것을 의미하는데, 여기에서 '특정한 시기'가 바로 결정적인 시기라고 하였다. 이렇듯 각인은 영유아발달에 폭넓게 적용되어 온 주요 개념인 '결정적 시기'라는 개념을 이끌어 냈다.

이러한 결정적 시기의 개념은 영유아의 '애착'을 설명하는 데도 적용된다. 생후 2년은 양육자와의 애착을 형성하는 결정적 시기로 이 시기에 형성되는 애착 유형은 거의 변하지 않고 이후 인간관계, 자녀와의 관계에까지 영향을 미친다고 보는 견해가 많다. 그러나 영유아발달에 있어서 기간이 짧은 특정 시기1, 2년, 즉 결정적 시기를 지나치더라도 발달이 완전히 멈춘다고 보기는 어렵다. 예를 들어, '애착'의 경우 생후 24개월간 불안정애착을 경험하였어도, 이후 양육자의 변화로 안정애착으로 변화할 수 있는 가능성이 있고, 언어발달의 경우도 태어나서 12세까지 지속적으로 발달된다는 점에서 최근에는 '민감한 시기민감기'라는 용어가 사용되고 있다. 즉, 영유아발달에서 애착을 포함한 모든 학습은 1, 2년의 결정적 시기에 이루어지지 않으면 평생 회복 불가능한 것이 아니라, 이후에도 회복이 가능하지만, 민감한 시기가 있어서 그 시기에 자극이 주어지면 다른 시기에 비해 훨씬 빨리 학습된다는 개념이다. 최근에 조기교육에 열을 올리는 엄마들이 영유아기부터 문자교육을 시키지만 교육기간이 오래 걸리는 반면, 만 5세경에 문자교육을 시키는 경우 단 몇 주에서 몇 달이면 익히게 되는 것이 그 예이다. 문자교육의 결정적 시기는 없으나 문자교육에 민감하게 반응하는 시기가 있어서 그 학습효과가 더욱 커지는 것이다. 이와 관련한 과거의 연구를 살펴보면 다음과 같다.

1970년 미국 캘리포니아에서 발생한 일명 지니Genie사건에서도 비슷한 결과가 나타났다. 심한 우울증에 시달리는 폭력적인 아빠와 그에 저항할 힘이 없는 시각장애 엄마 사이에서 태어난 지니는 위험한 세상으로부터 딸을 보호하겠다는 아빠의 뜻에 의해 생후 20개월이 되는 시점부터 13세 반이 될 때까지 낮에는 어린이 변기에 고정되도록 만든 장치에 묶여 있고, 밤에는 슬리핑백에 묶여 철사로 망을 치고 뚜껑까지 덮힌 어린이 침대에 뉘여 키워졌다. 발각된 후 아동학대죄로 재판에 회부되는 날 자살한 그녀의 아빠는 아무도 그녀에게 말을 걸지 못하게 했으며 딸에게 말을 할 때는 개처럼 짖거나 으르렁거렸다. 인간적 접촉과 대화로부터 완벽하게 차단되어 11년을 산 지니는 발견 즉시 심리학자, 언어학자, 신경학자 등 두뇌발달과 관련된 전문가들에게 커다란 관심의 대상이 되었고, 7년간 아동병원에 머물면서 UCLA의 언어학자 수잔에게 전문적인 언어교육을 받았다. 그러나 지니는 20세가 될 때까지도 I와 YOU를 구분하지 못했고, Hello라는 말에 Hello라고 대답하는 법을 배우지 못했으며, 끝내 3단어 이상의 문장을 만들지 못했다. 이러한 사례의 아동들이 언어를 습득하지 못한 이유는 언어발달이 가장 잘 이루어지는 민감기인 2세부터 사춘기 동안 적절한 언어훈련을 받지 못했기 때문이다 (Lenneberg, 1967).

▲ 어린이병원 뜰을 걷는 지니

4) 연속성과 불연속성

행동주의적 접근과 같이 학습과 경험을 강조하는 발달론자들은 대부분 발달을 점진적이고 연속적인 과정으로 보며 성숙을 강조한다. 반면, 발달이 일련의 독립적이며 질적으로 다른 단계들로 구성된다고 믿는 단계이론가들은 발달을 불연속적인 과정으로 본다.

발달의 연속성을 주장하는 학자들은 인간발달을 수태에서 죽음까지 연속적이고, 점진적이며 축적된 변화로 본다. 유아가 처음 말을 시작할 때 이것은 갑작스럽고 불연속적인 것으로 보이지만, 연속적 견해에서 보면 이것은 몇 주 또는 몇 달에 걸친 성장과 연습의 결과이다. 마찬가지로 사춘기 역시 보기에는 갑작스럽고 불연속적인 사건으로 보이지만, 이 또한 수년에 걸쳐 일어나는 점진적인 과정이다.

발달의 불연속성을 강조하는 학자들은 발달이 양적인 것이 아니고 질적으로 서로 다른 단계를 통해서 진행된다고 본다. 예를 들면, 추상적인 사고를 할 수 없었던 아동이 어느 날 추상적 사고를 할 수 있게 되고, 성인이 생식이 가능한 존재에서 어느 날 그렇지 못한 존재로 변한다. 이것은 양적이고 연속적인 변화가 아니고 질적이고 불연속적인 변화인 것이다.

연속성과 불연속성의 쟁점도 양자택일이 어렵다. 발달의 실제 곡선을 관찰한다면 발달적 변화는 연속성과 불연속성의 두 가지 형태를 결합한 것이라 볼 수 있겠다.

| 그림 1-1 | 인간의 연속적인 생애 주기

5) 초기 경험과 후기 경험의 중요성

만약 유아나 어린 아동이 생애 초기에 매우 불우한 환경을 경험했음에도 불구하고, 청년기 이후에 환경이 개선된다면 정상적인 발달을 할 수 있을까? 아니면 인생의 초기 경험이 너무도 중요하고 결정적이어서 이후에 개선된 환경으로도 극복이 되지 않을 것인가?

일찍이 플라톤은 유아기에 흔들 그네를 많이 탄 영유아가 나중에 커서 훌륭한 운동선수가 된다고 믿었으며(Santrock, 1998), 생후 1년까지 유아가 따뜻하고 애정어린 보살핌을 받지 못하면 이후의 발달이 최적의 상태에 이르지 못한다고 믿는 학자들도 있다(Bowlby, 1989 ; Sroufe, 1996).

반면, 후기 경험 주창자들은 인간의 발달은 유아기의 변화 이후 조각상과 같이 불변하는 것이 아니라 조수의 간만처럼 끊임없이 변한다고 주장한다. 그들은 아동이나 청년은 발달이 이루어지는 동안 내내 매우 순응적이며 이후의 경험도 초기의 경험만큼 중요하다고 믿는다. 유아발달뿐만 아니라 전 생애에 걸친 발달에 초점을 맞춘 전 생애 발달론자들은 지금까지 발달의 초기 경험이 지나치게 간과되었다고 주장한다(Baltes, 1987). 그들은 초기 경험과 후기 경험 둘 다가 인간의 발달에 중요하다고 본다.

생각해 보기

1. 과거의 발달 개념과 오늘날의 발달 개념은 어떻게 달라졌는가?

2. 인간발달의 근원적인 요인으로서 유전과 환경의 차이는 무엇이며, 발달에 어떠한 영향을 미치는가?

3. 영아발달을 이끌고 변화시키는 것은 학습인가? 성숙인가?

4. 결정적 시기와 민감기의 차이는 무엇이며, 결정적 시기와 민감기 중 어느 개념이 인간발달을 설명하는 데 더 적절하다고 생각하는가?

5. 발달을 점진적이고 연속성인 과정으로 보며 성숙을 강조하는 것과 발달을 일련의 독립적이며 질적으로 다른 단계들로 구성된 불연속적인 과정으로 보는 것에 대해 어떻게 생각하는가?

6. 초기 경험과 후기 경험의 중요성에 대해 생각해 보고, 각각의 경험이 왜 중요하며, 초기 경험과 후기 경험과의 관계 속에서 이 두 경험은 왜 중요한가?

CHAPTER·2

유아발달의 이론

1. 정신분석이론
2. 학습이론
3. 인지발달이론
4. 성숙이론
5. 동물행동학적 이론
6. 생태학적 이론

학습목표

- 유아의 발달을 설명하는 다양한 이론들이 있음을 안다.
- 유아발달이론들의 내용과 각 이론을 대표하는 학자들을 알 수 있다.
- 유아발달이론들의 핵심개념들을 이해한다.
- 유아발달 각 이론들의 차이점을 이해한다.

핵심개념

- 성격발달
- 심리사회적 위기
- 조작적 조건화
- 관찰학습
- 동화와 조절
- 근접발달영역
- 민감기
- 각인
- 애착
- 생태학적 체계

CHAPTER · 2

이 장은 유아발달의 이론으로 정신분석이론, 학습이론, 인지발달이론, 성숙이론, 동물행동학적 이론 그리고 생태학적 이론 등을 다루었다.

정신분석이론으로는 프로이트, 에릭슨을 다루고 평가를 하였다.

학습이론으로는 파블로프, 손다이크, 스키너, 반두라 등의 이론을 다루고 평가를 하였다.

인지발달이론으로는 퀼러, 피아제, 정보처리이론 그리고 비고츠키이론을 살펴보고 평가를 하였다.

성숙이론으로는 게젤, 몬테소리의 이론을 살펴보고 평가를 하였다.

동물행동학적 이론으로는 로렌츠, 보울비, 월슨의 이론을 살펴보고 평가를 하였다.

생태학적 이론으로는 브론펜브레너, 엘더의 이론을 살펴보고 평가를 하였다.

1. 정신분석이론

정신분석이론은 오스트리아와 스위스를 중심으로 프로이트와 그의 제자들이 주창한 이론으로 모든 행동은 무의식적인 원인이 존재한다는 심리 결정론적 관점을 가진다. 정신분석이론은 의식에 영향을 주는 무의식적 기제가 중요함을 강조한다. 인간의 행동을 이해하기 위해서는 무의식의 세계에 대한 이해가 필요하다. 이것을 위해 개개인의 가족구성원의 관계, 심리검사, 관찰과 면접을 통해 개인 삶의 배경을 이해하는 것이 정신분석이론에서는 중요하다. 정신분석에서는 아동의 사회적·정서적 발달에 있어서 어렸을 때 부모와의 관계가 발달에 영향을 준다고 본다. 초기 발달에 있어서는 주 양육자와의 애착, 도덕성, 공격성, 성역할 등의 관계에서 영향을 받는 것으로 본다(조복희, 2008). 또한 아동발달의 이해는 행동의 상징적인 의미분석을 통해 마음에 대한 인상의 이해가 필요함을 말한다(정옥분, 2007). 이 절에서는 프로이트의 정신분석이론과 에릭슨의 심리사회이론에 대해 다룬다.

1) 프로이트의 정신분석이론

(1) 생 애

▲ 프로이트(1856~1939)

프로이트Freud는 오스트리아 신경학자로, 비엔나 의과대학에서 신경의학을 공부하여 환자의 히스테리 증상을 최면을 통해 무의식에 억압된 감정을 드러내는 연구를 하면서 히스테리 증상 치료를 연구하였다. 그러나 최면이 모든 면에서 효과적이지 않다는 것을 알고 마음에서 떠오르는 생각을 자유로운 이야기를 통해 무의식의 생각과 정서를 드러나게 하는 자유연상법을 통해 환자들을 치료하였다. 1896년에 이러한 치료를 '정신분석'이라고 정의하면서 꿈에 대한 해석으로 정상심리에 대한 연구와 소아 성욕론을 통한 아동 발달에 대한 이론을 제창한다. 저서로는 《히스테리의 연구》(1895), 《꿈의 해석》(1900), 《성 이론에 관한 세 가지 논문》(1905), 《정신분석입문》(1917) 등이 있다(신명희 외, 2010). 정신분석의 아버지라 불리는 프로이트는 인간은 이성적이며 논리적인 지적인 존재가 아니며 비이성적이고 자신도 의식하지 못하는 무의식적 동기에 영향을 받는 존재라는 것을 밝혔으며 인간 심리의 본성은 이성이 아니라 욕구라고 제시하였다.

(2) 성격구조

프로이트는 의식은 수면 위로 드러난 빙산의 일부분이며 마음에서는 표면에 해당하는 것으로 빙산의 대부분이 수면 아래 마음의 무의식 부분에 존재한다고 말한다. 그래서 인간의 심리나 행동에 대한 지식은 무의식에 대한 탐구가 중요하다고 본다. 프로이트는 인간의 성격구조를 원초아$_{id}$, 자아$_{ego}$, 초자아$_{super\text{-}ego}$로 보고 각 영역의 고유한 특성과 기능, 기제 및 역동성을 가지고 서로 밀접한 관련성 안에서 세 영역은 서로 역동적인 상호작용적 관계성에서 균형을 이루고 있지만 이러한 균형이 깨질 때 인간의 심리적 정서에 문제가 생긴다고 말한다(신명희 외, 2010). 프로이트에 의하면 원초아는 성격의 가장 원초적이고 생물학적 본능으로 충동적이고, 성적이며, 공격적인 욕구라고 한다. 원초아는 전적으로 무의식 세계에서만 존재하며 현실세계와의 관련성은 없다. 원초아는 쾌락의 지배를 받으며 쾌를 추구하고 고통을 최소로 하는 방향으로 움직인다. 이러한 원초아의 충동에 대해 현실적으로 균형을 이루려고 노력하는 것이 자아이다. 자아는 즉흥적인 충동억제와 현실을 고려하는 현실원리를 따른다. 이에 대해 초자아는 옳고 그름에 대한 판단역할을 하는 양심과 자아 이상으로 구성되어 있다. 자신의 잘못에 대해 가책을 느끼게 하는 것이 양심이고 자신의 행동에 대해 자부심을 가지게 하는 것이 자아 이상이

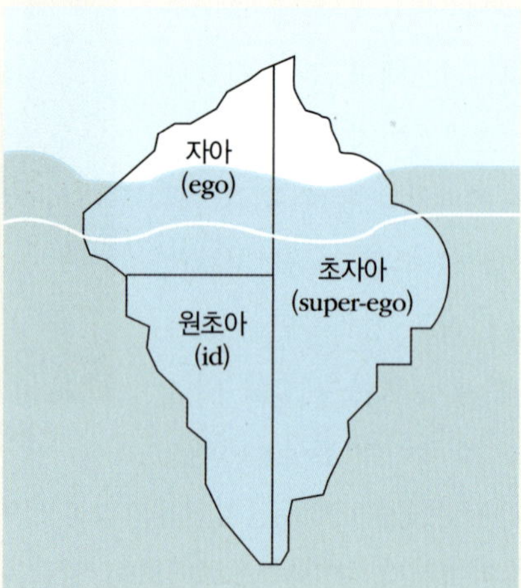

| 그림 2-1 | 원초아, 자아, 초자아의 관계성

다. 자아와 초자아는 의식, 무의식 세계와 연결되어 있다. 원초아와 초자아는 보편적으로 서로 상반되기 때문에 원초아를 억제하려는 초자아 사이에 긴장이 발생한다. 자아가 원초아와 초자아 사이에서 중재역할을 잘못했을 때 갈등을 느끼는 것이 불안이다(정옥분, 2007). 자아는 이러한 불안의 고통스러움을 방어하는 기술을 발달시키는데, 이것이 방어기제이다. **그림 2-1** 은 원초아, 자아, 초자아의 관계성을 보여 주는 그림이다.

(3) 발달단계

프로이트는 성격발달을 심리성적 발달로 보고 구강기, 항문기, 남근기, 잠복기, 생식기의 5단계로 나눈다.

① 구강기

구강기oral stage는 생후 18개월까지 해당되는 기간으로 입, 입술, 혀, 구강이 쾌락의 원천인 시기이다. 이 시기는 성 에너지인 리비도가 입으로 집중되어 입을 통해 빠는 데서 쾌감을 가지고 유아성욕imfantile sexuality을 충족시킨다. 유아는 자기중심적이며 욕구중심적이다. 다른 대상에 대한 개념이 없어서 자기애와 도취로 나타나며 충분히 욕구가 만족되지 않으면 성격적 결함이 나타나는데, 손가락 빨기, 깨물기로 나타나며 성인이 되어서는 과식과 과음, 음주, 흡연, 약물남용 등으로 나타난다. 구강기의 욕구가 적절히 충족되면 성격은 낙천적이고 즐기는 성격이 된다(신명희 외, 2010).

▲ 구강기

② 항문기

항문기anal stage는 18개월부터 3세까지의 시기로 리비도의 활동이 항문으로 이동하는 시기를 말한다. 이 시기는 배변훈련이 가능한 시기로 영유아는 배설물을 참고 보유하거나 배출하는 데서 쾌감을 얻는다. 본능을 충족시키려는 욕구에 따라 부모에 대한 적대감과 사랑을 받으려고 하는 욕구 간의 갈등을 해결해야 하는 시기이다. 프로이트는 배변훈련이 성격발달에 중요한 영향을 준다고 보았으며 배변훈련을 통해 유아의 원초적 욕구와 사회적 금지 간의 갈등을 통해 자기통제력을 기르는 시기라고 말한다(권대훈, 2010). 그러나 엄격한 배변훈련은 성격을 고착

▲ 항문기

시켜 배설을 참아 근육수축 쾌감에 고착되면 청결이나 질서에 대해 강박적 욕구를 가지거나 수전노가 될 수 있으며 배설 후에 근육이완 쾌감에 고착되면 지저분하고 낭비벽이 심한 성격이 된다고 말한다(정옥분, 2007).

③ 남근기

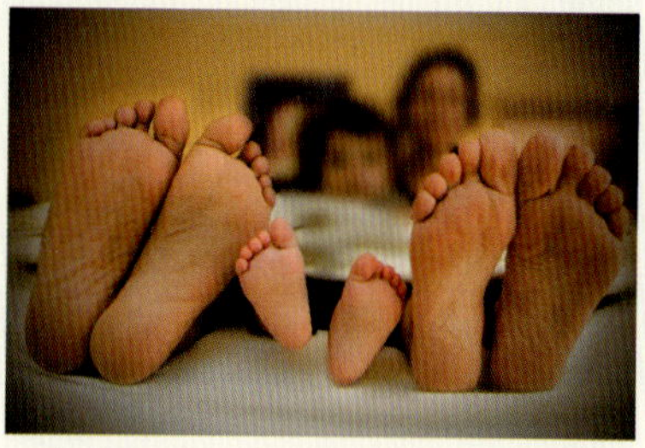

▲ 남근기

프로이트는 남근기phallic stage가 3~5세에 해당되는 시기로 성적 에너지인 리비도가 항문에서 성기로 옮겨지는 시기라고 하였다. 이 시기에서 중요한 것은 성기를 가지고 있고 성기에서 쾌락을 얻을 수 있다는 것을 인식하는 것이다. 프로이트는 이 시기에 이성 부모를 향한 성적 욕구를 인식하는 시기로 남아는 어머니와, 여아는 아버지와 사랑에 빠진다고 하였다. 프로이트는 오이디푸스 콤플렉스Oedipus complex는 남아에게 엘렉트라 콤플렉스Electra complex는 여아에게 나타난다고 하였으며, 남아가 겪는 오이디푸스 콤플렉스는 동성인 아버지를 제거하고 어머니를 완전히 소유하려는 무의식적 욕망이라고 하였다. 그러나 아버지를 죽이는 것은 나쁜 것으로 인식하여 한편으로 아버지와 경쟁하면서도 사랑하는 갈등을 가진다. 남아는 이러한 아버지에게 공포심을 가져 거세불안castration anxiety이라는 남근이 제거되는 공포심을 가진다. 남아는 어머니를 소유하려는 충동을 포기하고 어머니를 실질적으로 소유하고 있는 아버지를 자신과 동일시identification한다. 이러한 동일시의 과정을 통해 남근기의 갈등이 극복되면 남아는 남성성에 대한 역할을 획득하고 초자아와 도덕성발달에 계기를 가진다(권대훈, 2010). 프로이트는 여아에 대해서는 자세하게 제시를 하지 못하는데, 여아는 남근이 자신에게 없다는 것을 발견하고 원인이 어머니에게 있다고 생각한다. 그래서 여아는 어머니를 원망하는 가운데 남근선망penis envy을 가지며 아버지에 대한 사랑과 애착을 강화하고 어머니에 대해서는 거부감을 가진다. 여아는 물리적으로 남근을 만들 수가 없어서 자신의 욕망 만족을 위해 어머니와 동일시해야 한다고 깨닫는다. 프로이트는 여아의 경우 이 갈등이 일생 동안 지속된다고 보므로 여성이 남성보다 도덕적으로 열등하다고 생각했다(권대훈, 2010). 프로이트는 이 시기에 성격이 고착되면 남근기적 성격을 가지게 되는데, 남성다움의 과시나 야심적이며 공격적인 경쟁관계를 조절하는 데 무능한 특성을 보이고 성인이 되어서는 성불능, 불감증 등의 성적 문제를 가지는 것으로 보았다(조복희, 2008).

④ 잠복기

▲ 잠복기

6세에서 사춘기에 접어드는 시기까지를 프로이트는 잠복기latency stage라고 하였다. 이 시기는 비교적 평온한 시기로 성적 욕구가 억압되어 앞 단계의 욕구나 충동이 잠재되어 있는 시기이다. 사회적 관계를 확장시키는 단계로 동성 친구들과 어울리며 성적 에너지가 지적 탐색을 통해 실생활 속에서 살아가는 기본적인 기술이나 다른 사람과 관계를 맺는 것으로 전이된다. 프로이트는 이 시기에 도덕성이나 심미성이 강화된다고 보았고 성격발달에 큰 영향을 주지 않는다고 하였다. 그러나 이 시기에 고착되면 과도한 억압에서 오는 수치심이나 혐오감이 생길 수 있다고 하였다(신명희 외, 2010).

⑤ 생식기

▲ 생식기

생식기genital stage는 12세부터 시작되며 사춘기에 접어들면서 성적 욕구가 활발해진다. 이성적 사랑을 찾아 만족을 원하므로 이성과 친밀한 관계를 형성하고 일을 통해 사회에 기여하고자 한다. 프로이트는 남근기를 원만하게 거치지 못했을 때 이 시기에 생기는 성적 에너지를 적절하게 처리할 수 없어서 이성과 성숙하고 원만한 관계를 가질 수 없으며 적응곤란을 통해 일반적 권위에 대한 반항심이 생기는 때라고 보았다. 또한 생식기에 고착되지 않으면 세상에 대해 객관적인 관점과 이타적이고 성숙한 성격의 소유자가 된다고 하였다(신명희 외, 2010). 그러나 자아와 초자아가 생식기 동안 한쪽으로 치우친 부적절한 발달을 할 때 청소년은 자살, 비행, 정신이상을 일으킬 수 있다(정옥분, 2007).

2) 에릭슨의 심리사회이론

(1) 생 애

에릭슨Erikson은 덴마크계 미국 발달심리학자이자 정신분석학자로 어린 시절 주위의 유태인과는 구별되는 용모로 정체성에 대한 혼란의 문제가 있었고 이를 계기

▲ 에릭슨(1902~1994)

로 자아정체성에 대해 연구하게 되었다. 오스트리아 빈의 사립학교 교사를 지냈으며 프로이트의 딸인 안나 프로이트Anna Freud를 만난 이후 정신분석학자가 되었다. 유럽을 떠나 미국에 정착한 후에 아동 정신분석가로 활동하였고 인디언을 대상으로 문화인류학을 연구하였으며 예일과 하버드에서 교수로 재직하였다(신명희 외, 2010). 에릭슨은 발달의 사회적 맥락을 강조하여 인간발달의 전 생애를 8단계로 보았으며 프로이트의 심리성적 발달을 벗어나서 내적 본능과 욕구가 문화, 사회적 요구와의 상호작용을 통한 심리사회적 발달에 대해 주장하였다.

(2) 심리사회적 발달

에릭슨은 프로이트의 이론을 사회, 환경적 상황과 연계시켜 성장하는 유기체는 사회적으로 상호작용하는 가운데 영향을 받으므로 생애 주기를 통한 발달적 변화, 사회적 · 역사적 요인에 기초해 성격을 이해함이 필요하다고 하였다. 에릭슨은 자아정체감의 발달을 가장 중요한 요소로 보고 확고한 자아정체성을 확립하기 위해 일생을 통해 8단계의 위기를 성공적으로 해결해야 한다고 하였다. 매 단계마다 갈등상황은 긍정적 · 부정적 결과를 가져올 수 있으며 최선의 해결은 긍정적인 부분과 부정적인 부분의 균형이 중요하다고 하였다(정옥분, 2007). 각 단계에서 심리

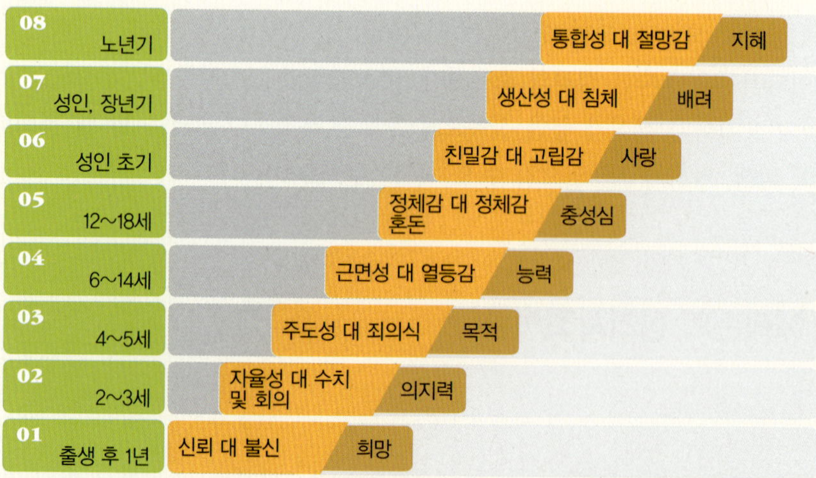

그림 2-2 에릭슨의 심리사회적 발달단계

사회적 위기psycho-social crisis를 성공적으로 해결했을 때 성격발달이 제대로 되며 각 단계에서 성공적으로 해결하지 못했을 때는 그 후에도 계속 그 문제에 부딪힌다고 하였다. 에릭슨은 자아발달과 사회적 측면을 강조하여 인간관계를 가족, 문화, 사회와의 관계성 안에서 포괄적으로 접근하였으며 그의 이론을 심리사회적 발달이론psycho-social development theory이라 하였다(신명희 외, 2010).

(3) 발달단계

에릭슨의 8단계 심리사회적 발달단계는 다음과 같다.

① 1단계(0~1세) : 신뢰 대 불신trust vs mistrust

1단계는 프로이트의 구강기에 해당하는 시기로 에릭슨은 이 시기를 인생 초기에서 가장 중요한 시기로 보았다. 이 시기에 주 양육자인 어머니를 통한 음식과 애정을 통한 사회적 관계에서의 영아 욕구 만족은 어머니에 대한 신뢰로 이어져 신뢰감을 형성한다. 그러나 이 시기에 자신의 욕구를 어머니가 충족시켜 주지 않거나 일관성 없게 대하면 영아는 좌절하고 불신감을 가지게 되며 이러한 상태는 발달단계 전 과정에 영향을 준다. 에릭슨은 인생 초기에 신뢰감을 형성하는 것은 모든 사회적 관계에서 성공과 관련되어 이 시기에 영아가 기본적 신뢰감을 경험해야 한다고 하였다. 그러나 에릭슨은 완전한 신뢰감이 형성되어 아동이 너무 순진하거나 어리숙하게 되는 것보다는 건강한 자아성장을 위해 불신감도 경험해야 하며 건강한 자아발달을 위해 적당한 비율로 불신감보다는 신뢰감에 대한 비중이 더 커야 한다고 하였다(정옥분, 2007).

② 2단계(2세) : 자율성 대 수치 및 회의autonomy vs shame and doubt

2단계는 프로이트의 항문기에 해당하는 시기로 유아는 다양한 충동 사이에서 스스로 선택하여 자신의 의지를 나타내고자 한다. 유아는 스스로 대소변의 통제를 행할 수 있는 능력이 생기고 부모의 배변훈련을 통해 사회적 기대에 적합한 행동을 알게 된다. 그러나 부모의 엄격한 배변훈련은 오히려 유아가 수치심을 가지게 만든다. 이 시기에 유아는 자신의 의지를 통한 자율성을 획득하여 스스로 서서 걸으며 주위를 탐색하고 음식을 먹으려 한다. 나에 대한 인식이 생기므로 '나', '내 것' 등의 말을 하며 '안해', '싫어'라는 말로 자기주장을 나타낸다(신명희 외, 2010). 이 시기에 유아들은 자신의 행동을 스스로 통제할 수 있는 과업을 필요로 한다. 유아 스스로 탐색할 기회가 주어지고 독립심을 가진 활동이 건강한 자율성을 획득하게 한다. 그러나 유아가 자신의 한계에 대한 기회가 주어지지 않고 과잉보호를 받으면 세상에서 효과적으로 대처할 자신의 능력을 의심하여 수치심을 가질 수 있다(정옥분, 2007).

③ 3단계(3~5세) : 주도성 대 죄의식initiative vs guilt

3단계는 프로이트의 남근기에 해당하는 시기로 유아는 언어능력과 운동기능이 성숙하여 환경을 탐색하고 성인의 활동에 관심을 보이며 성인을 통해 자신의 능력을 평가받으려 한다. 또한 유아는 목표 지향적인 행동을 한다. 그러나 이 시기에 유아는 무언가 호기심을 가지고 탐색하며 적극적으로 놀이에 관심을 보여 시도할 때 성인을 통해 좌절을 당하거나 심한 꾸지람을 받아 목표한 바를 이루지 못하면 죄의식을 경험한다. 주 양육자가 유아의 주도적 활동을 억제하면 유아는 새로운 시도가 나쁜 것이라는 죄의식을 발달시킨다(신명희 외, 2010). 유아가 주도적으로 목표를 설정하고 행하는 활동에 대해 유아를 방해하지 않고 감독할 수 있는 부모의 역할이 중요한 시기이다(조옥희, 2008).

④ 4단계(6~11세) : 근면성 대 열등감industry vs inferiority

4단계는 프로이트의 잠복기에 해당되는 시기로 아동은 인지적 · 사회적 기술을 습득하여 숙달시켜 근면성을 획득하는 시기이다. 아동은 학교라는 보다 넓은 세계에서 친구들과의 사회적 관계형성을 갖고 친구들과의 관계 속에서 성공의 경험을 통해 근면성과 유능감을 키우게 된다. 그러나 실패할 경우 아동은 부정적 자아상과 열등감을 획득하여 미래의 성장에 부정적 영향을 줄 수 있다(신명희 외, 2010). 이 시기에 부모나 교사는 아동에게 적당한 과업을 주어 완수할 수 있도록 행한다면 아동의 건전한 근면성을 개발하는 데 도움을 줄 것이다(조복희, 2008).

⑤ 5단계(청년기) : 정체감 대 정체감 혼돈identity vs role confusion

5단계는 신체적 변화가 왕성한 시기로 다른 사람이 자신을 바라보는 관점에 관심을 가지고 자신의 정체성에 대해 갈등에 직면하는 시기이다. 내가 누구인가에 대한 심리적 정체성을 탐색하는 시기로 자신의 신체조건, 역할 등을 인정받고 받아들여 자신의 가치를 발견하려 한다. 적절한 제한 안에서 스스로의 힘으로 독립적으로 행할 때 정체감이 발달하며 긍정적인 정체성이 확립되면 이후의 심리적 위기에 잘 대처하지만 방황한다면 부정적 정체감을 형성하여 자신의 역할을 혼돈하여 정체성의 혼란을 경험할 수 있다(신명희 외, 2010). 자신의 개성에 대해 인식하고 사회로부터 인정을 받으면 건강한 정체성을 형성하여 건전한 성인으로 자라지만 정체성 혼돈을 성공적으로 극복하지 못하면 사회생활에서 어려움을 가진다(조복희, 2008).

⑥ 6단계(성인 전기) : 친밀감 대 고립감 intimacy vs isolation

이 시기는 성인 전기에 해당하는 시기로 부모로부터 독립하여 직업을 가지고 배우자를 만나는 시기이다. 이 시기는 사회적 관계 안에서 타인과 친밀감을 형성하는 시기로 자아정체감이 형성된 후에 이성과 친밀감을 형성하고 다른 사람들과 사랑, 친교, 안정된 관계를 맺는 시기이다. 그러나 자아정체감을 확립하지 못한 경우에는 다른 사람들과의 관계에서 친밀감을 형성하는 데 어려움을 가져 고립감을 경험하거나 난잡하고 거짓된 관계를 만들 수 있다. 이 위기를 극복하지 못하면 자아도취적 상황에 빠지거나 고립되고 타인으로부터 자신을 소외시킨다(전남련 외, 2012). 에릭슨이 말하는 친밀감은 이성과의 결혼과 성적인 친밀만을 의미하는 것이 아니라 사회적 친밀감과 동료와의 인간적인 친밀함도 해당된다(조복희, 2008).

⑦ 7단계(성인 중기) : 생산성 대 침체 generativity vs stagnation

에릭슨은 이 시기는 자녀를 양육하는 것이 중요한 과업이며 다음 세대를 양성하는 데 관심과 노력을 기울이는 생산성의 시기로 보았다. 그러나 생산성은 자녀양육만이 아니라 동료나 친구를 보호하고 직업적 활동을 통해 창조성을 발휘하여 다음 세대에 대한 사상의 전수도 포함한다(전남련 외, 2012). 이 시기에 생산성을 발휘하지 못하면 침체되어 성격이 황폐해지고 타인에 대한 배려와 관대함이 결여되어 자기 자신에게만 관심을 기울이는 자기애적 성향을 가지게 된다(신명희 외, 2010).

⑧ 8단계(노년기) : 통합성 대 절망감 ego integrity vs despair

이 시기의 심리사회적 위기는 죽음을 앞에 두고 있는 노년의 시기로 어느 정도 자아를 통합하고 유지하는가의 문제이다. 노년기가 되면 직장에서 은퇴하고 신체가 노쇠해지며 친구나 배우자의 사망으로 삶에 대한 무력감을 가지면서 자신의 삶을 돌아본다. 이러한 때에 신체적, 사회적으로 쇠퇴하는 것에 대해 어떻게 받아들이느냐가 중요하다. 자신의 삶을 돌아보는 가운데 삶의 무의미를 느끼면 절망하지만 삶이 보람되어 지혜를 가지게 되었다고 느끼면 보다 높은 인생철학의 지혜를 발전시켜 삶의 통합성을 발달시킨다(신명희 외, 2010).

3) 정신분석이론에 대한 평가

프로이트는 정신분석학의 창시자로 20세기에 큰 영향을 주었다. 그는 신경계통의 의사로 신체적 이상의 원인을 정신적 갈등에서 찾았고 히스테리 환자의 무의식에 잠재된 욕망을 꿈의 해석, 자유연상, 유아기 때의 경험과 가족관계에 대한 분석으로 치료하였다. 5세 이전의 부모자녀관계가 인간발달에 주는 영향의 중요성을 발견함으로써 부모역할과 자녀양육행동에 대해 관심을 가지게 되었다. 애착, 가족관계, 공격성, 도덕성발달, 성역할, 상담에 대한 연구를 촉진시켰다(정옥분, 2007). 프로이트이론은 인간의 무의식 세계에 대한 발견과 개인의 인성발달을 이해하는 데 큰 영향을 주었지만 또 다른 측면에서는 의문점을 제기한다. 유아기 때의 성적 성격고착과 같은 개념은 증명하기 힘들고 비정상적인 사람의 성격발달에 대한 설명을 일반적인 사람에게 일반화시키는 것은 무리가 따른다. 또한 과거로의 회상은 오류가 생길 수 있으며 과학적 기초 위에 연구가 진행되지 않았다(Douvan, 1990 ; Thomas, 1992 ; 조복희, 2008 재인용). 프로이트이론은 유아에 대한 직접적인 관찰이 아니라 성인에 대한 기억의 회상으로 일반화가 어렵고 문화적 · 성적 편견이 있는 것으로 알려졌다. 프로이트는 아동발달에서 성적인 부분을 지나치게 강조했다는 비판을 받는다(정옥분, 2008).

이에 반해 에릭슨은 프로이트의 이론을 사회 · 문화적인 영역으로 확장하여 심리사회적 발달을 제시한다는 측면에서 정신분석이론의 신뢰도와 적용가능성을 프로이트보다 긍정적으로 증가시켰다. 에릭슨의 연구는 심리성적 단계에서 심리사회이론으로, 생물학적 영향에 문화적 영향을, 자아정체성에 대한 연구와 정상인을 대상으로 한 아동관찰연구, 아동발달에 성인발달을 포함시킨다(Miller, 1993 ; 정옥분, 2007). 그러나 에릭슨의 평생 발달적 접근은 너무 광범위하며 개념이 모호하고 각 단계로의 전환을 설명하고 있지 않아 불분명한 부분이 문제점으로 지적되고 있다(조복희, 2008).

표 2-1 | 정신분석이론의 비교

학 자	대표 이론	강조점
프로이트	정신분석이론 : 인간행동에는 무의식이 존재한다. 인간 성격의 구조는 원초아, 자아, 초자아의 관계성이다. 성격발달은 심리성적 발달의 단계를 거친다(구강기, 항문기, 남근기, 잠복기, 생식기).	• 인간행동의 근원은 무의식 • 성격발달은 심리성적 발달
에릭슨	사회심리발달이론 : 사회적 상호작용을 통한 성격발달은 자아정체성을 확립한다. 인간 성격은 사회적 환경에서 위기상황 극복을 통한 긍정적 자아정체성의 확립이다. 인간발달은 심리사회적 발달단계를 거친다(8단계).	• 인간행동의 근원은 사회적 상호작용을 통한 자아정체성 • 성격발달은 사회심리적 발달

생각해 보기

1. 정신분석학에서 강조하는 무의식은 인간 성격구조에 어떤 영향을 주는가?

2. 프로이트의 심리성적 발달이 현대의 인간발달이론과 어떤 차이가 있는가?

3. 에릭슨이 말하는 심리사회적 위기와 자아정체성과는 어떤 관련성이 있는가?

4. 정신분석학자들이 인간발달에서 강조하는 부분과 그렇지 않은 부분은 무엇인가?

2. 학습이론

아동발달을 설명하기 위해 학습이론가들은 과학적인 방법으로, 즉 정량화된 측정방법으로 연구해야 함을 강조한다. 자극과 반응 사이에서 나타난 반응과의 관련성을 규명하여 객관적이고 과학적인 연구가 가능하다는 신념을 가지고 있었다. 학습이론에서는 아동의 발달단계가 있다고 보지 않았으며 발달단계에 따른 연령을 언급하지 않는다. 인간의 생물학적이고 심리적인 욕구와 동기는 환경과 자극에 의한 상호작용 및 강화와 벌을 통해 좌우된다(조복희, 2008). 학습이론은 고전적·

조작적 조건화와 사회학습에 관한 이론으로 학습과정과 결과를 이해하기 위해 환경과 외부로부터의 자극으로 표현되는 행동의 분석을 통해 자극과 반응에 대한 일련의 학습과정을 설명하려는 이론이라는 점에서 공통성이 있다(임규혁 · 임웅, 2010). 이 절에서는 파블로프의 고전적 조건형성이론, 손다이크의 시행착오이론, 스키너의 조작적 조건형성이론, 반두라의 관찰학습이론에 대해 다룬다.

1) 파블로프의 고전적 조건형성이론

(1) 생 애

▲ 파블로프(1849~1936)

파블로프Pavlov는 러시아의 생리학자로 1904년에 포유류의 소화과정에 관한 연구로 노벨 생리의학상을 수상하였다. 상트페테르부르크 임피리얼 의학 아카데미에서 의사자격을 취득하고 1890~1924년까지 임피리얼 의학 아카데미에서 생리학 교수를 역임하였다. 그는 개의 타액 분비반응에 대한 실험을 통해 개가 음식물이 제공되지 않은 상황에서 타액을 분비하는 것을 발견하여 개가 음식을 제공받지 않고 실험자의 발소리만 듣고도 타액이 분비될 수 있다는 조건형성을 설명하기 위해 연구하였다. 그는 이를 통해 자극에 대한 개의 반응이 조건적 형성을 통해 학습되는 과정을 연구하여 고전적 조건형성에 대한 학습이론을 체계화하였다. 그의 주요 저서로는 《동물의 고등신경계 활성에 관한 객관적인 20년 연구경험》(1923), 《뇌의 커다란 반구에 관한 연구강의》(1927), 《조건반사》(1927) 등이 있다(신명희 외, 2010).

▲ 파블로프와 그의 실험용 개

(2) 고전적 조건화 형성

파블로프는 개가 음식에 대해 타액을 얼마나 많이 분비하는가를 측정하는 과정에서 개가 음식을 보거나 냄새 맡기 이전에 실험자가 음식을 가져오는 발걸음만 들어도 침을 흘리는 것을 발견하였다. 파블로프는 개가 음식과 관련된 자극만으로도 타액을 분비하는 반응을 유도할 수 있다고 생각하여 실험을 통해 특정한 조건을 학습함으로써 개의 반응을 유도할 수 있음을 입증하였다(신희경 외, 2009). 파블로프는 개에게 먹이를 주기 전에 종을 울렸다. 이러한 과정을 지속적으로 하고 나서 개는 종소리만 듣고도 침을 흘렸다. 파블로프는 이러한 현상을 고전적 조건형성이라 불렀다(정옥분, 2007).

파블로프는 《조건반사》(1927)에서 1단계로 음식을 주면 개가 침을 흘리는 자동적 반응을 보이며 2단계에서는 음식을 주기 직전에 음식과 관련이 없는 종소리를 들려준 후에 음식 주는 것을 반복하였다. 3단계에서는 음식을 주지 않고 종소리만 들어도 개는 침을 흘리는 자동적인 반응을 보여 주었다. **그림 2-3** 은 파블로프의 고전적 조건형성에 대한 개의 실험 모형을 보여 준다.

- 1단계 : 음식$_{\text{무조건 자극, UCS}}$이 침$_{\text{무조건 반응, UCR}}$의 반응을 일으키는 단계로 이때 종소리는 어떤 반응도 일으키지 않으므로 중립 자극$_{\text{NS}}$으로 남아 있다.
- 2단계 : 종소리$_{\text{중립 자극, NS}}$와 음식$_{\text{무조건 자극, UCS}}$을 함께 제공하여 침$_{\text{무조건 반응, UCR}}$의 반응을 일으키는 단계이다.
- 3단계 : 음식을 제공하지 않고 종소리만 들려주어 개가 침을 흘리는 단계로 중성 자극이던 종소리가 조건 자극$_{\text{CS}}$이 되어 종소리를 듣고 침을 흘리는 반응은 무조건적인 반응이 아니라 학습된 반응으로 조건 반응$_{\text{CR}}$이라고 한다. 이것

|그림 2-3| 파블로프의 고전적 조건형성에 대한 개의 실험 모형

을 그림으로 표현하면 그림 2-4 와 같다.

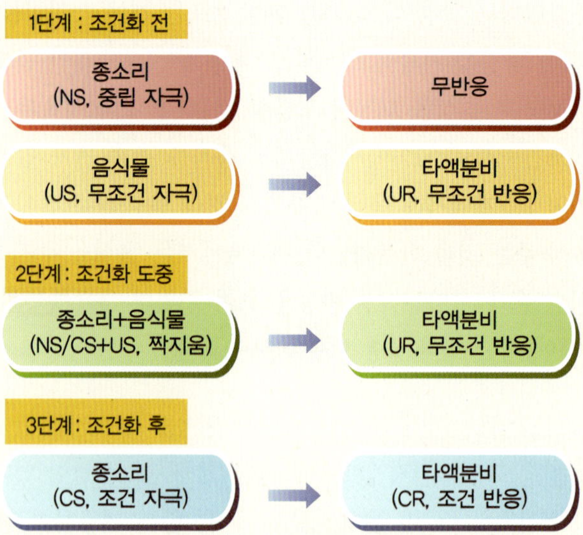

| 그림 2-4 | 고전적 조건화 과정

(3) 고전적 조건형성과 영향

파블로프는 조건 반사에 영향을 주는 요소로 변별, 소거, 일반화, 자발적 회복에 대해 말한다(신명희 외, 2010).

① 변별discrimination

유기체는 서로 다른 자극을 구별하여 자극에 대해 서로 다르게 반응하도록 학습될 수 있으므로 파블로프의 개 실험에서 개에게 짧은 종소리에 고기를 주고 긴 종소리에는 고기를 주지 않았을 때, 개가 짧은 종소리에 타액을 분비하고 긴 종소리에는 타액을 분비하지 않은 것이 변별의 예이다.

② 소거extinction

개에게 고기를 주지 않고 종소리만 계속해서 제시하면 타액 분비가 사라지는 현상으로 이것은 무조건 자극이 제공되지 않는 상태에서 조건 자극만 제시된다면 조건화된 반응의 빈도가 점점 감소하여 사라지는 현상을 말한다.

③ 일반화generalization

유기체는 반복적으로 훈련받은 자극뿐만 아니라 유사한 다른 자극에도 반응하도록 학습될 수 있는 것으로 파블로프의 실험에서 특정한 종소리에 타액을 분비한 개가 다른 유사한 종소리에도 타액을 분비하는 반응을 보이는 것을 말한다.

④ 자발적 회복spontaneous recovery

소거 이후에 무조건 자극과 연합시키지 않고 조건화된 자극이 제시되었을 때 재훈련을 하지 않아도 조건화된 반응이 다시 나타나는 것을 말한다. 그러나 회복된 조건화된 반응의 강도는 약하며 다시 소거과정에 들어가면 더 빠르게 소거된다.

2) 손다이크의 시행착오이론

(1) 생 애

▲ 손다이크(1874~1949)

손다이크Thorndike는 미국의 심리학자로 동물행동에 대한 학습과정을 연구하여 연결주의이론을 세웠다. 연결주의는 특정 자극에 대한 행동반응이 자극과 가장 만족스러운 반응 사이의 신경연결에 영향을 주는 시행착오과정을 통해 확립된다는 이론이다. 1904~1940년 컬럼비아대학교 교육심리학교수로 활동하면서 많은 교사들에게 영향을 미쳤고 개인차, 학습, 정신측정 등에 관한 연구를 통해 과학적이며 객관적으로 효과적인 학교교육 발전에 영향을 주었다. 초기 저서로는 《심리학에 입각한 교수원리》(1906), 《교육 : 첫걸음》(1912), 《교육심리학》(1921) 등이 있고 후기 저서로는 《결핍 · 흥미 · 태도의 심리학》(1935), 《인간의 본성과 사회질서》(1940) 등이 있다(daum 브리태니커, 2013).

(2) 손다이크의 시행착오이론

손다이크는 동물지능의 존재를 알아보기 위해 문제상자problem box를 만들어 고양이가 상자 밖의 먹이를 얻기 위해 어떻게 학습하는지를 연구하였다. 고양이가 상자 안에 있는 페달을 밟고 문을 열어 먹이를 얻기 위해 다양한 시도와 행동을 하면

|그림 2-5| 손다이크의 문제상자

서 시행착오를 겪게 되고 이러한 과정에서 점진적으로 먹이를 얻기 위해 페달을 밟는 반응을 보이는 시간이 줄어간다는 것을 발견하였다. 손다이크는 문제상자의 실험에서 유기체의 어떤 행동이 만족할 만한 환경의 변화와 연결되어 행동과 결과가 긍정적으로 연합하면 같은 행위가 비슷한 환경에서 반복적으로 일어날 가능성이 크다고 보았다. 이러한 실험결과는 유기체의 어떤 행동에 대한 결과가 긍정적으로 나타나면 그 반응이 증가하고 그렇지 않을 때는 반응이 감소한다고 보았는데, 이를 손다이크는 효과의 법칙law of effect이라고 말하였다(신희경 외, 2009).

(3) 손다이크의 세 가지 학습법칙

손다이크는 실험을 통해 다음과 같은 세 가지 학습법칙에 대해 말하였다(손혜영, 2008).

① 효과의 법칙

만족스러운 결과가 수반되는 반응은 나타날 확률이 증가하고 불만족스러운 결과가 수반된 반응은 나타날 확률이 감소된다. 효과의 법칙은 학습이 자극에 대한 반응결과에 따라 달라진다는 것을 보여 준다.

② 연습의 법칙

연습의 횟수나 사용빈도가 증가함에 따라 자극-반응의 결합이 강해지고 횟수나 빈도가 감소하면 자극-반응의 결합이 감소된다는 것을 말한다. 이것은 반복적인 연습이 반응의 학습을 촉진시키는 것을 말한다.

③ 준비성의 법칙

어떤 반응을 수행할 준비가 되어 있을 때의 반응은 만족스러운 반면 준비가 되어 있지 않을 때 반응을 허용하면 불만족스러운 결과를 가져오는 것으로 학습자의 준비성에 따라 학습효과가 달라진다는 것이다. 이것은 성숙도나 사전 학습과 같은 요소가 학습 정도를 결정한다.

(4) 손다이크의 하위법칙

손다이크는 실험을 통해 하위법칙에 대해서도 다음과 같이 말하였다(권대훈, 2010).

① 다양반응의 법칙

문제해결을 위해 다양한 반응을 시도하는 과정에서 적절한 반응이 선택된다는 법칙이다.

② 자세, 태도의 법칙

문제해결을 위해 어떤 행동을 할 것인지 결과의 만족과 불만족은 자세나 태도에 의해 부분적으로 결정된다는 것으로 일종의 동기로 보는 견해이다.

③ 요소우월법칙

문제에서 중요하지 않은 요소는 무시하고 중요한 요소에는 선택적으로 반응한다는 법칙이다.

④ 유추반응법칙

새로운 문제에 대해 과거에 비슷하게 경험한 부분과 공통요소를 찾아 반응을 보이는 법칙을 말한다.

⑤ 연합이환법칙

특정 자극에서만 나타났던 반응이 전혀 새로운 자극에 대해서도 나타나는 현상으로 긍정적 반응을 유발시켰던 자극과 연합하여 제시하면 새로운 자극에 대해서도 긍정적 반응을 유발하게 한다는 법칙이다.

3) 스키너의 조작적 조건형성이론

(1) 생 애

스키너Skinner는 미국의 심리학자로 하버드대에서 심리학 박사학위를 취득하여 미네소타, 인디애나 대학교에서 교수로 재직하였다. 스키너는 20세기에 가장 영향

▲ 스키너(1904~1990)

력 있는 심리학자로, 스키너의 상자를 통해 유기체의 조작적 행동형성과정을 보여 주는 조작적 조건형성이론을 주장했다. 조작적 조건형성이란 행동은 결과에 의해 결정되는 것으로 아동의 행동이 강화를 받으면 행동발생 확률이 높아지고 처벌을 받으면 행동발생 확률이 낮아지는 것으로 습관형성은 조작적 학습경험의 결과라고 보는 견해이다(정옥분, 2007). 행동과학에 대한 공로를 인정받아 1968년에 미국국립과학협회에서 공로상을, 1971년과 1990년에 미국심리학회로부터 골든 메달과 평생공로상을 받았다. 주요 저서로는 《유기체 행동론》(1938), 《월든Ⅱ》(1948), 《과학과 인간행동》(1953), 《강화계획》(1957), 《자유와 존엄을 넘어서》(1971) 등이 있다(신명희 외, 2010).

(2) 조작적 조건화

조작적 조건형성은 스키너에 의해 체계화되었다. 그는 자극에 의해 발생하는 반사적인 반응적 행동respondent behavior과 유기체가 자발적으로 행동하는 조작적 행동operant behavior을 구별하여 유기체의 자발적 조작행동 이후에 주어지는 자극이 앞으로 동일한 조작행동을 유발시킬 가능성과 강도가 결정된다고 말하였다. 이러한 관점을 스키너는 '스키너 상자'의 실험을 통해 증명하였다(신명희 외, 2010).

스키너 상자는 지렛대와 먹이접시, 빨간색과 초록색 불이 있고 바닥에는 전기 배선망이 설치되어 있는 상자이다. 상자 안에 있는 쥐가 지렛대를 누르면 먹이접

|그림 2-6| 스키너의 실험상자

시에 먹이가 떨어지도록 고안되어 있다. 상자 안에 있는 쥐는 이리저리 돌다가 우연히 지렛대를 눌러 먹이가 접시에 떨어지는 것을 본다. 쥐는 지렛대를 누르는 것과 먹이가 떨어지는 것의 관련성을 학습하여 반복적으로 지렛대를 누르게 된다. 이러한 현상을 조작적 조건화가 형성되었다고 말한다(임규혁 · 임웅, 2010).

스키너는 쥐가 지렛대를 누르는 행동과 행동의 빈도를 증가시키는 고안된 먹이와의 관계를 강화라는 용어로 설명한다. 강화는 행동의 발생빈도를 증가시키는 것을 의미하는 것으로 어떤 행동 후에 만족스러운 강화물이 제공될 때 의도한 행동의 빈도와 강도가 유지되는 정적강화positive reinforcement와 어떤 행동 후에 싫어하는 자극을 제거함으로써 의도한 행동의 빈도와 강도를 증가시키는 부적강화negative reinforcement가 있다. 이러한 강화물은 자체로 강화능력을 가져 생리적 만족을 주는 일차적 강화물과 그 자체로는 강화능력을 가지고 있지 않지만 일차적 자극과 결합하여 강화의 속성을 가지게 하는 이차적 강화물이 있다(신명희 외, 2010). 처벌punishment은 행동 강도의 약화와 빈도감소를 위해 행동 후 불쾌한 자극을 제공하거나 좋아하는 것을 박탈하는 것을 말한다. 처벌은 바람직하지 못한 행동에 대한 소거나 감소를 위한 기법으로 부적강화와는 다르다. 처벌은 지속적이지 않으며 의도하지 않았던 부작용도 유발시킬 수 있다. 바람직하지 못한 행동을 감소시키는 데 소거, 차별 강화, 상반 반응 강화, 꾸중, 포만, 격리, 반응 대가, 과잉교정을 조작적 행동조건의 방법으로 사용한다.

소거extinction는 강화가 없을 때 반응의 확률이나 강도가 감소하는 현상으로 바람직하지 못한 행동을 강화해 주지 않음으로써 소거시킬 수 있다. 차별강화differential reinforcement는 일정 시간 동안 바람직하지 않은 행동을 하지 않을 때 강화를 주는 방법이다. 상반 반응 강화는 바람직하지 않은 반응과 정반대되는 반응을 강화하는 것이다. 꾸중은 바람직하지 않은 행동에 대한 억압으로 비난이나 질책이 이에 해당된다. 포만satiation은 문제행동을 지칠 때까지 반복하도록 하여 문제행동의 감소를 유발시키는 방법이다. 격리time-out는 문제행동의 제거나 감소를 위해 정적 강화를 받을 수 있는 기회를 박탈하거나 강화를 받는 자리에서 일시적으로 추방하는 방법이다. 반응 대가response cost는 문제행동을 할 때 정적 강화물을 회수하는 절차를 말한다. 과잉교정overcorrection은 문제행동을 할 때 싫어하는 행동을 하도록 하는 방법으로 이때 싫어하는 행동은 문제행동과 유사해야 한다(권대훈, 2010).

4) 반두라의 관찰학습이론

(1) 생 애

▲ 반두라(1925~)

반두라Bandura는 심리학자로 브리티시컬럼비아 대학에서 심리학을 전공하고 아이오와 대학에서 박사학위를 취득하였다. 1953년부터 지금까지 스탠퍼드 대학에 재직하고 있다. 인간의 행동과 사회적 모델과의 관계성에 대해 그리고 사회학습과 공격성에 대해 연구하여 인간의 사고와 동기, 행동이 사회적 상황과 밀접한 관계가 있다는 사회학습이론을 주장하였다. 공포장애에 대한 연구를 통해 자기효능감이라는 개념을 소개하였다. 또한 인간은 조건형성, 자기조절, 자기반성을 통해 환경에 적응한다고 말하였다. 1974년 미국심리학회 회장을 역임하였다. 미국심리학회로부터 1999년 손다이크상, 2004년에 평생공로상, 2006년에 골든 메달상을 받았다. 주요 저서로는 《청소년의 공격성》(1959), 《사회학습과 성격발달》(1963), 《공격성 : 사회학습분석》(1973), 《사회학습이론》(1977), 《사회인지이론》(1989) 등이 있다(신명희 외, 2010).

(2) 인지적 사회학습

행동주의에서는 직접적인 강화에 의해 학습이 일어난다고 하였지만 반두라는 강화나 벌이 없어도 관찰을 통해 행동을 모방하는 모델링modeling과 다른 사람에게 제공되는 강화와 벌을 관찰하고 그 행동의 빈도가 형성되는 과정인 대리적 조건형성vicarious conditioning을 통해서도 학습은 이루어지며 이러한 학습을 관찰학습observational learning이라고 하였다. 인지적 사회학습이론은 사회적 환경과 아동의 인지능력이 학습과 발달에 중요한 영향을 미치고 조작적 조건형성이 아닌 다른 사람의 행동을 관찰함으로써 학습하는 것이다. 즉, 관찰학습은 다른 사람의 행동에 대한 관찰을 통한 모방과 모델링을 통해 다른 사람의 행동을 인지적으로 재현하고 행동한다는 것이다(정옥분, 2007).

반두라(1965)는 보보Bobo라는 공기가 주입된 인형을 발로 차고 손으로 때리는 영화를 제작한 후에 세 그룹의 아동들에게 보여 주었다. 첫째 그룹은 이와 같은 행

▲ 모델을 통한 공격행동의 관찰학습 실험

동을 한 모델이 상을 받는 영화를 보여 주었고, 둘째 그룹의 아이들은 그와 같은 행동을 한 모델이 벌을 받는 장면을 보여 주었으며, 셋째 그룹의 아이들은 모델이 상도 벌도 받지 않는 내용을 보여 주었다. 영화가 끝난 후 각각의 그룹에 같은 보보인형을 주고 관찰한 결과 상을 받는 영화를 보여 준 첫째 그룹의 아이들이 가장 공격적이었고 벌을 받는 영화를 본 그룹은 가장 낮은 공격성을 보여 주었다. 아이들에게 영화 속 모델이 보여 준 행동을 모방하면 상을 주겠다는 약속에서는 세 그룹 아이들 모두 영화 속 모델이 보여 준 행동을 그대로 따라하였다. 이미 아이들은 모델이 보여 준 행동을 학습하고 있었다. 이와 같은 실험결과는 강화작용 없이 단순히 모델을 관찰하는 것으로도 형성될 수 있음을 보여 준다(임규혁 · 임웅, 2010).

반두라는 뱀에 대한 공포증을 경감시키는 일련의 실험을 통해 공포심을 줄일 수 있는 능력이 자신에게 있다는 믿음과 신념이 형성되면 실제 뱀에 대한 공포심이 줄어든다는 결과를 통해 자기효능감self-efficacy이라고 개념을 제시하였다. 자기효능감이란 특정과제를 수행할 때 일련의 행동을 조직하여 완성할 수 있다는 자신에 대한 믿음으로 모델의 행동을 관찰하고 모방하는 과정에서 형성되며 행동에 영향을 준다(Bandura, 1986, 1997). 자기효능감이 형성되는 요인으로는 과거의 성공 경험, 언어적 설득, 모델관찰, 개인 심리상태를 들 수 있다.

반두라는 관찰학습과정에는 주의집중, 파지, 재생, 동기화라는 4가지의 단계가 있다고 말한다. 첫째로 주의집중의 단계는 학습을 위한 첫 번째 단계로 학습자가 모델의 행동에 관심을 가져 집중하는 단계이며, 둘째 단계인 파지는 주의집중을 통해 얻은 모델행동에 대한 인상을 인지적으로 언어나 시각적으로 표현하면서 학습자의 기억에 전이되는 단계이다. 셋째 단계는 재생단계로 기억된 모델행동을 학습자가 익숙하게 재생하는 단계를 말하며, 넷째 단계는 동기화로 모델행동에 대한 반복에 대해 강화를 기대하며 동기를 갖는 단계를 말한다. 학습자의 행동결과는 다음 행동을 위한 주의집중, 파지, 재생에 영향을 준다고 말한다.

5) 학습이론에 대한 평가

학습이론은 과학적이고 객관적인 연구를 통해 과학적인 양적 연구의 중요성을 강조한다. 아동의 바람직한 행동은 다양한 학습기법을 통해 장려되고 바람직하지 못한 행동은 조작적 조건형성 원리를 통해 문제행동을 수정시켜 실제적으로 감소시키는 데 도움을 주었다. 행동수정연구자들은 아동의 정서적 문제의 대부분을 차지하는 문제행동이 우연히 강화되어 나타났음을 말한다. 그러나 학습이론은 환경의 중요성은 강조하지만 인간행동발달에서 나타나는 변화나 개인차에 대해서는 설명을 못하며 실험실에서 동물들에게 적용한 연구결과를 복잡한 인지능력을 가지고 있는 인간에게 일반화시켜 연구했다는 데 문제가 제기된다. 또한 눈에 보이는 행동변화만을 다룸으로써 인간의 발달을 이해하는 데 한계점을 가지고 있다(정옥분, 2007). 학습이론은 인간행동이 환경에 의해 결정된다고 봄으로써 인간의 자율적 사고과정을 통한 선택적 행위와 결과에 대해 책임을 지는 존재라는 사실을 인정하지 않아 인간의 행동에 대한 내적 동기를 약화시키며, 조작적 조건형성은 인간의 복잡한 행동에 대해 적절하게 설명하지 못하는 제한점을 가지고 있다(권대훈, 2010).

표 2-2 | 학습이론의 비교

학 자	대표 이론	강조점
파블로프	고전적 조건형성 : 자극에 대한 반응에서 조건적 형성을 통해 학습한다. 조건반사에 영향을 주는 요소는 변별, 소거, 일반화, 자발적 회복이다.	학습은 조건적 형성을 통한 자극에 대한 반응
손다이크	시행착오이론 : 특정자극에 대한 반응은 시행착오를 통해 가장 만족스러운 반응을 학습하는 것이다. 학습법칙에는 효과, 연습, 준비성이 있다.	긍정적 반응에 대해 반복적 시행착오를 통한 강화
스키너	조작적 조건형성이론 : 행동은 결과에 의해 결정되며 강화와 처벌을 통해 행동발생확률이 달라진다. 강화에는 정적 · 부적강화가 있고 문제행동의 감소에는 소거, 차별 강화, 포만, 격리, 반응 대가 등이 있다.	강화와 처벌을 통한 행동발생확률
반두라	관찰학습이론 : 학습은 강화나 벌이 없어도 관찰이나 모델링을 통해 이루어진다. 자기효능감은 관찰학습을 통한 모방에서 형성되는 자기신념으로 인간행동에 긍정적인 영향을 준다. 관찰학습과정은 주의집중, 파지, 재생, 동기화의 단계를 거친다.	사회적 관계성에서 관찰과 모방, 자기효능감에 대한 개념

생각해 보기

1. 학습이론학자들의 환경자극과 반응에 대한 관점은 유아교육현장에서 어떻게 적용될 수 있는가?

2. 유아교육현장에서 강화와 벌은 어떻게 적용되며 한계점은 무엇인가?

3. 학습이론에 기초한 행동주의와 인간본성의 발현을 강조하는 자연주의와는 어떻게 다른가?

4. 자기효능감은 무엇이며 유아에게 어떤 영향을 주는가?

3. 인지발달이론

인지발달이론은 인간의 사고, 추리, 문제해결, 지식과 같은 인지과정과 발달에 대한 이론으로 인간의 정신구조 및 사고과정에 관심을 가진다. 인지발달이론은 인간의 지적 성장은 성숙요인과 환경과의 상호작용으로 인해 이루어진다고 본다. 여기서는 쾰러Köhler의 통찰이론, 피아제Piaget의 인지발달이론, 정보처리이론, 비고츠키Vygotsky의 사회문화적 인지이론에 대해 살펴보도록 한다.

1) 쾰러의 통찰이론

(1) 생 애

▲ 쾰러(1887~1967)

쾰러Köhler는 독일출신의 심리학자로 게슈타르트심리학 창시자의 한 사람이다. 본 대학과 베를린 대학에서 수학한 후, 프랑크푸르트 대학에서 베르트하이머, 코프카M. Wertheimer & K. Koffka와 공동연구를 하였으며 1935년 나치에 쫓겨 미국으로 건너가 하버드 대학 교수를 역임하였다. 1913~1920년, 아프리카의 테네리페 섬에서 침팬지를 연구하여 유인원의 지혜시험의 성과로, 실험심리학, 영장류 행동연구의 선구역할을 하였다.

(2) 통찰이론

쾰러는 초기 인지주의 학습이론의 대표자로 침팬지 행동관찰실험을 통해 통찰이론insight thory을 제시하였다. 1913년부터 아프리카에서 유인원 연구소장으로 재임하게 된 쾰러는 다양한 동물들을 대상으로 연구를 실시하던 중, 침팬지들의 문제해결능력을 알아보는 실험을 하였다. 그는 아무런 학습의 경험이 없는 침팬지들을 우리에 넣고, 침팬지의 손이 닿지 않는 우리의 천장에 바나나를 달아놓았다. 그리고 바닥에는 나무막대와 나무상자들을 놓아둔 후 침팬지가 어떻게 행동하는지 관찰하였다. 침팬지는 바나나를 따기 위해 손을 뻗거나 발돋움을 하는 등 애를 쓰지

▲ 쾰러의 침팬지 실험

만 곧 바나나를 딸 수 없다는 것을 깨닫는다. 침팬지는 잠시 바나나를 따려는 모든 행동을 멈추고 우리 안을 둘러보다가 우리 안에 있는 상자들을 쌓고, 그 위에 올라가 나무막대를 이용하여 바나나를 따 먹었다. 이러한 실험결과는 학습이 단순한 시행착오나 조건화에 의해서 이루어진다고 생각하는 행동주의의 입장과는 달리, 학습에서의 문제해결은 문제를 하나의 전체로서 지각하는 통찰력의 결과로 이루어진다는 것을 보여 주는 것이다. 즉, 문제해결의 행동은 학습 사태를 통찰함으로써 일어나며, '통찰'은 시행착오적이며 무작위적인 반응이 아니라 급속하게 해결책에 도달하는 것이다.

이러한 통찰이론은 학습이란 시행착오에 의해 일어나는 것이 아니라 기존의 경험을 바탕으로 하여 새로운 통찰을 개발하거나 이해를 변화시켜 가는 인지구조의 변화과정임을 제시함으로써 행동주의적 관점과는 상이하다(이지연 · 김태준, 2011). 쾰러의 통찰이론은 문제해결의 핵심을 문제의 조직 혹은 구성에 관한 것으로 이해하는 형태주의 심리학적 관점을 나타내고 있다.

2) 피아제의 인지발달이론

(1) 생 애

▲ 피아제(1896~1980)

피아제Piaget는 스위스 출신의 심리학자로 20세기에 가장 영향력 있는 발달심리학자 중 한 사람이다. 그는 11세에 백변종 참새에 관한 논문을 발표하며 생물학에 관심을 가지고 연구하여 학부와 대학원 자연과학 분야에서 박사학위를 받았다. 그 후 취리히의 정신과학병원에서 인턴으로 일하며 심리학을 접하게 되었다. 그는 자신의 세 자녀를 관찰하면서 아동의 사고가 성인의 사고와는 논리적 구조에 있어서 근본적인 차이점이 있음을 발견하고 이를 바탕으로 인지발달이론을 제시하였다. 피아제(1952)에 의하면 인지발달은 유기체와 환경과의 상호작용을 통해 이루어지는 적응과정이고, 유아기에서 청소년기까지 질적으로 상이한 4단계의 발달단계가 있다.

(2) 피아제 인지발달이론의 주요 개념

피아제는 경험을 이해하고자 하는 도식schema, 즉 특정한 인지구조는 연령에 따라 변화하며, 이는 조절과 동화의 과정이 반복적으로 나타나면서 발달되어 간다고 하였다.

① 도 식

▲ 영아들은 사물을 보면 손으로 잡고, 빨고, 흔들어보는 행동도식을 보인다.

도식이란 기본적인 인지단위로 인간이 세상의 어떤 사물이나 대상들을 공통적인 특성에 따라 유목으로 조직하는 능력으로 외부의 사상을 지각하고 기억할 때 테두리가 되는 지식의 구조화된 집합이라 할 수 있다(이지연 · 김태준, 2011). 유아들은 태어날 때부터 많은 도식들을 지니고 태어나며, 적응과정을 통해 새로운 도식을 개발하고 기존의 것들을 변화시키며 발달해간다. 예를 들어, 영아들은 주로 보기, 빨기, 잡기, 흔들기와 같은 도식을 가지고 있다.

② 동화와 조절

동화assimilation는 존재하는 도식으로 새로운 자극물이나 사건을 이해하는 것인데, 개인이 기존의 내적 인지구조에 맞추어 새로운 정보를 흡수하고 통합하는 과정이라 할 수 있다. 예를 들어, 새 외에 하늘을 날아다니는 것을 본 적이 없는 유아는 날아다니는 모든 것을 '새'라고 부른다. 그런데 어느 날 하늘을 나는 비행기를 처음 보게 된 유아는 하늘을 나는 것은 모두 '새'라는 도식에 의해 비행기를 '새'라고 생각한다. 이러한 과정을 동화라고 할 수 있다. 그러나 유아는 곧 비행기와 새

표 2-3 | 피아제의 지식구성 기제

개념		정의	사례	
출발	평형	개인의 도식과 경험 간의 조화	새 	새 외에 날아다니는 것을 본 적이 없는 걸음마기 유아는 나는 모든 대상을 '새'라고 부른다.
	동화	현존하는 도식에 근거하여 새로운 경험에 적응하려는 시도	새 	하늘에서 비행기를 본 아동은 그것을 '새'라고 부른다.
종결	조절 · 평형	새로운 경험을 더 분명히 설명하기 위해 현존하는 도식의 변경	새? 	새로운 새가 털도 없고 날개를 펄럭이지도 않는다는 것에 주목하여 갈등 혹은 불균형을 경험한다. 그것은 새가 아니라고 결론짓고 그것에 대해 새로운 이름을 만들어 낸다. 성공적인 조절은 평형을 이루게 한다(잠시 동안).
조직	조직	현존하는 도식을 새롭고 더욱 복잡한 구조로 재정리	새   비행기	한 개의 상위 범주(날아다니는 대상)와 두 개의 하위 범주(새와 비행기)를 구성하는 위계적 도식 종결을 형성한다.

출처 : David R. shaffer, 송길연 외(2001), 발달심리학, p. 242.

의 다른 점을 발견하게 되어 자신이 이미 가지고 있었던 도식을 변경하지 않을 수 없게 되는데, 바로 이러한 과정을 조절accommodation이라고 한다. 조절은 새로운 자극에 알맞게 이미 있던 도식이나 구조를 변형하는 인지과정을 뜻한다. 유아는 이제 불균형상태에 놓이게 되어 새로운 물체가 새인지 아닌지 갈등하다가 비행기는 새가 아니라는 결론을 짓고 새로운 이름을 만들어 냄으로써 지식의 불균형을 해결하게 되는데, 이를 평형equilibration이라고 한다. 그리고 이제 하늘을 나는 것에는 새뿐만 아니라 비행기도 있다는 이전보다 새롭고 복잡한 구조로 지식을 재정리하게 되는데, 이러한 과정을 조직organization이라고 한다. 피아제는 이와 같이 유아가 환경과의 상호작용 속에서 동화와 조절, 평형, 조직의 과정을 통해 성장하고 발달한다고 보았다.

(3) 피아제의 인지발달단계

피아제는 인지발달에는 감각운동기, 전조작기, 구체적 조작기, 형식적 조작기의 4개의 단계가 있다고 하였다. 각 단계는 서로 질적으로 명확히 구분되고, 서서히 계속적으로 발달하며 단계를 뛰어넘는 도약은 없다는 특징을 가진다.

① 감각운동기(출생~2세)

생후 2년 동안 영아기에 해당하는 단계로, 영아는 주로 감각과 운동을 통해 환경을 탐색하며 지능을 발달시킨다. 즉, 이 시기에 영아는 눈, 귀, 손, 입으로 세상을 인식하고 단순한 문제해결방법들을 습득해 간다. 감각운동기의 가장 중요한 특징은 대상영속성object permanence 개념이다. 대상영속성이란 어떤 대상이 시야에서 사라져 보이지 않게 되어도 그 대상은 계속 존재한다는 것을 인식하는 능력이다. 영아 초기에는 대상영속성을 가지고 있지 않지만, 점차 개념을 습득하여 12개월이 되면 사물이 보이지 않아도 존재한다는 것을 이해한다. 이러한 개념의 습득은 영아가 이제 언어와 같은 상징 기호를 사용하여 정신적인 표상을 할 수 있는 능력을 갖추게 한다.

② 전조작기(2~7세)

전조작기는 상징적으로 사고하는 능력이 활발히 발달하는 시기로 유아의 언어가 급격히 발달하는 시기이다. 유아는 표상적 사고능력이 생겨 역할 놀이 및 가상놀이를 할 수 있게 되지만 아직 논리적인 조작이 가능하지는 않다. 이에 이 시기의 유아는 논리적인 추리보다 비논리적인 추리를 하게 되며 직관적 사고, 중심화, 자아중심성, 물활론적인 사고의 특징을 보인다.

직관적 사고란 논리적이고 합리적인 사고과정을 거치지 않고 즉시적으로, 보이는 대로 사고하는 것을 말한다. 중심화는 사물의 한 가지 차원에만 초점을 두고 다

그림 2-7 피아제의 보존 개념 실험

유아에게 같은 양의 물이 담긴 두 개의 컵을 제시하고, 두 컵의 물의 양이 똑같은지 물어본다. 유아는 똑같다고 말하고, 유아가 보는 앞에서 한 컵의 물을 길고 가느다란 컵에 붓는다. 어느 쪽의 물이 더 많은지 질문하면 유아는 눈에 보기에 많아 보이는 긴 컵의 물이 더 많다고 대답한다. 이는 전조작기 유아의 직관적 사고, 중심화로 인한 비논리적인 추리와 사고를 보여 주는 실험이다.

른 중요한 차원의 특성을 간과하는 경향의 사고를 뜻하며, 자아중심성은 타인의 생각이나 감정이 자신과 같다고 믿음으로써 타인의 생각을 이해하지 못하는 것이다. 물활론적 사고는 모든 사물에 생명이 있다고 여겨 생명과 감정을 부여하는 사고로 인형과 이야기하고 인형도 함께 밥을 먹거나 잠을 자야 한다고 생각하는 것이다.

③ 구체적 조작기(7~12세)

이 단계의 아동은 논리적인 사고가 가능하여 이전 단계인 전 조작기에 해결하지 못한 과제들을 성공적으로 수행할 수 있게 된다. 이 시기의 아동은 보존 개념의 획득, 유목 포함, 분류화, 서열화를 할 수 있게 되며 탈 중심화를 통해 타인의 관점과 생각이 자신과 다를 수 있음을 이해하여 다른 사람의 입장을 이해할 수 있는 사고능력을 가지게 된다.

④ 형식적 조작기(12~14세)

인지발달단계의 최종단계인 형식적 조작기는 청년기가 이 단계에 해당한다. 이제는 사고의 조작이 구체적인 사물에만 해당하지 않고 추상적인 대상물에 대해서도 추상적 사고의 조작이 가능하다. 이로 인해 청년은 시간을 초월한 문제를 다룰 수 있으며, 체계적인 과학적 사고가 가능해지고, 추상적이며 이상적인 사고가 가능해진다.

3) 정보처리이론

정보처리이론information-processing theory은 인간의 마음을 정보를 처리하는 상징-조작체계로 보고 인간이 지각하는 정보를 어떻게 처리하는가를 컴퓨터와 비교하여 설명하는 이론이다. 정보처리이론에 의하면 컴퓨터와 인간의 사고과정에는 유사점이 있는데, 둘 다 논리와 규칙을 사용한다는 점이다(정옥분, 2007). 또한 새로운 기술로 인해 컴퓨터의 구조 및 프로그램이 점점 복잡해지듯이, 인간의 인지과정도 성장과 함께 점점 복잡해진다는 것이다. 예를 들어, 열 살짜리 아동은 여섯 살짜리 유아보다 더 많은 양의 단어를 암기할 수 있는데, 이는 열 살짜리 아동의 뇌와 신경계가 여섯 살짜리 유아보다 더 성숙해져 있기 때문이다. 즉, 이것은 컴퓨터와 비교해서 물리적 장치인 하드웨어의 차이라고 설명할 수 있는 것이다. 반면에 유아기에 갖지 못하는 문제해결을 위한 계획이나 책략을 청소년기나 청년기에 습득할 수 있는데, 이것은 컴퓨터와 비교해서 프로그래밍에 해당하는 소프트웨어의 차이라고 설명할 수 있다.

정보처리이론은 아동이 외부세계로부터 들어오는 정보를 기억과정을 통해 저장하고 시간이 흐름에 따라 저장된 정보를 전환하며, 또한 정보를 효율적으로 인출하는 정보처리의 과정을 연구대상으로 한다(정옥분, 2007). 앳킨슨과 쉬프린 Atkinson & Shiffrin은 인간의 기억현상을 설명하기 위해 정보처리 모형을 제시하였는데, 이 모형은 인간의 정보처리체계를 서로 다른 기억장치, 즉 감각등록기, 단기기억, 장기기억 사이에서 유지되고 변환된다고 보았다. 기억저장과 연합된 정보의 진행과정을 도식으로 나타내면 그림 2-8 과 같다.

그림 2-8의 모형을 설명하면 유아가 어떤 문제를 해결하고자 할 때, 먼저 감각기관을 통해 외부의 정보를 수용하게 된다. 감각을 통해 획득된 정보는 감각등록기에 잠깐 머물게 되며 감각기록기는 정보를 정확하게 기록한다. 여기서 감각등록기 내의 정보는 즉시 처리되지 않으면 곧 소실되거나 새로 유입된 정보로 대치되어 버린다. 감각등록기 내의 정보 중 특별한 주의를 기울이는 정보는 이제 단기기억으로 넘어간다. 단기기억은 소량의 정보만을 기억할 수 있고 약 20~30초가 지나면 단기기억 내의 정보는 잊혀지든지 아니면 장기기억으로 넘어가게 된다. 장기기억으로 넘어간 정보는 영구적으로 저장이 된다. 정보처리이론가들은 이러한 과정을 통해 인간이 지각하는 정보를 처리한다고 설명하였다.

유아는 성장해가면서 정보를 더욱 효율적으로 처리할 수 있도록 인지적 변화가 일어나고 보다 많은 정보를 습득함에 따라 지식기반이 확장된다. 가장 중요한 발달적 변화는 정보를 통제하고 분석하는 통제과정인데, 이는 어떤 정보에 주의를 기울이고 저장과 인출과정에서 어떤 전략을 사용할 것인지 등을 결정하는 과정이

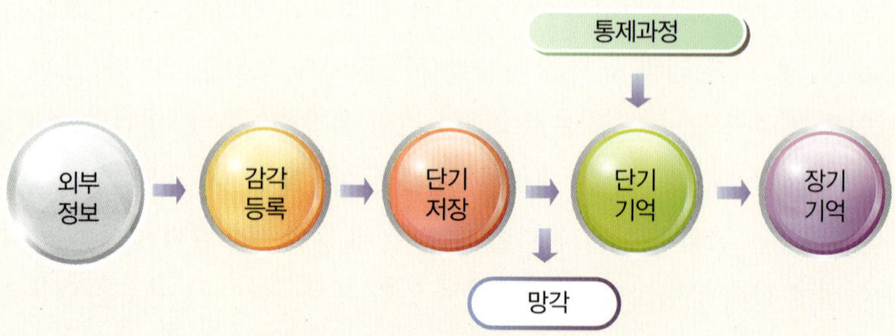

그림 2-8 정보처리 모형

다. 이러한 과정은 유아가 성장하고 발달함에 따라 점점 효율적으로 잘 처리할 수 있게 되어 문제해결을 이전보다 효율적으로 할 수 있게 된다. 피아제의 이론과 마찬가지로 정보처리이론 또한 아동은 매우 능동적으로 정보를 탐색하고 처리한다고 본다. 그러나 피아제와는 달리 정보처리이론에서는 발달단계를 설정하지 않는데, 발달을 연속적이고 계속적인 과정으로 파악하기 때문이다.

4) 비고츠키의 사회문화적 인지이론

(1) 생 애

▲ 비고츠키(1896~1934)

비고츠키Vygotsky는 러시아 출신의 심리학자로 피아제와 같은 해인 1896년 출생하였고 38세의 젊은 나이로 요절할 때까지 180편이 넘는 논문과 책을 출판하였다. 모스크바 대학교와 샤니아프스키 인문대학교에서 법학과 문학, 철학, 예술, 심리학을 공부한 그는 아동발달에서 문화와 사회적 관계를 강조한 새로운 접근의 인지발달이론을 제시하였다. 그는 개인의 발달은 사회적 · 문화적 배경에 따라 다르다고 보며, 인간은 자신이 살아가고 있는 사회적 환경의 영향을 받아 발달해 간다고 보았다. 피아제도 유아가 환경과의 상호작용을 통해 인지를 발달시킨다고 설명하였지만 이는 유아 개인적 차원에서의 환경과의 상호작용을 말한다. 이와는 달리 비고츠키는 어른의 지지와 또래와의 사회적 상호작용을 통해 인지발달을 이루어간다고 하였고, 인지발달에 있어 언어의 중요성을 강조하였는데, 언어는 유아가 문제해결을 위한 도구로 사용되기 때문이다. 또한 유아의 인지능력발달을 근접발달영역의 개념으로 설명하였다.

(2) 언어와 인지발달

비고츠키는 인지발달에 있어 언어의 중요성을 강조하였는데, 언어는 사고와 인지발달을 촉진하는 매개체 역할을 하기 때문이다. 언어는 유아가 자신의 지식을 내면화하는 과정에 필수적인 도구다. 유아들이 혼잣말을 하는 것을 쉽게 볼 수 있는데, 혼잣말은 유아 스스로 문제해결을 할 수 있도록 돕는다. 비고츠키는 이를 사적 언어라고 하였으며 사적 언어는 공유지식을 개인지식으로 변환시키는 기제가 되고 자기 생각을 조절하고 반영하는 수단이 된다. 많은 연구결과 혼잣말을 많이 사용하는 유아는 다른 유아들보다 복잡한 수준의 과제들을 잘 수행하고 더 효과적으로 학습하는 것으로 나타났다(Emerson & Miyake, 2003). 또한 언어는 단순한 의사소통 수단만이 아닌 사회구성원들의 생각과 사물을 이해하는 방식 등을 서로 공유할 수 있게 하는 문화적 도구의 역할을 한다. 이에 부모나 성인은 유아와의 언어적 상호작용을 통해 자녀를 사회화하며 유아는 그 사회의 문화와 가치, 요구들을 배우게 되는 것이다.

(3) 근접발달영역

비고츠키는 발달의 수준을 실제적 발달 수준과 잠재적 발달 수준으로 구분하고 이 두 수준 사이에 존재하는 영역을 근접발달영역ZPD : Zone of Proximal Development이라고 하였다. 근접발달영역은 유아가 혼자서는 문제를 해결할 수 없지만 성인의 도움이나 유능한 또래의 도움을 받으면 성공적으로 학습이 이루어질 수 있는 영역이다. 예를 들면, 퍼즐을 혼자 힘으로 맞추지 못하고 있는 유아에게 엄마가 옆에서 힌트를 주거나 조언을 해주면 유아는 퍼즐 맞추기를 완성할 수 있게 된다. 이러한 근접발달영역은 발달 수준이 같더라도 개인에 따라 다를 수 있다.

(4) 비계설정

비계설정scaffolding이란 유아가 스스로의 힘으로 문제해결을 할 수 있도록 성인이나 유능한 또래로부터 얻는 도움을 뜻한다. 이것은 근접발달영역과 매우 밀접한 연관이 있는 개념으로 비고츠키의 사회문화인지이론의 핵심 아이디어라고 할 수 있다. 비고츠키는 유아의 인지발달은 자신이 속한 사회에서 보다 성숙한 구성원과의 상호작용을 통해 이루어진다고 보았고, 유아보다 성숙한 구성원인 부모나 교사, 또는 유능한 또래가 유아에게 비계를 설정해 줌으로써 유아는 인지적인 발달을 이루어간다고 하였다. 즉, 유아가 어떤 문제를 해결할 수 있도록 부모나 교사 또는 유능한 또래는 도움을 제공하는데, 조언, 실마리, 암시, 단서, 질문, 설명, 시범, 토론, 격려, 주의 집중시키기 등이다. 이러한 도움을 지지

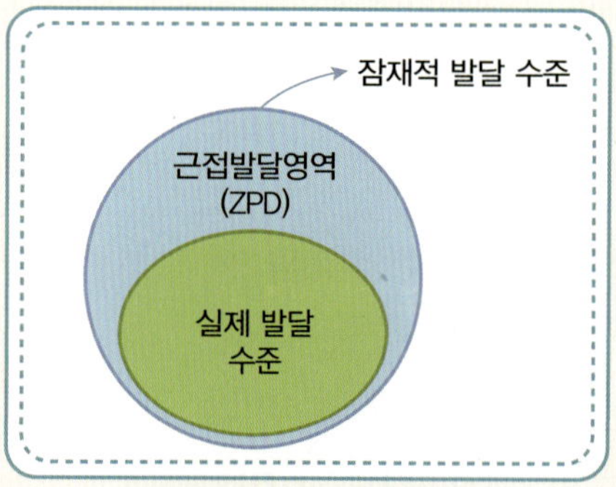

|그림 2-9| 근접발달영역

의 발판이라는 뜻으로 비계설정이라고 한다. 이러한 비고츠키의 인지발달론은 피아제와는 달리 학습은 스스로 발견해 가는 것이 아니라 도움을 받는 발견을 의미하며 교사나 유능한 또래의 적절한 비계설정은 유아의 인지발달에 도움이 된다.

▲ 유아의 인지발달에 성인의 도움은 큰 영향을 미친다.

5) 인지발달이론에 대한 평가

인지발달이론은 유아를 외부 환경의 자극에 반응하는 수동적인 존재로 규정하여 관찰 가능한 행동의 변화만을 강조한 행동주의적 관점을 탈피하여 유아의 능동적인 정신과정에 주목할 수 있게 하였다. 유아를 능동적인 학습자로 보고 학습의 의미와 관점을 인간의 내적 과정, 인지과정의 측면에서 분석하고 규명하고자 하는 커다란 변화를 가져온 것이다.

쾰러의 통찰이론은 학습이 단순한 시행착오와 외적 자극을 통해 이루어지는 것이 아님을 밝혀 인간의 학습을 내적 정신과정의 측면에서 규명하는 데 기여했음을 알 수 있다. 피아제의 인지발달이론 또한 인간발달에서 인지의 중심적 역할을 강조하고(정옥분, 2007), 유아가 적극적인 학습자라는 사실을 확인시켜 주었으며, 그들의 마음은 풍부한 지식구조로 구성되어 있음을 제시해 주었다(Berk, 2009). 또한 실제적인 측면에서 교육철학을 발달시키고 발견학습을 강조하며 환경과의 직접적인 접촉을 강조하는 프로그램을 만들게 하였다(Berk, 2009). 그러나 수많은 공헌에도 불구하고 피아제의 인지발달이론은 인지발달단계에 있어 다음 단계로의 변환에서 그 기제가 명확하지 않다는 점과 인지구조가 어떻게 행동으로 옮겨지는지에 대한 설명이 충분하지 못한 점(정옥분, 2007), 유아의 역량을 과소평가했다는 점에서 지적을 받고 있다(Berk, 2009). 어린 영유아에게 보다 쉽고 적절한 과제를 제시해 주었다면 영유아들이 피아제가 생각한 것보다 문제해결을 잘 했을 것이라는 것이다. 실제로 겔만과 베일라전Gelman & Baillargeon은 피아제가 제시한 과제들을 유아들이 훈련을 통해 잘 수행하였고 그 능력이 증진되고 있음을 보고하였다. 이러한 발견은 어른의 지도보다 발견학습이 발달을 촉진시키는 가장 좋은 방법이라는 그의 가정에 의문을 제공하게 한다(Berk, 2009). 셋째, 피아제이론은 인지발달에서 아동의 개인차를 충분히 고려하지 않았으며 사회문화적 · 역사적 영향을 과소평가했다는 비판을 받고 있다(Mliier, 1993).

정보처리이론은 인간의 인지과정을 컴퓨터의 정보처리과정과 비교함으로써 아동과 성인이 많은 인지과제를 어떻게 다루는지 정확하고 알기 쉽게 설명해 주었다. 특히, 지능 분야의 연구를 엄격한 연구방법을 사용하여 과학적으로 분석하고 진일보시키는 데 기여하였으나 상상력이나 창의성과 같이 논리적이지 못한 인지 측면에 대한 연구를 소홀히 하였고, 정보처리과정에서 일어나는 맥락이나 개인적 욕구, 능력 및 이들 간의 관련성은 간과했다는 비판을 받고 있다(Mliier, 1993). 비고츠키이론의 가장 중요한 공헌은 개인의 발달에서 사회문화적 맥락의 중요성을 강조한 점이라 할 수 있다(정옥분, 2007). 그는 학습에 있어 사회적 맥락을 주시하여 유아의 학습에 성인과 또래의 역할을 규명하고, 유아의 일상생활에서 어떻게 발달을 이끌 수 있는지에 대한 구체적인 교수 수준과 방식을 제공해 주었다. 또한 모든 문화에서 사람들은 나름대로의 강점을 발달시킨다는 것을 보여 주며 발달의 보편적인 목표는 없고 이상적 사고나 행동은 각 문화권마다 다르다는 문화의 상대성을 인정하였다. 그러나 비고츠키는 사회문화적 경험을 강조한 반면 발달의 생물학적 측면을 간과했다는 비판을 받고 있다(Berk, 2009).

표 2-4 | 인지발달이론의 비교

학 자	대표 이론	강조점
쾰러	통찰이론 : 인간의 인지구조는 기존의 경험을 바탕으로 새로운 통찰을 개발하거나 이해를 변화시켜가는 과정이다.	통찰, 이해의 변화를 통한 학습
피아제	인지발달이론 : 인간의 인지발달은 유기체와 환경과의 상호작용을 통해 이루어지는 적응과정이며, 모든 인간은 보편적인 인지발달단계가 존재한다.	• 합리적인 사고과정 중시 • 유기체와 환경과의 상호작용 강조 • 유아의 능동적 학습강조 • 보편적인 인지발달단계 강조
정보처리 이론 학자들	정보처리이론 : 인간의 인지활동은 외부에서 들어오는 정보를 저장, 전환, 인출하는 정보처리의 과정으로, 발달을 연속적이고 계속적 과정으로 여긴다.	• 인지과정은 정보의 처리과정 • 논리와 규칙의 사용 • 인지발달은 연속적 · 계속적 과정
비고츠키	사회문화적 인지이론 : 인간의 인지발달은 사회문화적 요인에 의해 이루어진다. 따라서 모든 인간이 똑같은 인지발달단계를 거친다고 보지 않으며 성인과 유능한 또래의 중재를 중시한다.	• 개인의 발달에서 사회문화적 맥락의 중요성을 강조 • 인지발달의 문화적 특수성 강조 • 성인의 개입 강조

생각해 보기

1. 인지발달이론이 주장하는 기본 입장은 무엇이며, 인간발달에 있어서 강조하는 요인은 무엇인가? 이는 어떤 측면에서 적절하다고 생각하는가?

2. 인간의 인지발달은 위계적인 단계를 거쳐서 이루어진다고 보는가? 아니면 연속적이고 계속적인 과정에 의해 이루어진다고 생각하는가? 인지발달에 대한 자신의 입장을 정리해 보시오.

3. 모든 인간이 유사한 인지발달단계를 거친다는 피아제의 주장을 뒷받침할 수 있는 실제의 예를 들어보시오.

4. 피아제와 비고츠키의 이론에 근거할 때, 각각 교사나 부모의 역할은 어떠해야 하는가?

4. 성숙이론

성숙주의는 인간발달의 보편성에 관심을 두고 발달의 가장 중요한 힘은 인간 내부적인 힘에서 기인한다고 가정한다. 성숙주의자들은 인간의 성장이나 발달을 식물에 비유하여 설명한다. 만약 식물이 성장하는 데 필요한 기본적 조건이 갖추어져 있다면 스스로 잘 성장하듯이 인간도 내부에 발달의 힘을 가지고 있기 때문에 유아가 자신의 내적 계획에 따라 발달할 수 있는 충분한 시간을 가진다면 잘 성장할 수 있다고 보는 것이다. 이러한 성숙주의이론은 그 기원을 루소로부터 찾을 수 있는데, 성선설을 주장한 루소는 유아에게 자연적인 성장의 기회가 주어질 때 자신의 잠재 가능성을 충분히 발달시켜 잘 성장할 것이라고 보았다. 이에 유아의 자연적인 성장을 방해하는 성인의 개입은 최소화하여야 한다고 주장하였다. 이러한 루소의 관점은 이후 다양한 학자들에게 영향을 미쳐왔으며 현대의 대표적인 성숙주의이론으로 게젤Gesell과 몬테소리Montessori의 이론을 들 수 있다.

1) 게젤의 성숙이론

(1) 생 애

▲ 게젤(1880~1961)

게젤Gesell은 미국 출신의 아동심리학자로 위스콘신 대학교, 클라크 대학교, 예일 대학교에서 수학하고 문학박사와 의학박사 학위를 받았다. 예일 대학의 교육학 조교수와 아동위생학 교수를 거쳐, 1911년 아동발달연구소를 창설하였다. 여기에서 그는 심리학과 의학을 합한 정신발달의 실증적 연구에 전념하여 빛나는 업적을 남겼는데, 아동의 발달과 성숙에서 일어나는 일정한 규칙성을 연구하고 발달의 표준을 제시하였다. 1960년 예일 대학을 물러나 게젤발달연구소를 창립, 주관하였다.

(2) 게젤의 성숙이론

게젤은 1911년 예일아동발달임상센터를 설립하고 동료들과 함께 아동의 발달에 관한 세부적인 연구를 실시하였다. 그 결과 그는 유아의 발달과 성숙이 일정하게 나타나는 규칙성을 발견하였다. 즉, 발달의 방향은 머리부터 발로 향하고 서기 전에 앉고 걸으며, 걷기 전에 서게 된다는 것이다. 이 모든 것은 신경계의 성장과 함께 발달하며 신경계의 성장은 유전자에 의해 중재되고 개체 성장의 힘은 이미 출생 시 결정된다고 본 것이다. 그는 이러한 연구결과를 바탕으로 다양한 연령단계별로 유아의 특징과 능력에 대한 표준인 아동행동규준을 제시하였다. 게젤은 유아의 발달에 있어 성숙이 가장 초보적이면서도 강력한 영향을 주는 요인이라고 보았는데, 여기에서 성숙은 "유전자가 발달과정을 방향 짓는 기제에 대한 일반적인 명칭"을 뜻한다. 성숙은 교육이나 훈련, 연습과는 대조되는 개념으로 개체 내의 모든 발달 및 발달기제의 방향을 조정하는 내적 조정기능을 한다. 따라서 만약 유아가 자신의 내적 계획에 따라 발달할 수 있는 충분한 시간만 가질 수 있다면 유아는 자신의 내적 수행능력에 따라 충분히 발달을 이루어간다고 생각하여 유아의 성숙을 재촉하기 위한 성인의 지나친 개입은 바람직하지 못하다고 보았다. 그는 환경요인인 성장을 유지, 변화, 수정할 수는 있지만 발달의 기본적인 진행과정을 만들지는 못하며 성장은 성숙에 의해 좌우된다고 주장하였다. 즉, 게젤은 모든 유기체들은 성장에 있어 이미 성장 모형을 가지고 있어 성장의 방향이 결정되어 있다고 본 것이다. 게젤이 제시한 발달의 원리를 제시하면 다음과 같다.

① 패 턴

게젤은 유아들을 관찰하고 실험하면서 유아의 발달과 성숙에서 일정하게 나타나는 규칙성에 주목하고, 각 연령별로 무엇을 할 수 있는지 연구하였다. 그리고 각각의 연령단계별로 유아의 특징과 능력에 대한 표준을 만들고 이를 통해 보편적인 아동발달의 패턴을 제시하여 교사나 부모들이 이 패턴을 기준으로 유아를 위한 적절한 교육내용을 판단할 수 있도록 하였다.

② 개체성

정상적인 아동은 모두 동일한 순서를 거쳐 성장하지만 기질이나 성격의 차이로 인해 성장속도는 서로 다르다고 보았다. 그는 3명의 가상 아동들을 통해 각각 다른 성장 유형을 제시하고 다양한 개인적 성향에 따라 성장 유형이 어떻게 나타나는지 다음과 같이 제시하였다.

개인적 성향에 따른 다양한 성장 유형

- 느리게 자라는 아동 A : 일반적으로 느리고 조심성이 있으며 기다릴 줄 알고 고른 기질을 지니며 셈을 잘 할 것이다.
- 빠르게 성장하는 아동 B : 반응이 빠르고 쾌활하며, 어떤 일에 잘 집중하고 대개 총명하며 영리할 것이다.
- 불규칙하게 성장하는 아동 C : 어떤 때는 너무 조심스럽고, 어떤 때는 너무 느리며, 자주 기분이 바뀌고 기다릴 때는 조바심을 내지만 순간적으로 번뜩이는 총명함도 보일 것이다.

③ 상호교류

인간은 두 반구로 된 뇌, 두 눈, 두 다리 등 양측으로 이루어져 있다. 이 양측의 발달이 점차 효과적으로 체계화되어 가는 과정을 상호교류라고 한다(예 손의 사용 발달은 처음엔 한쪽 손을, 다음에는 양쪽 손을 함께, 그 다음에는 다시 다른 한 손을, 그리고는 다시 양손을 함께 쓰는데, 결국 어느 한 손을 더 우세하게 사용할 때까지 이런 사용의 과정을 계속한다). 게젤은 상호교류의 원리가 다른 행동에도 광범위하게 적용된다고 보았는데, 즉 기는 것, 걷는 것, 시각적인 행동, 그림 그리기 같은 행동 패턴들이 여기에 포함된다.

④ 기능적 비대칭

인간의 발달은 상호적 교류작용을 통해 균형을 이루어 가지만 실제 인간발달에서 완벽한 균형이나 조화를 이루기는 어렵다. 오히려 약간의 불균형이 훨씬 더 기능적이다. 게젤은 한 손, 한 발, 한 눈 등 한쪽만의 우세성이 나타나는 기능비대칭 원리가 오른손잡이, 왼손잡이를 결정하는 것과 관련이 있다고 보았다.

⑤ 자기규제

모든 성장에는 자기규제 원리가 있는데, 이는 아동들에게 너무 일찍 많은 것을 가르치려고 할 때 작용한다. 자기규제의 기제는 유동적인 성장본질의 기초를 이루는데, 아동들은 성장의 새로운 영역으로 급격히 들어오다가도 너무 급속히 진행되지 못하도록 하는 어떤 것이 내부에 있는 것처럼 부분적으로 물러서 다시 앞으로 나아가기 전에 자신의 진행과정을 견고하게 한다. 이러한 유동적인 성장특징은 아동의 정서발달 및 모든 영역에서 나타나 모든 발달은 안정과 불안정의 시기를 주기적으로 거치며 진행되고 이를 통해 아동의 과도한 성장을 방지한다.

2) 몬테소리의 민감기 이론

(1) 생 애

▲ 몬테소리(1870~1952)

몬테소리Montessori는 이탈리아 최초의 여성의사이자 교육자로 그녀의 교육이론과 방법론은 특히 유아교육 분야에 큰 영향을 미쳤다. 1907년 로마에서 3~7세의 도시 빈민유아를 대상으로 한 어린이집을 창설한 몬테소리는 정신지체아를 대상으로 한 교육방법을 적용한 프로그램을 개발하여 성공을 거두었다. 그녀의 교육철학과 방법은 유럽에서 유행하게 되었으며 1900년대

초에는 미국에 전파되어 유아교육에 상당한 영향을 미치며 확대되었다.

그녀는 교육사상적 측면에서 루소Rousseau의 영향을 많아 받아 유아는 스스로 발달해 갈 수 있는 내적 능력을 가지고 있다고 믿고, 성인이 유아를 마음대로 만들려는 생각은 잘못된 것임을 지적하였다. 유아는 자기 고유의 성숙적 기제를 가지고 있고 이를 통해 발달을 이루어간다는 성숙주의적 입장을 견지하였다.

(2) 교육이론

몬테소리는 특히 미각, 시각, 청각, 촉각과 같은 감각의 교육에 중점을 두었으며, 유아의 발달에는 민감기가 있다고 믿었다. 민감기란 유아가 어떤 행동에 대해 좀 더 영향을 받기 쉽고, 특정한 기술을 좀 더 쉽게 배울 수 있는 시기를 말한다(이기숙, 2000). 즉, 유아의 어떤 영역이 특정 시기에 더 급속히 확대되어 발달한다고 보는 가정이 민감기 이론이다. 민감기가 나타나는 연령은 주로 0~6세지만, 각 유아마다 민감기가 나타나는 시기가 다르며 연령에 따라 나타나는 행동의 특성도 다르다. 어떤 한 영역의 민감성이 나타나서 사라지게 되면 또 다른 발달영역에서 민감성이 나타나게 되며 이는 연속적인 과정으로 일어나게 된다. 각각의 민감기에 나타나는 발달특성은 서로 분리되어 있는 것처럼 보이지만 이는 점차 통합되어 발달을 이루어간다.

① 질서에 대한 민감기

출생 후 3년 동안 유아는 질서에 대한 강한 욕구를 나타내므로, 이 시기의 유아는 질서가 흐트러졌다는 것에 대해 참을 수 없고 예민하게 반응한다고 하였다. 몬테소리는 이러한 예로 6개월이 된 여아의 사례를 들었는데, 6개월 된 한 유아가 방문객이 우산을 탁자 위에 놓은 것을 보고 계속 울자 엄마가 이를 알아채고 우산을 제자리에 가져다 놓았을 때 비로소 조용해졌다는 것이다. 질서에 대한 민감기를 보이는 유아는 물건이 제자리에 있어야 마음이 편해지는 경향을 가진다는 것을 보여 주는 예라 할 수 있다.

② 세부 인식에 대한 민감기

생후 2년 동안 유아들은 작고 세밀한 것에 주의를 기울인다. 성인과 달리 유아들은 너무 작아서 잘 보이지 않는 것에 관심을 가지는데, 이는 유아들만이 가지는 독특한 심리적 성격인 것이다. 예를 들어, 유아들은 어른들이 잘 관찰하지 못하는 작은 곤충들을 탐지하거나 그림을 볼 때 주요 대상 대신 배경에 있는 작은 대상에 초점을 두는 경우를 종종 발견한다. 이러한 모습은 유아의 정신적 성격은 성인과는 아주 다르며 단순히 그 정도에 있어서만 다른 것이 아니라 그 종류에 있어서도 다르다는 사실에 대한 또 다른 증거가 된다(안영진, 1998).

③ 양손 사용에 대한 민감기

18개월~3세 사이의 유아는 무엇이든지 움켜쥐려고 하는데, 이는 손 사용의 민감기와 관련된 행동이다. 이 시기의 유아는 끊임없이 뚜껑을 여닫거나 물병에 물을 넣었다가 쏟기를 반복하기도 하고, 그릇에 어떤 물건들을 넣었다가 비우고 다시 가득 채우는 일들을 즐겨한다. 그 다음 2년 동안 유아는 동작과 촉감을 세련화하는데, 눈을 가린 채 촉감으로 물건이 무엇인지 알아맞히는 일을 즐거워한다.

④ 걷기 활동의 민감기

유아는 서서 걸을 수 있게 되면 항상 몸을 움직여 이동하고자 하는 충동을 느끼고 걷고자 한다. 성인은 목적지를 정하고 걷지만 유아들은 걷는 것 자체가 목적이 된다. 그러나 몬테소리는 이것을 유아가 스스로 자신의 기능을 완전하게 하기 위한 행위가 된다고 보았다. 즉, 유아는 스스로 잘 걸을 수 있고 다리의 대근육발달의 완성을 위한 목적 때문에 걷기를 반복한다는 것이다.

⑤ 언어에 대한 민감기

몬테소리는 언어 획득의 선천적 기제와 언어학습의 민감기에 대해 설명하였다. 유아가 언어를 어떤 방식으로 획득하게 되는지를 설명하기란 어렵지만 유아들도 문법의 체계와 규칙을 이해하고 사용하는 것을 보아 유아 나름대로의 특별한 언어 수용능력 및 언어 사용 기제를 가지고 있다고 볼 수 있다. 이는 성인이 새로운 언어를 배울 때는 많은 노력과 주의를 기울여 힘들게 배우지만 유아는 오히려 성인보다 쉽게 언어를 배우고 숙달하게 되는 것을 통해 알 수 있다. 몬테소리는 유아의 언어 획득은 선천적인 것이며 성숙적 요인에 의해 지배된다고 하였다.

몬테소리의 교육이론은 민감기 이론 이외에도 주목할 만한 것들이 몇 가지 있다. 바로 흡수정신으로 몬테소리는 유아의 정신을 흡수하는 정신으로 정의하고 유아가 자신의 내부에 잠재해 있는 흡수하는 정신능력을 통해 환경을 받아들이고 스스로 경험하며 배우게 되는 특성이 있다고 하였다(신화식 · 김헌수, 1992). 그리고 유아는 준비된 환경이 제공되면 자신이 스스로 선택한 활동을 행하며 자연스럽게 학습을 이루어 가는데, 이를 자동교육이라고 한다. 몬테소리는 이러한 유아의 자동교육을 위해 다양한 자기 수정적 교구 및 교재를 개발하고 제작하였으며 이는 오늘날까지도 널리 알려져 사용되고 있다.

또한 몬테소리는 유아의 전인적인 성장을 돕고 주변환경에 적응할 수 있게 하며, 인간적 관계 속에서 사회적 욕구를 받아들이고 더 나아가 '정상화'를 이루는 것을 교육의 목적으로 삼았다(이기숙, 2000). 유아는 스스로 선택한 활동을 하면서 만족감을 느끼게 되고 이를 통해 자신의 내적 훈련을 이루어 가면서 즐겁고 행복하게 정상화를 이루게 된다.

마지막으로 준비된 환경은 유아의 발달단계에 대한 교사의 세밀한 관찰을 통해 그에 적절한 교구를 마련해 주는 교육환경을 말한다. 몬테소리는 자신이 고안한 교구를 중심으로 교사가 철저하게 준비된 환경을 제공할 때 유아가 학습을 가장 잘 이룰 수 있다고 보았다. 그녀의 교수방법은 유아 스스로 자신에게 맞는 교구를 선택할 뿐 아니라 속도 또한 자신에게 맞게 진행시키므로 준비된 환경이 매우 강조될 수밖에 없다.

▲ 자동교육 : 교구를 통한 자동적 학습

3) 성숙이론에 대한 평가

성숙이론은 게젤 이전에도 루소를 비롯한 많은 교육학자들이 주장한 이론으로,

유아의 발달을 이끄는 기제는 유아의 내부에 있으므로 유아가 자신의 내적 능력을 잘 발현할 수 있도록 도울 때 발달을 도모할 수 있다는 입장이다. 성숙이론의 이러한 기본적 가정은 유아는 어른의 축소판이 아니며, 유아기 고유의 심리적 특성을 가진 존재임을 알게 하였다. 즉, 인간의 성장은 내부적 발달 기제에 따른 발달의 단계가 존재하며 유아기는 성인과는 차원이 다른 특성을 가진다는 사실을 발견함으로써 유아발달연구 및 유아교육의 발전에 크게 공헌하였다(정옥분, 2004). 특히, 유아의 발달단계와 흥미를 중시하는 아동 중심 교육사상의 철학적 기초를 제공하는 데 큰 기여를 하였다.

게젤은 루소 이후의 많은 교육 사상가들이 주장했던 아동의 내적 능력에 대해 과학적인 설명을 해주었다는 데 의의가 있다. 또한 유아기에 성인의 지나친 개입이 오히려 유아의 발달에 문제가 될 수 있다는 시사점도 제공해 주었다. 그러나 아동발달에 있어 환경적인 요인들을 지나치게 무시했다는 측면에서 게젤의 성숙이론은 비판을 받고 있다.

몬테소리교육은 유아를 있는 그대로 존중하여 그에 맞는 교육적 환경을 제공한 점과, 유아가 상이나 벌에 의해 학습하는 수동적인 존재가 아닌 스스로 자기활동에 의해 학습하는 존재이므로 내적 동기 유발을 강조한 점은 높이 평가받고 있다(정희영, 2012). 또한 민감기 이론을 통해 유아기는 유아가 쉽게 배울 수 있는 시기임을 강조하여 유아교육의 중요성을 널리 알리는 데 공헌하였다. 그러나 내면적 측면의 발전을 중시한 몬테소리의 교육은 유아의 발달에 있어 문화와 환경의 중요성을 간과했으며, 교구를 통한 놀이가 유아의 본성인 창조성이나 상상을 담아내지 못한다는 비판을 받고 있다. 또한 몬테소리는 너무 이른 시기에 지적 학습을 도입함으로써 오히려 아이다움을 뺏을 수 있다는 우려도 함께 받고 있다.

표 2-5 | 성숙이론의 비교

학 자	대표 이론	강조점
게젤	성숙이론 : 모든 인간은 성장에 있어 이미 성장 모형을 내적으로 가지고 있어 성장의 방향이 결정되어 있다. 따라서 유아의 성숙을 재촉하기 위한 성인의 지나친 개입은 바람직하지 못하다.	• 유아의 내적 기제에 따른 성장 • 유아의 성숙에 따른 발달단계
몬테소리	민감기 이론 : 유아기에는 어떤 특정한 기술을 쉽게 배울 수 있는 민감기가 존재하므로, 유아가 스스로 내적 발달을 이루어가도록 준비된 환경을 마련해 주어야 한다.	내적 훈련, 자동교육 준비된 환경

생각해 보기

1. 성숙이론이 주장하는 기본 입장은 무엇이며, 인간발달에 있어서 강조하는 요인은 무엇인가? 이는 어떤 측면에서 적절하다고 생각하는가?

2. 성숙이론의 입장에서 교사와 부모의 역할은 어떤 것인지 설명해 보시오.

5. 동물행동학적 이론

동물행동학은 다윈Darwin의 진화론 관점에서 동물이나 인간의 본능이나 습성, 의미 등 종 특유의 행동을 비교 · 분석하여 연구하는 학문을 말한다. 초기에 동물들을 대상으로 관찰연구가 수행되던 것이 사회적 · 문화적 동물로서 인간의 행동에 대한 연구까지 확장되었다.

동물행동학의 기본 입장은 첫째, 개별 종들은 자신의 유전자의 생존을 최대화시키고 적응을 확장하는 방향으로 진화되어 왔다는 것이며, 둘째, 그러한 진화과정에서 환경의 변화에 적절한 방식으로 구체적인 행동목록을 변화시킨다는 것이다.

이러한 입장으로 동물행동학은 인간발달에 있어서 생물학적 요인을 강조하는 학문으로 인간행동의 많은 부분을 유전적 측면에서 설명하고 있다. 예를 들면, 영아의 애착행동이나 울음과 같은 행동들은 진화적 중요성을 가지며 부모의 사랑과 보호를 유발하여 생존을 돕는 행동 패턴으로 해석될 수 있다는 것이다(교육심리학용어사전, 2000).

동물행동학은 20세기가 되자 일반적으로 행동의 비교연구를 뜻하게 되었으며 로렌츠K. Lorenz, 틴베르겐N. Tinbergen, 소프W. H. Sofe 등의 대표적인 학자들이 있으며, 대표적인 이론으로는 로렌츠의 각인이론과 1960년대 동물행동학적 이론을 본격적으로 인간의 발달에 적용시킨 보울비Bowlby의 애착이론이 있다.

1) 로렌츠의 각인이론

(1) 생 애

▲ 로렌츠(1903~1989)

로렌츠Lorenz는 오스트리아 동물학자로서 비교행동학의 창시자이다. 그는 정형외과 의사인 아버지의 뜻에 따라 빈 대학교에서 의학을 공부하여 박사학위를 받았다. 그러나 어려서 알텐베르크 별장에서 키워온 동물연구에 대한 본능을 일깨워 준 스승 슈트레제만의 권유에 따라 1934년 해부학 조교 자리를 박차고 동물학에 뛰어든 후 빈 대학교에서 동물학연구로 다시 박사학위를 받았다. 1937년 회색기러기를 키우면서 비교행동학의 기틀을 마련하여 그 유명한 '각인효과'를 발견하였으며 다수의 수상경력과 함께 1973년 틴베르겐Tinbergen, 프리쉬Frisch와 함께 노벨 생리 · 의학상을 수상하였다. 그의 주요 저서로는 《솔로몬의 반지》, 《인간, 개를 만나다》, 《공격성에 대하여》, 《현대 문명의 여덟 가지 죄악》 등이 베스트셀러로 유명하다.

(2) 각 인

로렌츠는 당대 학계를 주도했던 행동주의 대표 학자들인 왓슨Watson, 스키너Skinner와는 달리 실험실에서의 동물관찰이 아닌 자연상태에서 동물을 관찰하면서 생존가능성을 증진시키는 동물행동 패턴을 발견하였다. 이들 중에서 가장 유명한 것이 바로 '각인현상'이다.

'각인imprinting'은 새끼동물이 부화 직후 노출된 대상(보통은 어미임)을 추종하는 행동으로 어미 가까이에 있어 먹이를 얻고 위험으로부터 보호받을 수 있는 생존가능성을 증진시키는 행동 패턴으로 비교적 영구적인 유대를 형성하는 현상을 의미한다. 각인은 생후 초기 특정한 시기에만 일어나며, 이 시기 동안 어미가 아닌 다른 대상물에 노출될 경우 그 대상물에 각인이 일어날 수 있다. 그리고 각인이 되는 대상의 범위는 종에 따라 각기 다르게 나타난다.

이 각인효과는 1937년 로렌츠가 회색기러기를 키운 지 3년째 되던 해 알에서 부화한 새끼 기러기를 어미에게 주려고 이동시켜 넘겨주는 가운데 발견되었다. 새끼 기러기를 어미에게 넘겨주려는 순간 새끼는 잠깐 고개를 갸웃거리고 살피더니 소리를 질러대며 그의 곁을 떠나지 않으려고 하였다. 새끼 기러기는 세상에 태어나서 맨 처음 본 로렌츠를 자신의 어미라고 '각인'해 버린 것이다.

로렌츠(1965)는 어미 오리가 낳은 알을 두 집단으로 나누어 실험을 하였다. 하나는 어미 오리가 직접 부화시킨 경우와 다른 하나는 부화기에서 부화시켜 부화 직후 로렌츠를 보게 한 경우이다. 이 실험을 통하여 로렌츠는 새끼 오리들이 각각 부화 직후 본 어미와 로렌츠의 뒤로 나누어 서서 졸졸 따라다니는 것을 확인하였다. 로렌츠는 이러한 과정을 각인이라고 불렀다.

이러한 각인은 처음 접하는 대상에 대하여 추종반응으로 나타나고 이러한 반응은 생존유지 및 보호를 위한 본능적인 반응의 결과로서 대상과의 강한 애착관계를 형성하게 한다.

(3) 결정적 시기

로렌츠는 각인이 생후 초기 특정한 시기에만 일어난다는 것을 발견하였다. 이 특정한 시기를 벗어나서 대상에 노출되면 대상에 대한 추종이 이루어지지 않고 애착이 형성되지 않는다. 이러한 특정한 시기를 '결정적 시기critical period'라고 한다. 결정적 시기는 각인되는 대상의 범위와 종에 따라서 다르게 나타난다. 예를 들면, 새끼 오리가 어미를 인식하는 결정적 시간은 부화 후 36시간 이내이며, 고양이의 시각기제가 발달하는 결정적 시기는 단 몇 주 안에 끝난다(Sausa, 2009). 태어난 지 3~12주 사이에 접촉하지 않은 개는 인간을 두려워하며 야생견처럼 행동한다는 스코트Scott의 연구 등에서 나타난다(우수경 외, 2012).

따라서 결정적 시기는 유기체有機體에게 각인刻印이 일어나도록 하기 위해서 어떤

▲ 각 기능을 습득하는 데 민감한 생후 초기의 결정적 시기

출처 : David A. Sausa(2011).

적절한 자극이 반드시 제시되어야 하는 시기로 몇 분에서 몇 주의 짧은 시기에 특정 발달이 일어난다. 각인에 의한 결정적 시기는 아동발달에 있어서도 폭넓게 적용되어 제한된 시기에 아동이 특정한 적응행동을 습득하도록 생물학적으로 준비되어 있는 기간이며, 그런 발현을 위해서 적절한 자극적인 환경을 필요로 하는 시기에 해당된다(Berk, 2000 ; 정옥분, 2007 재인용).

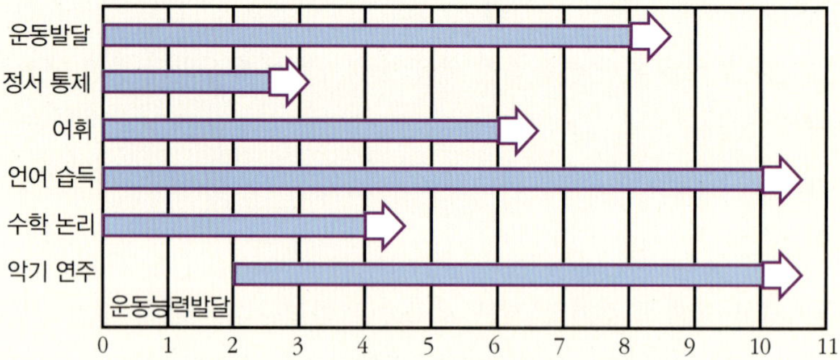

|그림 2-10| **각 기능을 습득하는 데 민감한 발달 시기**

출처 : David A. Sausa(2011).

2) 보울비의 애착이론

(1) 생 애

▲ 보울비(1907~1990)

보울비 Bowlby는 영국에서 태어나 아버지의 뜻에 따라 케임브리지 대학에 입학하여 의학을 공부하다가 3년 후 포기하고 심리학 공부를 한 후 부적응적이고 일탈행동을 하는 아동을 다루는 일을 했다. 의학과 정신분석학에 관한 훈련도 받아 1937년에는 정신분석가로 인정을 받았으며 1938년에는 트리니티칼리지의 학장이 되었다. 1950년부터는 세계보건기구의 정신건강 자문위원을 역임했다. 그는 진화생물학, 대상관계이론, 제어시스템이론, 동물학, 인지심리학 등의 다양한 분야의 지식을 융합하였으며, 런던의 아동돌봄병원Child Guidance Clinic에서 아동을 돌보면서 관찰한 자료를 바탕으로 인간의 발달과정에는 애착경험이 매우 중요하다는 자신의 이론을 그의 유명한 저서 《애착》(1969),

《분리 : 불안과 공격성》(1972), 《상실 : 슬픔과 우울》(1980) 등을 통해 전개하였다(위키백과 ; 나남).

(2) 애 착

애착이론은 영아가 정상적인 감정, 사회적 발달을 이루기 위해서는 하나 이상의 주 보호자와 관계를 형성해야 한다는 것이다(위키백과).

▲ 엄마와 아기의 애착

보울비는 동물 새끼의 사회적 행동을 중심으로 밝혀진 각인현상을 인간인 아기의 애착과정과 비교하여, 인간 유아의 애착행동이 발달하는 방식과 애착행동이 차별화된 인물들에게 집중되는 방식이 다른 포유류나 조류에서 발달하는 방식과 유사함을 밝혀 애착이 각인에 포함된다고 말하였다. 그는 '애착'을 어떤 사람이나 동물이 특정의 대상(대부분 최초의 대상자는 어머니임)에 대해 형성하는 애정적 결합이라고 말하면서 선천적으로 갖고 태어나는 행동체계로 보았다. 아기는 생존보호반응으로 양육자와 가까이 있도록 하는 몸짓과 신호를 발달시키는데, 이것이 애착기제로 발달한다는 것이다.

애착행동을 유도하는 반응들로는 울기와 미소 짓기, 따라가기와 매달리기, 빨기, 부르기가 있다(Bowlby, 2009). 이러한 애착행동은 엄마와 유아가 서로 간에 다가가고 가까이 있게 하는 효과가 있다.

애착은 보호자에 대한 근접성으로 보호자와의 상호작용을 통해서 발달하며 보울비는 애착의 발달을 다음과 같이 4단계로 나누고 있다.

① 1단계(출생~8주 혹은 12주)

유아는 후각과 청각이라는 제한된 자극으로 인물을 제한적으로 구별하는 지향성과 신호를 갖는다. 유아는 가까이 있는 사람에게 몸을 향하기, 눈의 움직임 추적하기, 붙잡기와 손 뻗기, 미소 짓기와 옹알이 등의 행동방식을 취하여 가까이 있는 사람의 행동에 영향을 주고 함께 있는 시간을 증가시킨다.

② 2단계(12주~6개월)

청각과 시각 자극에 대한 차별적 반응으로 한 사람 혹은 그 이상의 구별된 인물들에게 향하는 지향성과 신호를 갖는다. 이런 태도는 다른 사람들보다 엄마에게 더 두드러지게 나타난다.

③ 3단계(6개월~2세 혹은 3세)

신호와 이동에 의해 유지되는 구별된 인물에 대한 근접성을 보인다. 떠나가는 엄마 따라가기, 되돌아오는 엄마 반기기, 엄마를 탐색의 기지로 활용, 확대하며 타인에 대한 우호적이며 무차별적 반응이 약화된다. 특정 타인을 선택하여 하위 애착-인물로 삼으며 엄마-인물에 대한 애착이 분명해진다.

④ 4단계(3세 이후)

목표수정적 체계들을 이용하여 애착인물에 대한 근접성을 유지하기 시작한다. 아이는 엄마의 행동이 무엇에 영향을 받는지에 대하여 엄마의 느낌과 동기에 대한 통찰력을 획득하게 되어 서로에 대해 복잡한 관계를 발전시킬 수 있는 동반자적 관계를 형성하는 단계이다.

보울비의 애착이론이 중요한 의미를 갖는 것은 그의 이론이 발달심리의 한 분야에만 국한되는 것이 아닌 상담, 정신의학, 가족학, 사회복지학 등 다양한 분야에서 널리 활용되는 이론이라는 것이다. 특히, 유아발달과의 연관성에 있어서는 메리 아인스워드가 애착이론을 토대로 '낯선 상황strange situation'이라는 방법을 사용하여 유아의 행동을 관찰해서 유아의 애착 유형을 3가지로 구별하여 애착이론형성과 발전에 중대한 영향을 끼쳤다는 것이다. 또한 애착관계는 일생 동안 지속적으로 중대한 영향을 미친다는 보울비의 말대로 청소년기와 성인기의 애착 유형과 변인, 관련성 연구들의 활성화를 이끌었으며, 최근 인지과학 및 뇌과학의 관점에서 애착이론을 재확인하는 노력들이 이루어지고 있다(Bowlby, 2009).

3) 윌슨의 사회생물학이론

(1) 생 애

윌슨Wilson은 미국 앨라배마 주의 버밍엄에서 태어났으며 개미연구로 앨라배마 대학교 생물학 학사 및 석사학위, 하버드 대학교에서 생물학 박사학위를 받았다. 진화생물학자이자 20세기를 대표하는 과학 지성으로 손꼽히며 개미연구의 세계적인 권위자이다. 1956년부터 하버드 대학교 교수로 재직했으며 현재 하버드 대학교 펠레그리노 석좌교수로 20여 권의 과학 명저를 저술하였다. 《인간본성에 대하여》와 《개미》로 퓰리처상을 두 번 수상하였으며, 생물학계의 노벨상으로 불리는 크러포드상 등을 수상하였다. 주요 저서로 《곤충의 사회들》(1971), 《사회생물학 : 새로운 종합》(1975), 《인간본성에 대하여》(1978)와 《개미》(1990) 등이 있다.

▲ 윌슨(1929~)

(2) 사회생물학

1960년대 말부터 영국과 미국을 중심으로 대두한 동물사회학의 새로운 조류로 집단유전학과 개체군생태학을 통합한 현대적인 자연선택이론에 따라 인간을 포함한 모든 생물의 사회행동이나 사회현상을 유전적 적응 측면에서 연구하는 학문 분야이다. 이 분야는 이타행동이나 배우자 또는 가족 내에서 볼 수 있는 각종 대립적 관계 등을 유전적 적응의 산물로서 명시적으로 설명하는 길을 열어 주었다(생명과학대사전, 2008).

사회생물학의 대표학자인 윌슨은 《사회생물학 : 새로운 종합》(1975)에서 진화생물학에 입각해 모든 생명체의 사회적 행동은 유전자와 환경에 의해 규정되고 생명체는 유전자의 목적을 위해 존재한다는 주장을 펼쳤다.

윌슨(1978)은 인간 본성을 생물학적으로 탐구하는 연구를 하였다. 인간의 모든 사회적 행동은 생물학적 현상에 불과하며 집단생물학과 진화론적 방법론으로 분석될 수 있다고 주장하였다. 즉, 생물학을 인간 본성을 푸는 열쇠로 보았다. 발달과정에 간섭이 일어나는 점을 배제한다면, 인간은 유전자에 바탕을 둔 본능에 따라 인도된다고 하였다. 근친상간의 기피의 자연선택을 유전적 성향의 세대 전이로 설명하는 것이나 조상에 따른 유아들의 행동의 차이를 행동 형질의 차이로 설명하는 것 등을 그 예로 들 수 있다.

▲ 제임스 앙소르의 가면에 둘러싸인 자화상

인간의 정신발달은 동물이 본능적으로 살아가는 것에 비해 우회적이고 가변적인 것으로 보고 인간의 유전자들은 하나의 형질을 규정하기보다는 어떤 형질의 배열을 발달시키는 능력으로 규정한다. 정신 또한 생존과 번식을 위한 장치로 정신은 유전자에 의해 정해진 신축적인 계획표에 따라 육체에 특정한 행동을 하도록 촉구하는 하나의 자치적 의사결정기구로 본다. 이러한 정신발달을 '준비된 학습'이라고 말한다.

결국 모든 인간들이 지니는 성향은 유전자 가운데 특정한 것이 주어진 환경에 의해 발현되어 인간의 사회적 행동양식을 규정하며, 이러한 성향은 유전적 이익이라는 관점에서 평가될 때 완전히 이해할 수 있다고 하였다.

4) 동물행동학적 이론에 대한 평가

동물행동학적 이론은 집단적으로 살아가는 동물 대상의 연구에서 인간의 사회·문화적 존재로서 인간행동에 대한 연구까지 확장되었으며 실험실에서의 인위적 환경에서가 아닌 자연적인 관찰방법을 사용하여 자연적인 환경에서 아동을 관찰함으로써 아동의 애착행동이나 또래집단 등 유아의 생존을 돕는 행동 패턴을 해석하는 데 긍정적 역할을 하였다는 평가를 할 수 있다. 그러나 자연관찰방법의 이점과 함께 방법적인 측면에서 많은 어려움이 있으며 아동발달을 연구할 때 물리적·사회적인 면과 함께 추상적인 면도 고려해야 하며, 현대 다윈의 진화에 대한 오류가 속속들이 밝혀지는 가운데 인간을 진화론적인 관점에서만 파악한다는 것은 많은 문제를 안고 있다.

인간의 모든 행동들이 유전적으로 프로그램화되어 있어 하나의 유전적 성향이 특정한 사회적 행동양식에 깃들게 된다는 진화적 산물로 보는 윌슨의 사회생물학은 인간의 행동을 집단생물학과 진화적 방법론으로 분석할 수 있다는 점에서 사회과학의 새로운 방법을 제시했다는 평가(정옥분, 2007)를 받고 있지만 인간을 유전적 기계로만 보아 고도로 복잡한 인간의 사회적 행동 속성들을 온전히 설명해 주지 못하고 있다는 비판을 인문 사회학자들로부터 받고 있다. 예를 들면, 생존적 본능의 진화와는 상관없는 예술활동과 같은 문화적 활동 등을 무시하는 것이며 인간을 평가 절하한다는 비판을 받고 있다(Franz M. Wuketits, 2002).

표 2-6 | 동물행동학적 이론의 비교

학 자	대표 이론	강조점
로렌츠	각인이론 : 새끼동물이 부화 직후 노출된 대상을 추종하는 행동으로 어미 가까이에 있어 먹이를 얻고 위험으로부터 보호받을 수 있는 생존 가능성을 증진시키는 행동 패턴으로 처음 접한 대상과의 강한 애착관계를 형성한다.	• 생물학적 요인을 강조 • 생물학적으로 준비된 행동과 적절한 자극적인 환경의 역할에 대한 중요성 강조
보울비	애착이론 : 어떤 사람이나 동물이 특정의 대상에 대해 형성하는 애정적 결합으로 선천적으로 가지고 태어나는 행동체계이며 애착발달을 4단계로 설명한다.	• 주 양육자와의 애착관계 형성 강조 • 유아의 행동을 생존보호반응과 애착관계로 설명
윌슨	사회생물학이론 : 모든 생명체의 사회적 행동은 유전자와 환경에 의해 규정되며 생명체는 유전자의 목적을 위해 존재한다는 것이다.	• 인간 본성을 생물학으로 설명 • 발달과정은 인간 유전자의 프로그램화에 따른 유전적 이익

생각해 보기

1. 동물행동학이 주장하는 기본 입장은 무엇이며, 인간발달에 있어서 강조하는 요인은 무엇인가? 이것이 적절하다고 보는가?

2. '각인'이란 무엇이며, 인간발달에 있어 어떠한 의미를 가지는가?

3. 결정적 시기는 각인현상과 어떠한 관계를 가지는가? 또한 그것이 유아발달에 있어 어떻게 적용되는가?(예를 들어서 생각해 보기)

4. 애착은 어떠한 행동체계를 말하며, 유아발달에 있어서 갖는 중요한 의미는 무엇인가?

6. 생태학적 이론

생태학적 이론은 인간발달이 성장하고 있는 인간 유기체와 환경 간의 상호작용의 산물이라는 행동과학적 기본원리를 취하고 있다. 이 이론은 인간의 유전적인 요소뿐만 아니라 가족, 경제적 지위, 사회적 기관이나 시설, 정부정책 등 직 · 간접적으로 영향을 주며 인간을 둘러싸고 있는 다양한 환경적 요인들이 발달에 영향을 준다고 보아 실제 삶의 맥락 내에서 인간발달이 이루어지고 있다고 본다. 이것은 환경적 상호연결성과 그 상호연결성이 심리학적 성장에 직접적으로 영향을 끼치는 힘에 대한 하나의 이론으로 대표적으로는 브론펜브레너Bronfenbrenner의 생태학적 체계이론과 엘더Elder의 생애이론이 있다.

1) 브론펜브레너의 생태학적 체계이론

(1) 생 애

▲ 브론펜브레너(1917~2005)

브론펜브레너Bronfenbrenne는 1917년 러시아의 모스코바에서 태어났고, 6세 때 미국으로 가게 되었다. 1938년 코넬 대학교에서 음악과 심리학을 복수 전공하였으며, 하버드 대학교에서 심리학 석사학위 취득, 1942년 미시간 대학교에서 발달심리학으로 박사학위를 취득했다. 1948년 코넬 대학교 교수가 되었으며 인간발달과 가족학을 연구하였다. 주요 저서로는 《인간발달 생태학》(1979), 《아동기의 두 세계 : 미국과 소련》(1975) 등이 있고 300여 편의 논문을 발표하였다.

(2) 생태학적 체계이론

브론펜브레너는 《인간발달 생태학》(1979)에서 발달하고 있는 개인에 대한 개념과 환경에 대한 개념에 대해 새로운 관점을 제시하는데, 특히 개인과 환경 사이에 발생하고 있는 상호작용에 대한 개념에 대해 새로운 이론적 관점을 제시하고 있다. 그는 인간발달을 인간이 자신의 환경을 지각하고 다루는 방식에 있어서의 지속적인 변화라고 정의하였다. 환경을 개념화하는 데 있어서는 개인의 행동을 초월하여 환경 내의 기능적 체계와 환경 간의 기능적 체계들을 포함시키고, 수정되고 확장될 수 있는 체계로까지 확장시켰다.

인간을 둘러싼 생태적 환경은 러시아 인형 세트 마트료시카처럼 일련의 겹 구조로 상상될 수 있다고 한다. 가장 내부 수준에는 발달하고 있는 개인을 포함하고 있는 즉각적인 장면setting으로 가정, 교실, 실험실 등이 속한다. 다음 단계부터는 단일한 장면에서 벗어나 환경과 환경 간의 관계를 보는 것으로 상호관계들이 주어진 환경 내에서 일어나는 사건과 마찬가지로 발달에 결정적일 수 있다는 것을 주장한다. 여기에는 학교의 가르침과 동시에 학교와 가정의 유대감이 중요하다는 것이다. 세 번째 단계는 개인의 발달은 그 개인이 존재하지 않는 장면 내에서 일어나고 있는 사건들에 의해 심각하게 영향을 받는다는 것으로 부모의 취업조건과 같은 환경을 들 수 있다. 마지막 단계는 생태학적 환경의 세 가지 단계에 있는 모든 환경에 포괄적으로 적용되는 뚜렷한 현상으로 사회나 문화적 환경들의 영향을 말한다.

여기서 발달하는 개인은 단순히 환경의 영향을 받는 백지상태로 간주하는 것이 아니라 성장하는 역동적 실체로 간주한다. 즉, 개인은 환경을 재구성하는 존재라고 보는 것이다. 환경은 개인과 환경 간의 상호작용은 상호호혜성의 특성을 지니며, 즉각적인 장면에 국한되는 것이 아니라 장면들 간의 통합된 상호연결성은 물론이고 더 넓은 환경에서 전달되는 외적 영향까지도 포함한다. 이러한 생태학적 환경구조는 동심원적 구조로 표현된다.

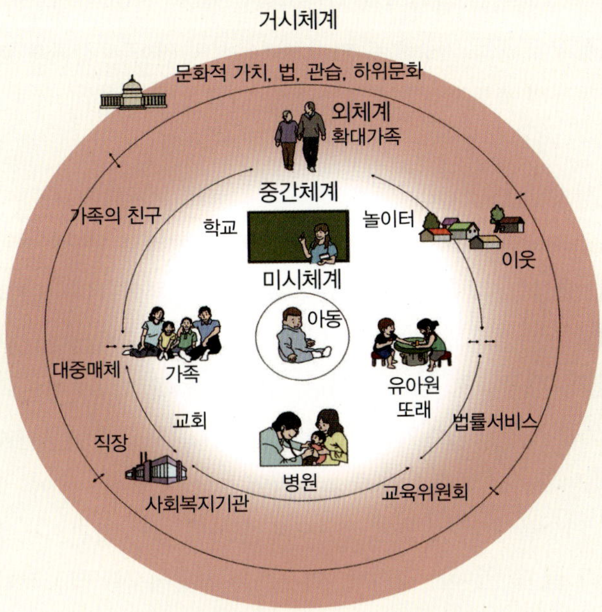

| 그림 2-11 | 브론펜브레너의 생태학적 체계 모델

출처 : shaffer. D. R.(1999), Developmental psychology : Childhood and adolescence(5th ed.), Brooks/Cole.

브론펜브레너(1979)는 이러한 생태학적 환경구조를 미시체계, 중간체계, 외체계, 거시체계의 네 가지 체계로 제시하였다. 그러나 환경에서 발생하는 사건들이 한 시점에만 영향을 주는 것이 아니라 시간의 경과에 따라 그 영향력이 달라진다. 따라서 환경과 상호작용하는 아동을 이해하는 데 있어 시간이라는 중요한 변인을 하나의 체계로 추가하는(임규혁 외, 1996 ; 성영혜 외, 2005 ; 정옥분, 2007) 입장을 지지하여 이 책에서는 생태학적 환경구조를 다섯 가지의 체계로 살펴보고자 한다.

① 미시체계

미시체계microsystem는 발달하는 개인이 독특한 물리적인 특성을 가진 환경 내에서 경험하는 활동, 역할 및 대인관계의 유형이다. 예를 들면, 가족, 보육시설, 놀이터 등과 같이 아동이 쉽게 얼굴을 마주 대하는 상호작용에 참여할 수 있는 환경 속에서 아동은 활동을 하고 환경과 상호교류함으로써 역할과 자아정체감을 획득한다. 또한 이러한 환경 속에서 언어, 비언어적으로 아동은 사람들과 서로 반응하면서 친숙한 대인관계를 형성해 나가게 된다. 유아의 발달은 그들의 활동과 역할, 대인관계를 어떻게 해석하고 지각하는가에 따라 달라진다. 브론펜브레너는 생태학적인 전이를 발달적 과정의 결과이자 시작이라고 본다. 전이는 생물학적인 변화와 변화된 환경적 상황의 공동 기능으로 미시체계에서의 전이는 집에서 보육기관으로 가는 아동이나 동생의 출현으로 새로운 역할을 갖게 되는 아동이 이에 해당된다.

② 중간체계

중간체계mesosystem는 미시체계들로 구성된 하나의 체계로 발달하는 개인이 적극적으로 참여하는 둘 이상의 환경들 간의 상호관계로 이루어진다. 중간체계는 발달하는 개인이 새로운 환경으로 이동할 때마다 형성되거나 확대된다. 예를 들면, 아동의 경우는 가정, 학교와 이웃, 동료집단 사이의 관계들이며, 성인의 경우는 가족, 직장, 사회생활 사이의 관계이다. 아동의 발달이 순조롭게 이루어지는 데는 중간체계에서의 전이와 상호연결성이 중요한 역할을 한다. 예를 들어, 친근한 장면에 있던 대상이 아동을 따라서 낯선 장면으로 온다면 다른 장면으로의 전이가 아동에게 덜 상처가 될 수 있다는 것이다. 이것은 유치원에서의 성공적인 적응을 위한 방법 모색을 가능하게 한다. 또한 아동과 청소년의 소외와 파괴적인 발달적 결과는 중간체계현상으로 아동이 생활에 있어 가족, 학교, 또래집단 등 다양한 부분 간의 상호연결성이 파괴되었음을 반영한다. 따라서 이것은 사회적 책임과 함께 인간발달연구를 하는 연구자들에게 상호연결성의 문제에 대한 현장연구나 실험연구의 과제들을 던져준다.

③ 외체계

외체계exosystem는 발달하는 개인이 적극적으로 참여자로 관여하지는 않으나 발달하는 개인이 속한 환경에서 일어나는 일에 영향을 주거나 영향을 받는 사건이 발생되는 하나 또는 그 이상의 환경을 의미한다. 예를 들면, 어린 아동의 경우에는 부모의 직장, 손위 형제가 다니는 학교 학급, 부모의 친구 조직망, 지방 교육청의 활동 등이 포함된다. 외체계가 발달에 영향을 미치는 하나의 맥락으로 작용하려면 적어도 두 단계의 인과적 순서를 수립할 필요가 있다. 첫째 단계는 외부상황에서 일어나는 사건을 발달해 가는 사람의 미시체계에서 일어나는 과정들과 연결시키고, 둘째 단계에서 미시체계의 과정들을 그 환경 내에 있는 개인의 발달적 변화와 연결시키는 것이다. 외체계가 아동의 발달적 영향을 끼치는 예는 저소득층의 아동학대나 방임에서 볼 수 있는데, 이것은 부모의 개인적 병리뿐만 아니라 사회적 문제와 연결되어 있어 조직망의 존재와 교회 다니기라는 환경적 요인으로 예방적 효과를 볼 수 있다(Giovanoni & Billingsley, 1970 ; 브론펜브레너, 1979 재인용).

④ 거시체계

거시체계macrosystem는 주어진 문화 또는 하위문화 내에서 그것을 구성하는 미시체계, 중간체계 그리고 외체계의 형태와 내용이 나타내는 일관성을 의미하며, 동시에 그런 일관성에 기초가 되는 신념체계 또는 이념을 의미한다. 사회 · 문화적 차이는 바로 이 거시체계가 다르기 때문에 나타나는 것이다. 거시체계는 개인과 직접적인 관련은 거의 없지만 가장 근본적이고 중대한 변화를 초래한다. 대공황시대를 사는 아동에 대한 엘더와 록웰(Elder & Rockwel, 1978)의 연구에서 그들이 성장한 후의 직업관과 결혼관계의 질, 남아와 여아의 발달적 차이 등을 보이는 것은 거시체계가 아동의 발달에 영향을 미친다는 것을 잘 보여 주고 있다. 또한 거시체계가 가지는 시대정신과 가치관은 아동의 신념과 행동에 영향을 미치는데, 예를 들면 물질만능주의를 사는 현대 아동들은 그들의 가치관의 기준이 물질 중심적이라는 것이다.

⑤ 시간체계 혹은 연대체계

시간체계chronosystem는 전 생애에 걸쳐 일어나는 변화와 사회 · 역사적인 환경을 의미하며(정옥분, 2007), 가족제도의 변화, 결혼관의 변화, 직업관의 변화 등을 말한다. 예를 들면, 부모의 이혼이 유아에게 미치는 영향에 관한 연구에서 이혼의 부정적인 영향은 이혼 첫 해에 최고조로 달하며, 딸보다 아들이 더 부정적인 영향을 미치고 이를 극복하는 데 걸리는 시간은 거의 1년 이상이 필요하다고 본다. 그리고 이혼 후 2년쯤 되면 가족 간의 상호작용은 안정을 되찾는다는 것을 발견했다. 이렇듯 사건은 시간에 따라서도 유아발달에 중요한 영향을 미친다(임규혁, 1996 ; 성영혜 외, 2005).

이렇듯 유아의 발달을 이해하는 데는 유아 개인에만 초점을 맞추는 것이 아니라 유아를 둘러싸고 있는 생태학적 환경으로의 확대적 관점을 필요로 한다. 또한 유아발달은 개인의 문제가 아닌 가정과 학교 그리고 지역사회의 상호협력을 통해서 가능하다는 점을 시사해 주고 있다.

2) 엘더의 생애이론

(1) 생 애

▲ 엘더(1934~)

엘더Edler는 1934년 미국 오하이오 주의 클리블랜드에서 출생하였다. 1957년 펜실베이니아 주립대학을 졸업하고 1958년 오하이오 켄트 주립대학에서 석사학위 취득, 1961년 노스캐롤라이나 대학에서 박사학위를 받았다. 1962~1963년까지 버클리 대학의 인간발달연구소 사회학 조교수와 연구원으로 재직하면서 1920년대 캘리포니아 사람들을 대상으로 한 종단연구에 참여하였으며 현재 노스캐롤라이나 사회학 · 심리학 연구전문교수로 활동하고 있다.

(2) 생애이론

엘더는 인간의 전 생애발달을 강조하며 급변하는 사회에서의 각기 다른 연령대의 사람들이 각기 다른 역사적 환경의 영향을 받게 된다는 점에 중점을 두고 다양한 장기종단연구를 통해 분석하였다.

엘더는 록웰(1978)과의 연구에서 경제공황이 빈곤계층의 유아발달에 어떤 영향을 미치는지 분석하였다. 연구결과 대공황기가 막 시작될 무렵에 출생한 유아들은 취학 전에 경제공황을 경험한 유아들에 비해 역경을 딛고 책임과 독립심을 고취시켜 더 확고한 직업적 야망을 갖게 되었고 더 나아가 전 생애발달에 있어서 책임감 있고 긍정적인 사람으로 성공하게 되었다. 반면에 취학 전에 경제공황을 경험한 유아들의 경우는 학교 성적의 저하, 직업의 부적응, 정서적 문제 등 발달에 저해받을 정도로 상당히 부정적인 결과들이 나타났다. 즉, 한 환경 내에서 일어난 사건들이 수십 년 이후 전혀 다른 환경에서 타인들과의 관계와 개인의 능력에 영향을 발휘한다는 것은 유아기의 사회적 요인이 그 당시에만 영향을 미치는 것이 아니라 생애를 걸쳐서 영향을 미친다는 것을 의미하며 이와 같이 전 생애발달은 사회적 시간대의 영향을 크게 받는다는 것이다.

전 생애발달이론에 있어 중요한 개념은 '상호의존'으로 이것은 일생 동안 가족, 친구, 그 외 다른 사회적인 관계에 의해 이루어진다는 사실을 전제로 이해된다. 그 대표적인 예로 부모와 자녀와의 관계에 있어 부모와 자녀의 일생에서 발생하는 사건(㉦ 이혼한 자녀가 다시 집으로 들어올 경우 부모들의 생활에 영향을 미치는 일 등)이나 중대한 결정은 세대와 세대 간의 차이를 연결시키는 요소가 된다(정옥분, 2007). 이러한 상호의존적 관계 속에서 유아들은 유아를 둘러싼 환경적 맥락에 영향을 미치게 되고 또한 그들 자신에게 돌아오는 피드백을 만드는 생성자로서의 역할을 하게 된다. 따라서 개인을 이해하기 위해서는 각 개인을 둘러싸고 있는 제반 환경들을 살펴보아야 한다. 즉, 개인이 살고 있는 역사적 시기와 장소, 개인의 사회적 역할과 일어난 중요한 사건 등 이러한 요소들의 상호관계성을 이해해야 한다는 것이다.

엘더는 인간은 전 생애를 통해서 발달을 이루며 발달단계별로 독특한 가치와 특성이 있다는 것을 보여 준다. 특히, 유아가 새로운 역할에 참여하고 새로운 형태의 원자적 활동에 참여하는 일의 발달적 중요성만이 아닌 가족 외의 성인과의 초기 접촉발달의 중요성을 강조함으로써 생태학적 체계 중 미시체계 이상의 거시체계와 시간체계 같은 다양한 가족 외적 환경이 유아발달에 미치는 영향을 보여 주고 있다.

3) 생태학적 이론의 평가

브론펜브레너와 엘더의 생태학적 이론은 우선 유아의 발달에 영향을 주는 것을 유아의 유전자라든가 직접적 변화를 일으킬 수 있는 환경과 사건에 국한지은 것이 아닌 실제 삶의 맥락에서 상호관계성의 개념 속에서 직접적으로 영향을 주지 않는 환경까지 확대하여 생태적 환경구조를 체계화했다는 점에서 높이 평가할 수 있다. 또한 유아발달의 문제를 가정에만 국한시키는 것이 아닌 교육기관과 사회의 연대적 책임과 함께 정책적인 문제로까지 확장시킴으로써 다양한 프로그램과 정책들, 그리고 실제적인 제안들을 도출하는 데 그 타당성을 제공했다는 데 큰 의의를 찾을 수 있다. 반면 환경적 맥락이 인간의 삶을 좌우한다는 것을 강조함으로써 인간의 발달과정에 있어서 생물학적 측면과 인지과정이나 일반적이고 구체적인 발달단계를 제시하지 못하고 있다는 점이 비판의 대상이 된다.

|그림 2-12| 인간의 생애주기

표 2-7 | 생태학적 이론의 비교

학 자	대표 이론	강조점
브론펜브레너	생태학적 체계이론 : 인간발달을 개인과 환경 사이의 상호작용 속에서 이루어지는 지속적인 변화라고 보며, 영향을 주는 생태학적 환경구조를 미시체계, 중간체계, 외체계, 거시체계, 시간체계로 말한다.	개인과 환경, 환경과 환경 간의 상호작용 및 상호관계에 대한 개념 강조
엘더	전 생애발달이론 : 인간은 전 생애를 통해서 발달을 이루며 이것은 일생 동안 가족, 친구 등 사회적인 상호의존적 관계 속에서 인간을 둘러싼 환경적 맥락의 영향을 받게 된다.	사회적 시간대의 영향과 제반환경들의 상호의존적 관계 강조

생각해 보기

1. 인간발달에 있어서 생태학적 이론의 기본원리는 무엇인가?

2. 브론펜브레너의 생태학적 체계는 무엇이며, 그것이 유아발달에 주는 시사점은 무엇인가?

3. 엘더의 생애이론에서 중요한 개념인 '상호의존'이 유아발달에 갖는 의미와 그 중요성은 무엇인가?

P·A·R·T·2

유아기 발달

제2부는 유아기의 전반적인 발달로 신체 및 운동발달, 인지발달, 언어발달, 사회성발달, 정서발달을 다룬다. 신체 및 운동발달에서는 신체, 골격, 근육, 치아의 변화와 뇌와 신경계의 발달 및 운동발달의 과정, 대·소근육운동 등을 다루며, 유아의 신체발달에 영향을 미치는 요인과 교사의 역할, 그리고 신체발달을 위한 검사도구를 소개한다. 인지발달의 내용으로는 인지발달의 개념, 특징, 발달의 장애 그리고 교사 및 부모의 역할을 다룬다. 또한 인지발달 검사의 여러 가지 도구를 소개한다. 언어발달의 내용으로는 언어발달의 개념, 언어발달이론, 언어발달과정, 교사 및 부모의 역할 그리고 언어발달 검사도구를 소개한다. 사회성발달의 내용으로는 사회성발달의 개념 연령에 따른 사회성발달, 사회성발달 영역, 교사 및 부모의 역할 그리고 사회성발달 검사도구 등을 소개한다. 정서발달의 내용으로는 정서의 개념, 특징, 정서장애, 교사 및 부모의 역할 그리고 정서발달 검사도구 등을 다룬다.

CHAPTER·3

유아기 신체 및 운동발달

학습목표

- 유아기 신체발달의 특징을 이해하고 설명할 수 있다.
- 뇌의 발달과 뇌의 편측성에 대해서 이해하고 설명할 수 있다.
- 운동발달에 대한 이론적 관점을 통해 유아기 운동발달의 특징을 이해할 수 있다.
- 유아기 대근육운동 특성을 이해하고 발달과정을 설명할 수 있다.
- 유아기 소근육운동 특성을 이해하고 발달과정을 설명할 수 있다.
- 유아의 신체 및 운동발달에 영향을 미치는 유전적 요인과 환경적 요인에 대해 이해하고 설명할 수 있다.
- 유아의 신체 및 운동발달에 관한 교사의 역할에 대해 이해하고 활용할 수 있다.
- 유아기 신체발달 평가도구를 활용할 수 있다.

핵심개념

- 유아기 신체의 특징
- 좌뇌와 우뇌
- 뇌의 편측성
- 운동발달단계
- 유아기 기본운동단계
- 유아기 대근육운동
- 유아의 소근육운동
- 신체발달의 유전적 요인
- 신체발달의 환경적 요인
- 영양실조
- 비만

CHAPTER · 3

유아기에는 계속적인 신체적 성장과 더불어 운동능력의 발달이 이루어진다.

특히, 유아는 신장, 체중, 골격과 근육, 뇌와 신경계, 치아 등의 성장을 보인다.

이러한 신체발달에 따라 운동능력이 발달하게 되는데, 유아기에는 기본운동능력이 발달하면서 대근육운동능력 및 소근육운동능력이 발달한다. 즉, 걷기와 달리기, 뛰기와 던지기, 받기, 페발 밟기 등의 대근육운동능력과 눈과 손의 협응력이 발달하면서 젓가락 사용과 글씨 쓰기, 혼자서 옷 입고 벗기 등의 소근육운동기술능력이 발달한다. 본 장에서는 유아기 신체 및 운동발달의 특징을 살펴보고 유아의 신체 및 운동발달에 영향을 미치는 요인, 유아의 건강과 신체발달을 위한 교사의 역할에 대해 살펴보고자 한다.

1. 신체발달의 개념

1) 신체 크기의 변화

급격한 성장을 보이는 영아기와는 다르게 유아기는 키와 몸무게의 성장속도가 점차 완만해진다. 영아기의 신체적 특징인 큰 머리, 둥글고 통통한 얼굴, 볼록 나온 배, 짧은 사지 등은 더 이상 유아에게서 찾아볼 수 없다. 키는 2~6세까지 매년 거의 5~7cm씩 성장하고, 체중은 2kg씩 증가한다. 6세가 되면 남아의 경우 평균 신장은 113.6cm, 체중은 20.4kg, 여아의 경우 신장은 112.5cm, 체중은 19.6kg으로 남아가 여아보다 조금 더 크고 무겁다. 이것은 유아기의 평균 키와 체중을 말하고 있지만 유아기의 키와 체중의 성장은 개인차가 큰 편이다. 따라서 다른 유아에 비해 작거나 크다고 해서 비정상적인 것은 아니며 걱정할 필요는 없다. 특히, 유아기에는 영아기에 비해 하체가 길어지면서 가늘어진다. 즉, 영아기의 머리가 큰 비율에서 점차 하체가 길어지고 홀쭉한 모습으로 변하게 된다. 영아기에는 머리의 크기가 신체의 1/4 정도였으나 영아기 말에는 1/5 정도로 점차 머리의 비율이 작아지면서 6세 정도가 되면 1/6 정도가 되어 팔 다리가 길어지고, 통통한 모습에서 날씬한 모습으로 변해간다. 그러나 이러한 신체의 비율이나 변화는 개인차가 있으

표 3-1 | 2007년 한국 소아 및 청소년 신체발육 표준치

남자			연령	여자		
체중(kg)	신장(cm)	머리둘레(cm)		체중(kg)	신장(cm)	머리둘레(cm)
13.14	89.38	49.06	2~2.5세	12.50	88.21	48.08
14.04	93.13	49.66	2.5~3세	13.42	91.93	48.71
14.92	96.70	50.10	3~3.5세	14.32	95.56	49.18
15.91	100.30	50.43	3.5~4세	15.28	99.20	49.54
16.97	103.80	50.68	4~4.5세	16.30	102.73	49.82
18.07	107.20	50.86	4.5~5세	17.35	106.14	50.04
19.22	110.47	51.10	5~5.5세	18.44	109.40	50.21
20.39	113.62	51.17	5.5~6세	19.57	112.51	50.34

출처 : 질병관리본부 · 대한소아과학회(2007), 소아 · 청소년 표준 성장도표.

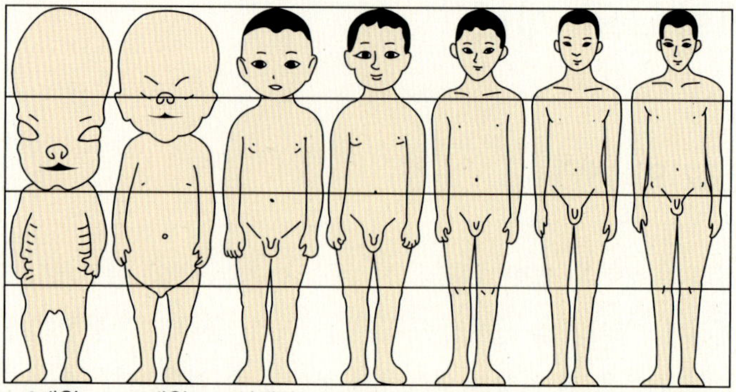

|그림 3-1| **신체비율의 변화**

출처 : Shaffer, D. R(1999), Fifth Edition Developmental Psychology : Childhood and Adolescence : 152.

며, 유아기에는 키보다도 체중에 불규칙한 성장을 보이며 개인차가 더 크게 나타난다. 우리나라 남아의 경우 하위 3%가 15kg 이하이고, 상위 3% 유아는 24kg 이상 나간다. 즉, 가장 무거운 유아는 가장 가벼운 유아보다 약 1.5배 정도 차이가 나타난다(곽노의 외, 2011).

2) 골격과 근육의 변화

태아는 태내에서 골격구조가 형성되고, 부드러운 연골이 서서히 강한 뼈로 강화된다. 유아기 골격의 변화는 뼈의 크기와 수, 구성에 있어 비교적 규칙적인 성장을 이루며, 골격의 기능은 신체의 체중을 지지하고 골격근을 부착시켜 주며, 뇌척수나 내장기관 등과 같은 조직을 보호하고 신체의 전반적인 뼈대를 구성하는 것이다. 또한 몸의 자세를 결정할 뿐만 아니라 근력의 기초를 이룬다. 유아의 뼈는 길이나 넓이 구성 등이 계속적으로 변화하는 상태에 있고, 뼈의 조직은 부드럽고 유연하여 상처나 충격에도 비교적 회복이 빠르다. 그러나 너무 심한 타박이나 뼈에 과도한 중량을 일시적으로 가하는 일은 피해야 한다.

걷기 시작하면서 안쪽으로 굽은 다리가 곧게 펴지게 되는데, 유아기에는 무릎과 팔의 자세가 곧게 되어 불안정한 자세가 안정된 자세로 발달하게 된다. 골격의 발달 역시 개인차가 있으며 일반적으로 여자가 남자보다 빠른 발달을 보인다.

근육의 발달은 몸무게의 발달과 거의 비슷한 속도로 발달하며 근섬유 수가 늘어나는 것이 아니고 섬유의 길이와 넓이 및 두께가 늘어나는 것이다. 또한 성장하면서 근육이 뼈에 잘 붙어 있게 되어 근육에 대한 의식적 통제가 가능해지는 것을 말한다. 유아기에는 근육조직보다 지방조직이 먼저 발달하게 되는데, 지방조직은 생후 8개월까지 급격히 증가하다가 그 후는 증가율이 낮아지는 반면, 근육의 크기는 5~6세경에 급격히 증가한다. 7세 이후는 근육의 넓이, 두께의 발달이 시작되며, 특히 어깨, 엉덩이 등의 근육에서는 서서히 성차가 나타나기 시작한다. 하지만 전반적으로 아동기까지는 근육의 발달이 키의 발달을 따르지 못하므로 지방조직이나 근육조직이 급격히 증가하는 시기는 사춘기 이후이기 때문에 근육의 성차는 13세 이후에야 뚜렷해지고 일반적으로 성차보다는 개인차가 크다(류진희 외, 1999).

3) 뇌와 신경계의 발달

유아기의 신체발달 중 하나는 뇌와 신경계의 계속적인 성장이다. 신경계의 중추역할을 하는 뇌는 대부분 뉴런이라는 신경세포로 이루어져 있고, 뇌에는 약 1,000억 개 이상의 신경세포가 서로 복잡하게 연결되어 있으며, 어떤 신경세포 하나에는 6만 개의 다른 신경세포가 연결되어 있기도 하다. 뇌는 크게 7개의 부분으로 구성되어 있다. 대뇌는 머리의 대부분을 차지하고 있으며, 모양은 껍데기를 벗겨낸 호두 알맹이와 비슷하다. 대뇌는 정보기능을 통제하고 몸의 균형을 유지하는 역할을 하며, 지각에 의해 취해진 모든 운동신호를 대뇌의 중추신경을 거쳐 척추로 전달하고, 그곳에서 신체 각 부위로 다시 연락하여 동작을 일으키는 역할을 한다(류진희 외, 1999). 대뇌는 좌뇌와 우뇌 두 개의 반구체로 이루어져 있는데, 각 좌뇌와 우뇌는 다른 기능을 가지고 있으며, 좌뇌는 논리적이고 분석적이며 말하기, 읽기, 쓰기 등의 언어능력에 기초를 두고 추론 및 수리력을 담당하며 논리적인 사고를 선호한다. 반면, 우뇌는 공간능력과 시각적, 비언어적, 유추적, 창의적인 방식으로 정보를 받아들인다. 운동영역에서 좌뇌는 신체의 오른쪽을, 우뇌는 왼쪽을 담당하며 대뇌의 세포가 성숙하느냐 안하느냐는 유아기의 운동발달과도 밀접한 관계가 있다. 이렇듯 좌뇌와 우뇌는 각기 다른 기능을 가지고 있는데, 이를 뇌의 편측성이라고 한다.

표 3-2 | 우뇌와 좌뇌의 기능적 특성

우뇌(right hemisphere)	좌뇌(left hemisphere)
• 시각적 · 공간적인 정보를 선호 • 이미지 기억, 사진 기억에 강함 • 전체적인 윤곽부터 바라봄 • 언어 이해 • 유사성을 찾음 • 관-추측 • 정서 자유롭게 표출 • 자발적-유동적 • 동시적 사고 • 감정경험 지향적 • 스포츠(흐름과 리듬) • 예술(이미지, 정서, 흐름, 동작) • 음악(열정, 리듬, 이미지)	• 논리적 · 분석적으로 정보처리 • 언어에 기초를 둔 사고 • 명료하고 논리적인 사고 선호 • 부분부터 바라봄 • 구문론과 의미론 • 차이를 찾음 • 글자와 문장, 수 • 분석-직관적 • 감정을 조절 • 계획적, 구조적 • 언어 지향적, 미래 지향적임 • 스포츠(손, 눈, 발의 위치) • 예술(재료, 도구 사용, 방법) • 음악(음표, 박자, 속도)

출처 : 신명숙(2012).

유아기에 이미 뇌의 편측성이 나타나는 시기이다. 이러한 편측성의 결과로 유아들 대부분은 오른손을 사용하는 오른손잡이나 주로 왼손을 사용하는 왼손잡이가 나타나는 것이 그 예이다. 처음에 유아들은 양손을 다 사용하다가 점차 어느 한쪽 손의 사용이 더 많아지는데, 일반적으로 1~5세 사이에 어느 손을 잘 사용하는지가 결정된다. 유아의 90%가 오른손잡이이고, 나머지 10%가 왼손잡이이다. 그리고 여아보다는 남아가 왼손잡이인 경우가 더 많다. 일반적으로 그림을 그리거나 글을 쓰기 시작하면 오른손잡이인지 왼손잡이인지를 알 수 있게 된다. 언어를 관장하는 뇌의 좌반구는 오른손잡이에게 우세하다. 왼손잡이 유아의 경우 언어는 두 개의 반구가 함께 작용하는데, 이것은 왼손잡이의 경우 뇌의 편측성이 덜 하다는 것을 의미한다(Hiscock & Kinsboune, 1987). 대부분 오른손잡이이지만 왜 왼손잡이가 생기는지에 대한 논의는 학자들마다 다른 의견이 있는데, 선천설과 후천설로 나눌 수 있다. 선천설은 부모로부터 받은 유전인자로 인해 왼손잡이가 된다거나, 두 개의 반구 중에서 어느 한쪽이 우세하여, 다시 말해 뇌의 편측성으로 인해 왼손잡이, 오른손잡이가 된다는 것을 말한다. 이에 반해 후천설은 연습이나 습관, 훈련에 의해 영향을 받아 결정된다고 본다. 예를 들어, 왼손잡이라 하더라도 환경적으로 오른손을 사용하도록 가르치고 학습되었기 때문에 오른손잡이가 많다는 것이다. 왼손잡이에 대한 선천설 또는 후천설 중 어떠한 견해가 옳은지에 대해

결론을 내리기는 어렵지만 대부분 오른손잡이이기 때문에 유아가 왼손잡이일 경우 이를 교정하려하거나 또는 교정이 가능한지에 대한 의견은 전문가에 따라 다른 의견의 차이가 있다. 뇌의 좌반구에서 언어를 관장하기에 일반적으로 오른손잡이가 되지만, 우반구가 지배적일 때 왼손잡이가 될 수 있다는 것을 통해 왼손잡이를 교정하기보다는 오히려 양손을 사용함으로써 좌뇌와 우뇌의 발달을 돕는다는 입장도 있고, 교정을 하기 위해 초등학교에 가기 전에 시도해야 한다는 주장도 있다. 하지만 교정을 무리하게 하게 되면 유아가 말을 더듬는다든지 다른 정서불안증세를 나타낼 수 있다는 점 등을 고려해 신중해야 한다.

유아기에는 대뇌보다 소뇌의 발달이 주로 이루어지는데, 소뇌는 뇌의 아래쪽에 있으며 신체작동의 균형과 조절에 중요한 역할을 한다. 소뇌의 크기는 뇌 전체의 1/10 정도이지만 뇌 전체의 절반에 해당하는 신경세포가 모여 몸의 균형감각을 유지하도록 한다. 만 4세를 전 · 후로 유아의 대 · 소근육발달이 활발하게 이루어지면서 유아는 눈과 손의 협응력 발달로 젓가락 사용, 가위질, 종이 접기 등을 하게 된다.

뇌의 기능은 3~4세경에 급속히 발달하여 6세에는 성인의 90%, 12세경에는 성인의 95%에 다다르며, 뇌의 중량은 5~6세에 성인의 90%에 이르고 12세경에는 성인의 약 95%까지 이른다. 특히, 좌뇌는 3~6세 사이에 극적인 급성장이 일어나다가 6세 이후에는 안정상태가 되며, 우뇌는 8~10세 사이에 약간의 급성장이 일어나고 아동기와 청소년기를 걸쳐 천천히 성숙한다. 특히, 4~5세 유아의 경우 대뇌와 직결된 신경계가 발달하는 시기로 유아의 신체활동을 통한 뇌의 활성화가 이루어지도록 한다.

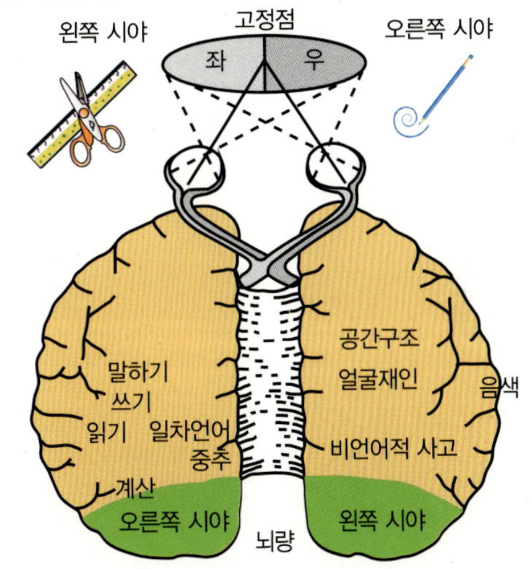

| 그림 3-2 | 좌반구와 우반구가 하는 기능
출처 : 정옥분(2006), 영유아의 발달의 이해.

4) 치아의 변화

치아는 유치와 영구치가 있는데, 유치는 상악과 하악에 각 10개씩 20개이고, 영구치는 각 16개씩 32개이다.

유아기 치아는 유치가 완전히 난 상태이다. 치아는 5~7개월경에 첫 유치가 아래 앞니부터 나기 시작하여 7개월 이상이 되면 앞니가 2개 정도 나오고 1년이 되면 윗니와 아랫니가 각각 4개씩 8개의 이가 나온다. 다음으로는 앞니, 어금니, 송곳니의 순서로 이가 난다. 이후 30개월을 전후로 상악과 하악에 각각 10개씩 20개의 유치가 모두 나게 된다. 물론 모든 영유아의 치아 성장이 동일한 것은 아니며 개인차가 있다. 아주 흔한 일은 아니지만 출생 시 이미 이가 나와 있는 경우도 있으며, 경우에 따라서는 생후 1년이 되어서야 이가 나오는 경우도 있다. 유치는 영양분을 섭취할 수 있도록 도와주어 유아의 성장과 발육에 중요한 역할을 하며, 영유아의 발음, 이후 영구치의 성장과 발육에도 중요한 역할을 한다.

따라서 유아기에는 치아관리가 중요하며 치아관리를 제대로 하지 않으면 충치나 잇몸질환이 생긴다. 건강한 치아관리를 위해서 식사 후 3분 이내에 이를 닦거나 당분이 많은 음식을 섭취했을 때 바로 이 닦기를 하는 바른 이 닦기가 중요하며 만 4세 이상 유아는 불소를 활용하여 치아관리를 할 수 있는데, 불소는 유아의 충치예방효과를 높이기 때문에 전문가를 통해 불소를 유아의 치아에 도포하는 방법을 많이 사용하고 있다. 또한 건강한 치아관리를 위해 정기적인 치아검진을 해야 하며 만 6세 이전 총 5회에 걸쳐 실시되는 영유아건강검진에서도 구강검진이 2회 포함되어 구성되었으며 유아는 6개월마다 정기적으로 치아검진을 받는 치아관리가 이루어져야 한다.

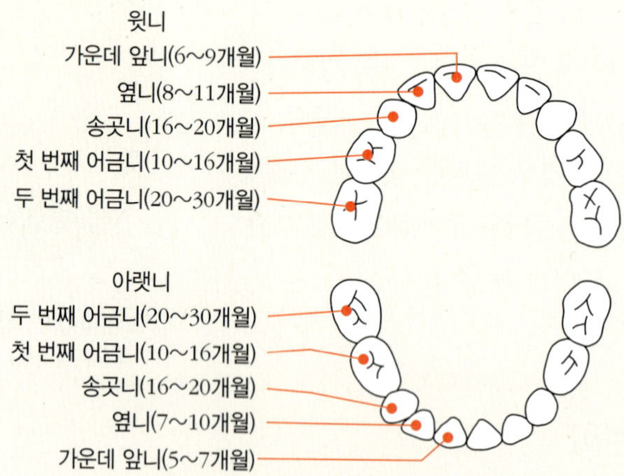

| 그림 3-3 | 유치가 나오는 시기

출처 : 정옥분(2006). 영유아의 발달의 이해.

20개의 유치 중 유치가 6세경 하나 둘 빠지기 시작해 이후 아동기 동안 유치가 계속해서 빠지게 된다. 보통 1년에 약 4개 정도의 유치가 영구치로 바뀌게 된다. 영구치의 어금니는 보통 6세경에 첫 번째 어금니가 나고, 두 번째 어금니는 13세경, 세 번째 어금니인 사랑니는 20세경에 나온다. 하지만 사랑니는 영원히 나지 않는 경우도 있어 반드시 나오는 것은 아니다.

▲ 유치가 빠진 5세 유아

2. 운동발달의 특징

걷기를 시작한 유아는 연령이 증가하면서 달리고, 뛰고, 자전거를 타는 등 다양한 운동능력이 계속적으로 발달함과 동시에 숟가락 · 젓가락 사용하기, 가위로 종이 자르기, 단추 끼우고 풀고 하면서 혼자 옷을 입고 벗을 수 있는 등의 눈과 손의 협응력이 동시에 발달한다. 이러한 유아기 운동능력, 즉 대근육운동과 소근육운동 발달을 살펴보고자 한다.

1) 운동발달과정

유아의 운동발달은 신체발달의 원리와 마찬가지로 머리에서 꼬리로 진행되는 경향이 있는데, 목을 가눌 수 있으며 가슴과 등의 근육이 발달하여 뒤집기, 기어다니기, 앉기 등이 일어나고 다리의 근육이 제일 늦게 발달하면서 걷기 등의 운동기능이 발달되어 간다. 인간의 운동발달단계를 겔라휴(Gallahue, 2002)는 4단계로 설명하고 있는데, 태어나면서부터 시작하여 약 1년까지 지속되는 반사운동단계, 1~2년 사이에 발달하는 초보운동단계, 3~7세까지 발달하는 기본운동단계 그리고 7세 이후부터 전문운동단계이다.

이 중 유아기는 기본운동단계에 속하며 이를 다시 세분화하여 시작단계initial stage, 발전단계elementary stage, 성숙단계mature stage로 나누었다. 유아기에 해당하는

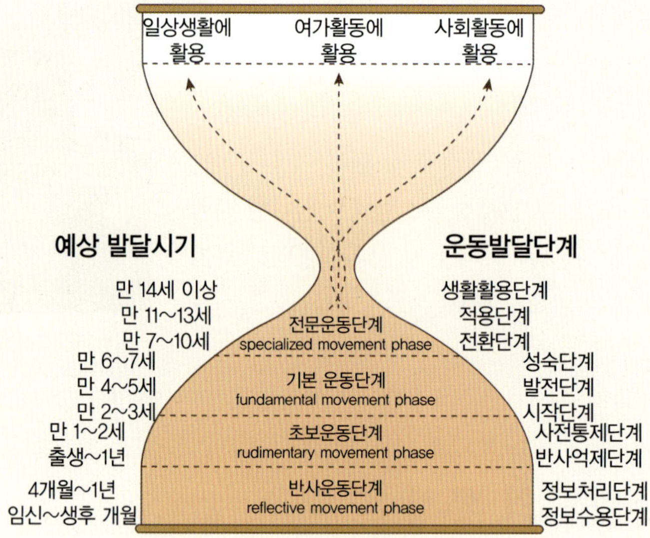

그림 3-4 겔라휴 운동발달단계

출처 : Gallahue(1996).

기본운동단계를 구체적으로 살펴보면 다음과 같다.

(1) 시작단계

2~3세 정도의 유아가 속한 시작단계initial stage에서 유아는 영아기 초보적인 단계에서 보이는 운동능력이 점차 발달을 하여 의도적인 행동을 시도한다. 하지만 의도적인 행동일지라도 아직은 협응이 잘 되지 않고 미숙한 동작을 한다. 따라서 걷기, 달리기, 뛰기 등의 운동은 비교적 정교하게 할 수 있으나 아직 성숙한 상태는 아니어서 이동운동이 종종 과장되거나 위축되어 보이기도 한다.

(2) 발전단계

보통 3~5세 유아가 발전단계elementary stage에 속하며 이 단계의 발달은 주로 성숙에 의해 이루어지는 것으로 볼 수 있으며 시작단계와 성숙단계 사이의 과도기적 단계인 이 시기에는 시작단계의 운동들이 비교적 자연스러운 행동으로 향상되며, 협응능력이 발달하여 자신의 이동운동에 대한 조절능력이 증가한다. 하지만 이 단계에서도 여전히 신체 일부분만의 비효율적인 동작을 보이며 균형이 부족하고 위축된 행동이나 유연성의 부족현상 등이 나타난다.

(3) 성숙단계

6~7세의 유아는 성숙단계mature stage에 이르게 되지만 개인차는 있으며 성숙단계에서의 발달은 협응을 통한 조절력이 증가하고 운동능력이 정확하며 이동운동에 대한 발달 역시 매우 급속한 발달을 이룬다. 시작 · 발달단계의 유아보다 더 빨리 달리고, 더 멀리 던지며, 더 높이 뛰는 것이 가능해지는 단계이다.

2) 대근육운동

유아기의 운동능력은 골격과 근육의 성숙으로 이동운동이 발달하게 된다. 유아기는 체중의 중심이 아래로 옮겨가면서 다양한 대근육운동기술이 증가하게 되고 몸의 균형을 잡을 수 있게 된다. 머리가 큰 영아는 이동운동의 하나인 걷기를 할 때 중심을 잘 잡지 못하고 넘어지는 경우가 많이 발생하지만 점차 체중의 중심이 아래로 내려간 유아들은 몸의 균형을 잡고 넘어지지 않고 이동운동이 가능하다.

(1) 걷 기

12개월을 전후로 시작된 걷기는 2세 정도가 되면 안정된 걷기를 하고 3세가 되면 계단을 양발로 번갈아 오르내릴 수 있다. 걷기를 하면 계단을 오를 수 있는데, 계단을 오를 때는 처음에는 한 발을 계단에 올려놓고 같은 계단에 다른 한 발도 올려놓는다. 그리고 중심을 잡은 후 한 발을 다른 계단에 올려놓는데, 유아기에는 발을 번갈아 가면서 계단 오르기가 이루어진다. 하지만 유아 초기에 계단 오르기는 발을 번갈아 가면서 할 수 있으나 내려오는 것은 더 어렵기 때문에 발을 번갈아 가면서 내려오지 못한다. 4세 이후에는 안정된 자세로 발을 번갈아 가면서 내려오는 것이 가능해진다. 또한 3세 유아는 한 발을 다른 발 앞에 갖다 대면서 땅에 그려진 직선 위를 일자로 걸을 수 있고, 4세 유아는 직선보다 걷기 어려운 곡선 위를 걸을 수 있는데, 곡선 위를 걸을 때는 한 발을 다른 발 앞에 갖다 대면서 동시에 방향을 바꾸어야 한다. 또한 평균대 위에서 걷는 것은 더욱 어렵지만 유아들은 몸의 균형을 잡는 여러 번의 시도를 통해 평균대에서 걷기를 할 수 있다(Cratty, 1986 ; 정옥분, 2006 재인용).

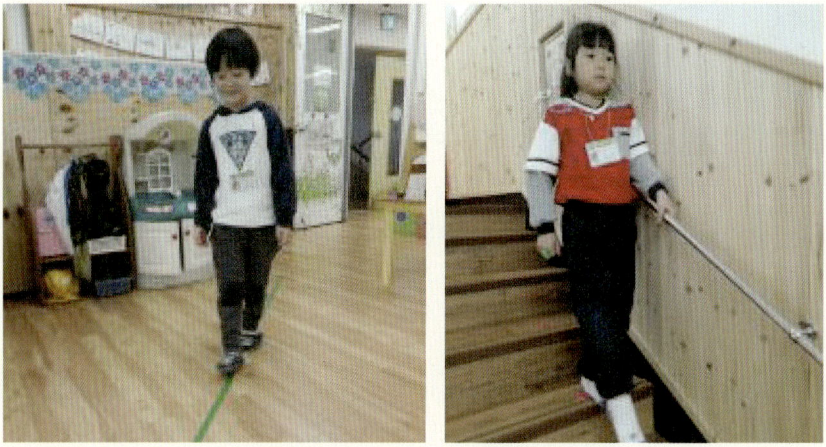

▲ 만 5세의 줄 따라 걷기와 계단 내려오기

(2) 달리기

달리기가 걷기와 다른 점은 두 발을 바꾸어 달리는 동안에 순간적으로 공중에 떠있는 시간이 있다는 점인데 걷기를 할 때에는 주로 뒤꿈치에서 무게를 받는 대신에 달리기를 할 때는 발의 앞꿈치에서 무게를 받게 된다. 2세 유아는 달리기를 할 수 있으나 초기 단계의 달리기 동작은 균형이 없고 불안정하다. 또한 3세 유아는 잘 달리지만 달리면서 방향을 바꾸지는 못하고 일단 달리기를 멈춘 다음 방향을 바꾸어 다시 달리기 시작한다. 5세가 되면 계속 달리면서 방향을 바꿀 수 있으며 성인과 같은 안정된 모습으로 달릴 수 있게 된다.

(3) 뛰 기

뛰기는 한 발을 먼저 들며 뛰는 동작이 2세 전에 나타나며 두 발로 뛰기는 3세가

▲ 달리기 하는 유아들

▲ 한 발 뛰기를 하는 유아

되면 가능해진다. 높은 곳에서 뛰어내리는 동작은 2세경에도 나타나지만 3세까지는 불안정한 뛰어내리기가 이루어지는데, 3세 유아는 뛰어내리기보다는 뛰어오르는 운동능력이 더 부족하며 이는 유아들이 뛰어내리기 경험을 많이 하기 때문으로 볼 수 있다. 5세가 되면 팔을 앞으로 흔들며 앞으로 안정된 모습으로 떨어지는데, 90cm 정도의 멀리뛰기와 30cm 정도의 높이뛰기가 가능하다(곽노의 외, 2011).

(4) 던지기

두 손을 사용하여 던지기를 하던 영아와는 달리 유아기에는 한 손으로 던질 수 있게 된다. 2~3세에는 목표물을 향해 공을 던질 때 발이나 몸은 움직이지 않고 두 팔을 사용하여 던지기를 한다. 3~4세에는 몸을 앞뒤로 흔들며 한쪽 팔로 공을 던지나 이때에도 여전히 발은 움직이지 않고 던진다. 4~5세에는 팔꿈치를 사용해서 공을 던지는데, 발을 약간 내밀고, 어깨를 움직여 공을 던지나 몸을 크게 돌리지는 못한다. 5~6세에는 발을 앞으로 내밀고 팔을 쭉 뻗어 공을 던지며 공 던지기의 속도는 빨라진다.

초기단계

- 손바닥으로 공을 잡고 팔꿈치만을 굽혀 던진다.
- 다리는 제자리에 고정된 상태로 던진다.

중기단계

- 던지는 팔과 같은 쪽 발을 앞으로 내딛으며 던진다.
- 상체의 중심이동이 생긴다.

성숙단계

- 손끝의 탄력을 이용해 던진다.
- 던지는 팔의 다른 쪽 발을 앞으로 내딛으며 던진다.

그림 3-5 던지기의 성숙단계

출처 : Gallahue & Ozmun(2002) ; 곽노의 외(2011) 재인용.

(5) 공 받기

던지기와 함께 받기는 던져진 물건공을 받기 위해 이동운동능력과 안정운동능력

| 그림 3-6 | 공 받기의 발달단계
출처 : 정옥분(2006).

뿐만 아니라 눈과 손의 협응력과 손의 조절능력이 필요한 운동이다. 2세경에는 공을 받기 위해 팔 뻗기를 하지만 공을 잘 받지는 못하고 던지는 공은 몸을 맞고 그냥 떨어진다. 3세경에는 팔꿈치를 구부려 받을 자세를 취하고 가슴으로 공을 받는다. 4~5세경에는 공의 움직임에 따라 몸과 팔을 움직여 받을 수 있으며 5~6세경에는 몸 전체를 사용하여 공을 받을 준비를 하고 손바닥으로 공을 받는다.

(6) 페달 밟기

걷기, 달리기 등이 활발하게 진행되면서 유아의 대근육운동은 기구를 이용하여 던지고 받는 운동기능과 더불어 자전거의 페달을 밟는 기능이 발달한다. 자전거를 타기 위해서는 몸의 균형을 잡아야 하며 움직이기 위해 페달을 밟아야 하는데, 2~3세에 장난감 자동차에 올라타고 이동하기 위해 두 발로 바닥을 밀면서 움직인다. 점차 3~4세 때에는 세발자전거를 탈 수 있게 되는데, 이때 페달을 밟아 이동하기 위해 다리의 근육을 조절하며 몸의 균형을 잡을 수 있다. 4~5세에는 세발자전거를 빠르고 유연하게 잘 탈 수 있으며 5~6세에는 보조 바퀴가 있는 두발자전거를 탈 수도 있다.

▲ 자전거 페달을 밟는 유아들

표 3-3 | 대근육운동기능의 발달

연 령	걷 기	달리기	뛰 기	페달 밟기	오르기	던지기
2~3세	율동적으로 잘 걷는다.	몸을 뻣뻣하게 세우고 달린다. 방향을 바꾸거나 갑자기 멈추는 것이 어렵다.	두 발로 깡충 뛴다.	장난감 자동차에 올라타고 두 발로 민다.	계단을 오를 때 한쪽 발을 먼저 올려놓고 그 다음 다른 쪽 발을 그 옆에 놓는다. 높은 곳에 올라갈 수 있지만 내려오지는 못한다.	목표물을 향해 공을 던지는 데 두 팔을 사용한다. 발이나 몸은 움직이지 못한다.
3~4세	팔을 앞뒤로 흔들며 걷는다. 직선 위를 잘 걷는다.	유연하게 잘 달리고 출발과 정지를 잘 한다.	두 발로 높이 뛰어오른다. 한 발로 장애물을 뛰어 넘는다.	세발자전거를 탈 수 있다.	계단을 오를 때는 한 발로 차례차례 오르지만 내려올 때는 두 발을 모아서 내려온다.	몸을 앞뒤로 흔들며 한쪽 팔로 공을 던진다.
4~5세	곡선 위를 걷는다. 평균대 위를 걷는다.	빨리 잘 달리고 달리면서 방향을 바꿀 수 있다.	깡충깡충 뛰면서 앞으로 나아간다.	세발자전거를 빠르고 유연하게 잘 탄다.	발을 번갈아 가면서 계단을 오르내린다. 사다리, 정글짐, 미끄럼틀, 나무 등을 타고 오르내린다.	팔꿈치를 사용해서 공을 던진다.
5~6세	성인처럼 걷는다.	속력을 내서 잘 달린다.	높이뛰기와 멀리뛰기를 할 수 있다. 줄넘기를 한다.	두발자전거를 탈 수도 있다.	성인처럼 오르고 내린다.	발을 앞으로 내밀고 팔을 쭉 뻗어 공을 던진다.

출처 : Betty, J. J.(1986), Observing the development of the young child.

3) 소근육운동

유아기에는 대근육운동발달과 함께 눈과 손의 협응, 손가락과 손가락의 협응운동발달과 소근육운동기능이 두드러지게 발달하게 되는데, 이는 중추신경계의 수초화가 증가하면서 발달한다. 수초화의 증가는 신경 전류의 전달속도를 증가시키기 때문에 정보가 근육에 더 빨리 전달되게 해주고 근육을 더 잘 통제하게 만든다(김수희 외, 2007). 이는 눈과 손의 협응을 도와주고, 이러한 눈과 손의 협응과 소근육의 통제가 급속하게 발달하기 때문에 유아기에는 손의 사용이 점점 정교해진다. 그러나 유아기에 대근육운동기술보다 소근육운동기술을 습득하는 것이 훨씬 더 어렵다. 유아기에 신발 끈을 매는 것, 선 따라 가위질하는 것, 선 안에 색칠하기, 젓가락 사용하기 등은 어려운 작업이다. 이러한 소근육운동을 위해서는 눈과 손의 협응이 일어나는 다양한 조작기능을 체험할 수 있도록 하는 것이 운동발달에 있어 매우 중요한데, 이러한 작업을 위해서는 사물을 인식해야 하고 반복적인 감각경험을 통해 이루어질 수 있으며, 이러한 소근육운동기능은 여아가 남아보다 더 앞서는 반면 대근육운동기능은 남아가 더 우세하다.

(1) 그림 그리기

소근육운동능력은 잡기를 시작으로 발달하는데, 생후 20주 정도가 되면 물건을 손으로 잡게 되고 손으로 잡던 물건을 점차 손바닥, 손가락으로 발전하면서 유아의 소근육운동능력은 발달해 간다. 따라서 눈과 손의 협응이 되어 무엇인가를 잡기 시작하면 크레파스나 연필 등의 도구를 사용하여 그림 그리기가 이루어지는데, 이러한 활동은 유아기 꾸준히 이루어지는 소근육운동능력이다. 그림 그리기를 통해 유아의 소근육운동능력이 발달하게 되는데, 그림 그리기와 소근육발달과의 관계를 캘로그(Kellogg, 1969)는 아동의 그림발달단계를 통해 말하고 있다. 즉, 끄적거리기 단계scribble stage, 배치단계placement stage, 도형단계shape stage, 디자인단계design stage, 회화단계pictorial stage로 발달된다고 하였다.

① 끄적거리기 단계

2세 이하의 영아들은 크레파스나 사인펜을 잡고 손을 움직여 종이 위에 끄적거리기를 좋아하는데, 뚜렷한 형태를 나타내지 않는 선이나 점을 그리지만 이러한 손가락 전체로 도구를 잡고 움직이는 끄적거림의 경험을 통해 유아의 소근육운동발달에 많은 도움을 준다.

② 배치단계

주로 2~3세 되는 유아는 끄적거리기가 능숙해지면 의도성이 포함된 끄적거리기를 하는데, 이때 종이의 위 · 아래 · 중앙 · 오른쪽 · 왼쪽 등에 배치하여 끄적거린다. 이때 손가락 전체를 이용해 잡았던 잡기는 엄지와 검지 및 중지를 이용해 잡기를 하는데, 끄적거리기를 할 때보다는 좀 더 발달된 잡기의 형태를 보인다.

③ 도형단계

3세가 되면 유아는 도형을 그리기 시작하는데, 주로 원이나 삼각형, 사각형의 단순형태를 그리기 시작한다.

①

②

③

▲ 3세(①), 4세(②), 5세(③) 유아의 그림

④ 디자인단계

3~4세 유아는 2가지 도형을 결합하거나 3가지 이상의 도형을 조합한 그림을 그리는데, 원 속에 삼각형, 사각형을 그리거나 사각형 속에 원이나 삼각형을 그리기도 한다. 손과 눈의 협응력이 발달하면서 좀 더 정교한 그리기가 이루어진다.

⑤ 회화단계

4~5세 유아는 실제의 사물을 표상하는 그림을 시작하는 단계로 사람, 자동차, 동물, 나무, 집 등의 실제 사물 그림을 그리며 사람의 형태에 눈, 코, 입, 귀, 머리 등 세밀한 부분도 자세하게 묘사한다. 이 시기의 유아는 손가락과 손가락의 협응성 운동이 발달하고 소근육의 조절능력이 발달하여 세밀한 표현까지도 가능하다.

끄적거리기 단계에서 회화단계까지 발전하는 가운데 유아는 눈과 손의 협응력이 발달하고 소근육운동기능의 발달이 이루어져 점점 세밀하고 정교한 그림을 그리게 된다는 것을 알 수 있다.

(2) 글씨 쓰기

손의 힘을 조절할 수 있는 능력이 생기는 영아들은 무엇인가 잡기 시작하고, 이때 쓰기 도구를 잡게 되는 대부분의 영아들도 끄적거리를 시작한다. 초기 영아의 끄적거리기는 소근육운동능력에 의한 것으로 눈과 손의 협응이 없는 상태에서 일어나지만

표 3-4 | 유아의 연필 사용 및 글쓰기 능력의 발달

수행과제	연령대
종이에 끄적거리기	10~12개월
종이에 수평, 수직, 원 모양 표식 흉내 내기	만 2세
수직선, 수평선, 원 따라 그리기	만 3세
+, ×, 네모, 대각선, 몇몇 글자와 숫자, 자기이름 따라 쓰기	만 4, 5세
세모, 자기이름 쓰기, 영어 대소문자 쓰기	만 5, 6세

출처 : 곽노의 외(2011).

유아기 쓰기 활동은 눈과 손의 협응이 강화되어 나타난다. 1세 전후에 나타나는 끄적거리기는 2세까지 계속되며 쓰기가 가능한 곳이면 어디든지 끄적거리기를 하는 경향이 있다. 3세경에는 원이나 수직선, 수평선 등을 따라 그리는 초기 쓰기 모습을 보인다. 3~4세경에는 글자의 형태를 네모, 세모, 동그라미로 그리며 점차 자신의 이름을 쓰기 시작한다. 눈과 손의 협응력이 발달되면서 글자의 형태를 쓰게 되고 쓰기를 위해서는 손가락의 조절능력이 요구되는데, 연필을 잡기 위해서 엄지, 검지, 중지의 관절을 조절하여 연필을 잡을 수 있어야 하며 이때 주로 상환을 외전하며 손의 내부 근육을 정교하게 움직여 글자를 쓸 수 있다(곽노의 외, 2011).

물론 유아의 쓰기 활동은 잡기의 발달과 눈과 손의 협응력이 강화되어 나타나지만 사회문화적 요소에 영향을 받는다. 즉, 가난한 환경의 유아들은 중산층 환경의 유아들에 비해 쓰기 활동을 할 기회가 적기 때문에 능력의 차이를 보일 수 있으며, 문화적 영향으로도 숟가락이나 포크, 젓가락을 사용하는 문화권은 손을 사용하는 문화권과 다른 능력의 차이를 보인다.

(3) 젓가락 사용하기

손의 힘이 증가하고 잡기 능력이 발달함에 따라 1세 전후의 영아들도 미숙하고 불안정하기는 하지만 숟가락을 잡게 되고 혼자서 숟가락으로 밥을 먹는다. 물론 처음에는 많이 흘리기도 하지만 2세경이 되면 흘리지 않고 숟가락을 사용하여 음식을 먹게 되며 올바른 방법으로 사용하지는 못하지만 자기만의 방식으로 젓가락 사용을 시도한다. 젓가락 사용의 처음단계에서는 대부분 숟가락을 잡는 것과 같이 젓가락을 잡거나 막 쥐기 형식의 손바닥 전체를 통해 젓가락을 잡는다. 3세경에는 숟가락과는 다르게 막 쥐기식에서 좀 더 느슨하게 젓가락을 잡는 손바닥과 손

▲ 만 3세 유아와 만 5세 유아의 젓가락 사용

가락이 따로 작용하기 시작한다. 점차 젓가락 한 개는 엄지와 네 번째 손가락 사이에 놓고, 또 다른 젓가락은 검지와 중지 사이에 넣고 엄지로 눌러서 잡게 되는데, 아직 유아기에 바른 사용법으로 젓가락을 사용하기는 어려움이 있으며 대부분 젓가락 사용이 능숙해질 수 있도록 보조기구가 달린 젓가락을 사용한다. 5세 정도가 되면 보조기구가 달리지 않은 젓가락을 사용하기도 하지만 유아들이 사용하기 편한 방법으로 젓가락을 사용하는 경우가 많이 있다.

젓가락의 사용은 소근육운동발달로 두뇌발달을 촉진한다. 젓가락을 사용하기 위해서는 손가락 관절 하나 하나를 포함하여 30여 개의 관절과 60여 개의 근육을 움직이게 되는데, 이러한 움직임은 대뇌를 자극하고 뇌세포를 발달하게 한다. 또한 젓가락 사용은 눈과 손의 협응력, 근육을 조절하는 능력 등이 높아짐을 알 수 있다. 젓가락 사용을 통한 소근육발달은 두뇌발달과의 관련을 통해 3~6세 지능발달이 거의 완성되는 것을 보면 이때 젓가락 사용을 통해 유아의 소근육운동능력이 발달하는 것은 유아의 지능발달에도 도움을 줄 수 있다는 것을 알 수 있다.

(4) 블록 쌓기

유아기의 눈과 손의 협응과 소근육의 발달은 유아의 블록 쌓기 놀이에서도 볼 수 있는데, 블록 쌓기는 블록을 쌓아 올리면서 블록을 눈과 손의 협응으로 잡는 일과 원하는 적당한 곳에 블록을 두기 위해서 잡았던 손을 정확하게 떼는 일이 포함된다. 블록을 잡는 일은 손을 뻗어 사물을 잡을 수 있는 1세경에 가능하지만 원하는 곳에 쌓아올리는 일은 쉽지 않다.

▲ 만 3세 유아의 블록 쌓기와 만 5세 유아의 블록 쌓기

유아기 블록 쌓기를 보면 2세 때에는 5~7개 정도의 블록을 쌓아서 탑을 만들 수 있으나 주의를 기울여 쌓은 블록이 대체로 기울어져 있음을 알 수 있고, 3세 때에는 9개 정도의 블록을 높이 쌓을 수 있으며 3개의 블록으로 다리를 만들기도 한다. 4세 때는 보다 능숙한 솜씨로 블록을 쌓으며 쌓은 블록에서 손을 뗄 때에도 세심한 주의를 기울인다. 5세 이후에는 블록 쌓기의 속도, 정교성, 정확성 등에서 뚜렷한 진보를 보인다. 유아의 블록 쌓기는 2세에서부터 시작하여 5~6세에 이르기까지 점진적으로 발달하는 것을 볼 수 있는데, 이는 유아의 눈과 손의 협응 및 소근육발달로 블록 쌓기가 점점 정확해지고 세심해지는 것을 알 수 있다. 유아들이 사용하는 블록을 살펴보면 3세 유아는 스펀지블록이나 종이블록 등을 통해 쌓기가 이루어지며 점점 4~5세 유아들은 레고블록과 유니트블록을 통해 정교화 쌓기 활동이 일어나는 것을 볼 때 소근육운동발달이 원활해지고 능숙해짐을 알 수 있다.

(5) 가위질하기

▲ 만 5세 유아의 가위질

손가락을 사용하게 되는 가위질은 유아의 소근육이 발달되면 시작되는데, 2세경에는 가위질을 잘 하지 못하고 가위와 손의 근육의 협응이 이루어지지 않아 원하는 가위질이 이루어지지 않는다. 하지만 점차 손의 근육과 가위와의 협응이 이루어지면서 3세경에는 가위질을 할 수 있게 된다. 하지만 3세경에는 선 따라 가위질을 하는 것은 어려우나 4~5세경에는 선을 따라 가위질하는 것이 가능해진다. 물론 정확한 선을 따라 가위질을 하지는 못하지만 원하는 모양이 나오도록 가위질을 할 수 있다.

유아기의 소근육운동기능은 정교하게 발달하기 때문에 앞에서 살펴본 바와 같이 젓가락 사용이나 그림 그리기, 글씨 쓰기가 능숙해지는 단계까지 발달한다. 뿐만 아니라 혼자서 옷을 벗는 것부터 시작하여 점차 옷을 입는 것이 가능해지면서 5~6세가 되면 혼자 옷을 입고 벗는 것이 가능해진다. 단추를 끼우고 푸는 과정 역시 2세경에는 단추를 만지작거리면서 단추 채우는 것을 시도하지만 서투르고 잘하지 못한다. 그러나 3~4세가 되면 자기 옷의 단추를 빼고 끼울 수 있으며 5~6세가 되면 지퍼를 원활하게 조작할 수 있다. 유아기에는 옷과 단추, 신발 사용에 있어 벗고 빼는 것이 먼저 일어나고 보다 더 정교한 소근육발달로 입고 끼우는 단계까지 발전한다.

표 3-5 | 연령별 소근육운동발달

연 령	발달내용
3세	• 큰 나무막대(peg)를 막대판에 꽂을 수 있음, 큰 구슬을 뀀 • 액체를 좀 흘리면서 부을 수 있음 • 블록으로 탑을 쌓음 • 손의 정교한 협응이 필요한 일은 쉽게 피곤해짐 • 원이나 어떤 형태의 모양을 그림 • 주먹 쥔 모습이 아니라 손가락으로 크레파스를 쥠
4세	• 작은 나무막대를 막대판에 꽂을 수 있음, 작은 구슬을 뀀 • 모래나 물을 작은 그릇에 담을 수 있음 • 조형물을 높이 쌓을 수 있으나, 공간지각력이 낮아 쓰러지는 경우가 있음 • 작은 부품이 있는 놀잇감을 조작하는 것을 즐김, 가위 사용을 즐김 • 단순한 모양을 섞어서 그림, 단순한 형태로 사람이나 물체의 모습을 그림 • 도움 없이 입고 벗을 수 있음, 이를 닦고 머리를 빗고 컵이나 숟가락을 제대로 사용함 • 신발 끈을 뀔 수 있으나 묶지는 못함
5세	• 못질을 할 수 있음, 가위를 능숙하게 사용함 • 컴퓨터 키보드를 사용함 • 15개 정도의 퍼즐을 쉽게 할 수 있음 • 물체를 분해하고 조립함, 인형 옷을 입히고 벗김 • 모양을 그대로 따라 그림 • 사람을 그리고 글자를 알아볼 수 있게 씀 • 겉옷 지퍼를 채움, 단추를 잘 잠금, 구두끈을 맴, 옷을 빨리 입을 수 있음 • 블록 쌓기가 정교해짐

출처 : 박성연(2006), 아동발달.

3. 신체발달에 영향을 미치는 요인

인간의 발달을 규정하는 요인으로 '유전인가', '환경인가' 하는 논쟁은 오래전부터 이어지는 논쟁이라고 볼 수 있다. 유전과 환경에 대해 서로 독립적인 요인으로 보는 학자들에 의해 많은 이론과 연구들이 발전하였으나, 발달에 유전적 요인이 더 많은 영향을 미치는가 또는 환경적 요인이 더 많은 영향을 미치는가 하는 부분보다 유전과 환경이 어떻게 상호작용하여 발달에 영향을 미치는가의 중요성에 관심이 모아지며 발전하고 있다. 일반적으로 인간의 발달은 유전과 환경과의 상호작용의 결과로 볼 수 있다. 따라서 신체발달 역시 다른 발달과 마찬가지로 유전과 환경의 영향을 통해 지속적으로 발달하고 있는데, 유아의 신체발달에 영양을 미치는 요인으로는 크게 유전적 요인과 환경적 요인으로 볼 수 있다. 이를 구체적으로 살펴보면 다음과 같다.

1) 유전적 요인

유아의 신체발달에 영향을 미치는 요인 중에는 부모의 유전적 요인을 들 수 있다. 흔히 우리는 쌍둥이의 비교연구를 통해 유전적 영향을 해석할 수 있는데, 일란성 쌍생아는 한 개의 수정란에서 둘로 나누어졌기 때문에 유전인자가 동일하다. 따라서 일란성 쌍생아의 경우 다른 형제들에 비해 발달의 각 영역에서 상관관계가 높다는 사실은 유전적 요인이 발달에 영향을 미치는 것으로 볼 수 있다. 예를 들어, 홀징어(Holzinger, 1937)는 일란성 쌍생아와 이란성 쌍생아의 심신 유사도 상관관계를 보고하였는데, 신장, 체중, 두부의 중량, 지능연령, 지능지수, 학력지수, 정서점수, 운동속도검사 등에서 일란성 쌍생아가 이란성 쌍생아보다 상관관계가 높은 것으로 나타났으며(손홍숙, 2009), 이는 발달의 유전적 요인의 중요성을 말해 주고 있다. 특히, 신장과 체중은 유전적 영향을 많이 받는 것으로 볼 수 있는데, 부모가 키가 크면 아이의 키가 크다거나 부모의 키가 작으면 아이의 키가 작은 경우, 부모가 비만이면 아이도 비만일 가능성이 큰 경우는 유전적 영향을 설명하는 부분이다. 물론 항상 유전적 요인만으로 유아의 신장과 체중이 결정되는 것은 아니다. 즉, 유전적 요인뿐만 아니라 환경적 영향을 통해 유아의 신체발달에 영향을 미치고 있다.

2) 환경적 요인

(1) 영 양

신체발달에 영향을 미치는 유아의 환경적 요인 중 크게 영향을 미치는 것 중의 하나가 유아에게 제공되는 영양섭취의 문제이다. 유아기는 신체의 성장과 더불어 두뇌발육이 왕성하게 일어나는 시기이므로 유아의 신체발육과 두뇌의 세포성장을 위한 충분한 영양을 공급해 주는 것이 매우 중요하다. 유아기에 식품을 통한 충분한 영양소의 섭취는 신체발달 및 질병의 예방, 면역력 강화 등에 영향을 줄 뿐 아니라 유아의 지적 · 정서적 발달에도 영향을 준다. 유아기는 전체적인 근육의 양이 증가하고, 체중에 대한 근육의 비율도 높아지며, 뼈는 길이가 길어지면서 동시에

표 3-6 | 유아의 하루 영양권장량

연 령	에너지	단백질		식이섬유	수 분	비타민 A		
	필요추정량	평균필요량	권장섭취량	충분섭취량	충분섭취량	평균섭취량	권장섭취량	상한섭취량
만 1~2세	1,000	12	15	10	1,100	200	300	600
만 3~5세	1,400	15	20	15	1,400	230	300	700

연 령	비타민 C			비타민 D		비타민 E		칼 슘		
	평균섭취량	권장섭취량	상한섭취량	충분섭취량	상한섭취량	충분섭취량	상한섭취량	평균섭취량	권장섭취량	상한섭취량
만 1~2세	30	40	350	5	60	5	120	390	500	2,500
만 3~5세	30	40	500	5	60	6	140	470	600	2,500

출처 : 한국영양학회 · 한국인영양섭취기준위원회(2010).

단단해지는 화골현상이 일어나 성숙해지는데(임현숙 외, 2000), 뼈의 성숙은 영양 상태와 호르몬의 작용과 관계가 깊다. 골격이 지속적으로 성장하는 유아기에는 양적 · 질적으로 충분한 영양섭취로 인한 건강한 신체발달이 이루어질 수 있다. 특히, 유아기의 1일 영양권장량을 중심으로 식단이 제공되어야 하며 유아기 성장에 필요한 영양소를 제공하고 즐거운 식사시간이 될 수 있도록 한다.

유아기에 영양을 충분히 섭취하지 못할 때 신체발달의 저하를 가져오게 되는데, 특히 영유아에게 제공되는 영양의 문제는 그 시기가 빠를수록, 그 정도가 크면 클수록 유아의 신체발달에 미치는 영향은 매우 크다고 볼 수 있다. 이러한 영양의 불균형으로 올 수 있는 문제로는 영양실조, 비만 등을 들 수 있다.

① 영양실조

영양실조란 영양소의 섭취부족 또는 영양소의 흡수나 소화의 부진으로 인해 나타나는 이상상태이다. 유아기의 영양실조는 발달에 미치는 영향이 매우 크다고 할 수 있는데, 특히 5세 이하의 영양실조는 뇌발달과 그에 따른 학습과 행동에 치명적인 영향을 미친다(교육심리학용어사전, 2000). 뿐만 아니라 면역성도 저하되어 각종 질병에 걸릴 확률이 높아지며 신체발달 및 지적 발달지체를 가져온다. 최근 북한 중앙통계국이 유엔아동기금UNICEF, 세계식량계획WFP, 세계보건기구WHO 등의 기술지원을 받아 조사한 '2012 북한 영양실태 조사 보고서'에서도 5세 미만의 어린이 중 32.4%가 성장발달장애인 만성영양실조를 겪고 있는 것으로 드러났다. 또한 5.2%의 어린이는 급성영양실조를 앓고 있는 등 북한 영유아의 영양과 건강상태가 열악한 것으로 조사됐다(동아닷컴, 2013). 영유아기에 심한 영양실조를 경험한 아동은 이후 충분한 영양을 공급받아 신체적 성장에는 평균치에 다다를 수 있으나, 인지 · 행동적 기능에 있어서는 여전히 심각한 문제를 갖고 있다고 보고한 연구(구대희, 1996 재인용)는 유아기 영양실조의 위험성을 말하고 있다.

② 비 만

유아의 비만은 경제적 성장으로 인하여 식생활이 서구화되면서 섭취에너지가 소비에너지보다 많아져 이것이 지방조직에 과잉축적된 결과이며, 지방세포만 커지는 성인비만과는 달리 지방세포 수도 증가하여 신체구조상 비만이 고착화되어 진행될 가능성이 매우 큰 상태를 말한다(질병관리본부, 2007). 유아기의 비만은 신체적 · 정신적 · 사회적으로 심각한 건강문제를 초래하는데, 유아비만도 성인비만

알아두기

북(北) 황해도 고아원 어린이 92% '영양실조' 증상 "36%는 급성영양실조에 걸릴 위험에 놓여"

북한 황해남도 해주 지역 고아원 어린이들의 92%가 만성적인 영양실조 증상을 보이고 있다고 덴마크의 구호단체가 밝혔다.

덴마크 구호단체인 '미션이스트'는 15일 "지난해 11월 함경북도 해주의 고아원을 대상으로 세계보건기구WHO의 기준에 따라 몸무게와 키를 중심으로 영양 조사를 실시한 결과 이같이 드러났다"고 자유아시아방송에 말했다.

'미션이스트'는 또 "5살 이하 어린이 가운데 10%가 급성영양실조로 고통받고 있으며, 36%가 급성영양실조에 걸릴 위험에 있다"고 밝혔다. '미션이스트'의 킴 하르츠너 사무국장은 "이러한 통계는 북한의 심각한 식량난을 잘 보여 준다"며 "일부 어린이들은 당장 식량 지원을 받지 않으면 사망할 정도였다"고 밝혔다. 하르츠너 사무국장은 "지난 여름 6~7월까지 직접 북한을 방문해 영양 예비 조사를 실시했을 당시 5살 이하 북한 어린이의 70% 이상이 급성영양실조에 걸렸었다"고 말했다.

출처 : 노컷뉴스(2013. 1. 16).

과 마찬가지로 여러 가지 합병증을 유발한다. 유아비만에서 발생되는 합병증에는 비염, 폭식증, 천식, 소화기장애, 성기미발육, 생리불순, 소아관절염 등이 있으며 중증비만으로 이어질수록 합병증이 올 가능성이 많고(김현진, 2009), 운동능력이 저하되며 행동이 불편해지고, 자신의 신체에 대한 심리적 열등감을 갖게 될 수 있다. 또한 학업성적 부진의 원인이 될 수도 있다(문혁준 외, 2012). 슈트라우스와 나이트Strauss & Knight는 0~8세를 대상으로 비만의 유전적 요인을 연구하였는데, 부모 모두가 정상일 때 자녀의 비만확률은 7%이며, 한쪽 부모만 비만일 때는 40%, 부모 모두 비만일 때에 자녀의 비만확률은 80%로 보고하며, 어머니 · 아버지의 비만이 소아비만과 높은 상관이 있음을 보고하였다. 또한 서구화된 식생활로 인해 인스턴트식품, 과잉열량섭취에 따른 잘못된 식습관, 아침식사의 결식으로 인해 저녁식사에 과식을 하는 불규칙한 식습관이 소아비만의 원인이 되고 있다(김현지, 2009 재인용). 더불어 고지방과 저가음식섭취, 일부 개인에게 과식을 하도록 자극하는 가족 스트레스 등 건강한 식이요법에 대한 지식 부족이 원인이 되기도 한다(이종숙 외, 2009).

(2) 질병과 사고

유아기 질병은 식욕을 감퇴시키고 음식을 흡수할 수 있는 능력의 저하로 신체발달을 방해하며 신체능력을 제한한다. 최근 산업화의 발전으로 영유아의 면역성이 증가하여 영유아의 질병은 감소하였으나, 성장과 발달의 과정에 있는 영유아는 언제나 전염성 질병에 노출되어 있으며 성인에 비해 면역성이 약하기 때문에 질병에 노출되었을 때 쉽게 질병에 걸린다. 따라서 이러한 질병으로부터의 보호로 예방접종을 들 수 있는데, 예방접종은 유아의 성장발육에 영향을 미치고, 유아기에 발생할 수 있는 전염성 질환의 예방이 가능하므로 유아기의 예방접종은 중요하다. 특히, 유아기에 국가 필수예방접종으로 추가 접종해야 하는 것은 B형 간염, DTP디프테리아, 백일해 및 파상풍, 소아마비, 일본뇌염과 매년 추가 접종하는 독감과 장티푸스가 있다.

유아기는 활발한 신체활동이 이루어짐과 동시에 많은 사고의 위험이 따른다. 유아기는 주변환경에 대한 호기심이 많고 탐구하려는 충동과 함께 활동량이 많은 반면, 주의력이나 판단력 같은 인지능력은 미성숙하기 때문에 사고발생 가능성이 높다. 따라서 사고를 예방할 수 있는 안전교육뿐 아니라 안전한 환경 속에서 생활할 수 있도록 신경을 써야 한다. 즉, 놀잇감 및 놀이기구의 안전한 사용을 할 수 있도록 하고 위험한 요인, 즉 약물, 날카로운 도구, 파손된 물품 등의 보관에 유의해야 하며 유아의 발달특성에 따른 물품 보관 및 가구배치에 신경을 써야 한다. 2010년 통계청의 자료에 따르면 우리나라 1~4세 어린이 사망원인 1위는 운수사고, 2위는 추락, 3위는 익사/타살로 보고하고 있다.

표 3-7 | 2008년 어린이 연령별 3대 사망사고 원인 및 사망률 (단위 : %, 인구 10만 명당)

연 령	1위		2위		3위	
	사망원인	사망률	사망원인	사망률	사망원인	사망률
1~4세	운수사고	3.3	추락	1.5	익사/타살	1.0
5~9세	운수사고	3.1	익사	1.1	타살	0.8
10~14세	운수사고	1.6	자살	1.4	익사	0.8

출처 : 통계청(2010), 2008 사망 및 사망원인 통계결과.

(3) 수면과 휴식

유아기의 규칙적인 수면과 휴식은 건강한 신체발달과 관계가 있다. 영아에 비해 수면시간은 줄어들지만 활동량이 증가하는 유아기에 규칙적인 수면은 건강한 신체발달과 관련이 있다. 성장하면 줄어드는 수면시간은 주로 낮잠시간이 줄어드는 것을 의미하며 밤에 자는 시간은 크게 차이가 없다. 시간이 줄어들기는 하지만 유아기에 규칙적인 낮잠과 신체발달의 관계를 김명순 등(2005)은 영유아가 낮잠을 자는 동안 뇌세포는 쉬게 되고, 기억을 재정비하며, 이 과정에서 기억력이 강화되어 신체적인 피로회복 이외에도 뇌 건강에 지대한 영향을 미친다고 하였다. 또한 활동량이 많은 유아들은 활발한 동적인 활동 후 충분한 휴식을 취하도록 하여야 하는데, 유아의 성장에 수면과 휴식은 활동으로 인한 심신의 피로를 회복시켜 주고 몸과 마음을 이완시켜 줌으로써 새로운 활동을 할 수 있는 재충전이 된다. 하지만 수면과 휴식이 제대로 제공되지 않으면 유아의 신체발달에 영향을 미칠 수 있다. 즉, 수면과 휴식을 취하지 못하면 면역력이 떨어져 쉽게 전염성 질환에 감염될 수 있으며, 주의력과 집중력 등의 부족, 조절능력과 판단력 부족으로 안전사고의 위험에 노출될 가능성이 높다(이슬기, 2008). 또한 만성적인 수면부족은 유아의 성장을 방해하는데, 잠드는 시간이 늦어질수록 수면 중에 분비되는 성장호르몬, 성호르몬의 분비가 줄어들어 성장발육에 방해를 받는다. 수면과 비만과의 관계에서도 충분한 수면을 취하지 않는 어린이들에게는 비만이 우려될 수 있는 것으로 나타났으며 5~10세의 어린이 중 하루에 10시간 미만의 수면을 취하는 어린이는 하루에 12시간 이상 잠을 자는 어린이에 비해 과체중 위험이 3배 이상 높은 것으로 조사됐다(김혜경, 2012). 따라서 유아의 건강한 신체발달을 위해서는 규칙적인 수면과 휴식을 취해야 하며 부모나 교사는 유아가 수면과 휴식을 취하기에 바람직한 환경을 조성해 주어야 하는데, 책을 읽어주거나 조용한 음악을 들려줄 수 있으며 규칙적인 습관이 형성될 수 있도록 하여야 한다.

4. 유아 신체발달을 위한 교사의 역할

유아기 건강한 신체발달이 이루어질 수 있도록 교사는 유아에 대한 세심한 관찰과 발달체크, 적절한 환경 제공, 질병과 사고로부터의 보호 등이 요구되며 이를 구체적으로 살펴보면 다음과 같다.

첫째, 교사는 유아의 신체발달에 대한 지식이 있어야 한다.

유아의 신체구조나 생리적 기능, 체력과 운동발달단계, 대근육 · 소근육운동능력에 대한 지식을 가져야 한다. 유아의 신체발달에 대한 전반적인 이해가 선행되어야 신체발달을 도울 수 있는 활동을 제시할 수 있으며, 제공되는 활동이 유아의 신체발달단계에 적절한 활동인지를 알 수 있다.

둘째, 유아의 건강상태를 세심하게 파악하여야 한다.

유아의 신체발달에 영향을 미치는 유전적 · 환경적 요인을 파악하여야 한다. 즉, 개인의 병력과 건강상태에 대한 정보를 미리 수집해 두어야 하며, 수면이나 영양상태 등으로 유아의 신체발달에 저해를 가하고 있지 않은지 세심하게 관찰하고 파악하여야 한다.

셋째, 정기적인 신체발달상태를 체크하여야 한다.

유아 개인마다 발달의 차이는 나타나지만 연령과 개인에 따른 신체발달내용을 구체적으로 관찰하고 체크함으로써 유아의 발달상태가 누적기록되며 연령에 맞는 혹은 개인의 발달단계에 맞는 발달이 이루어지는지를 알아야 한다.

넷째, 가정 및 지역사회와의 연계를 통해 유아의 신체발달을 도와야 한다.

부모로부터 유아의 신체발달에 관련된 정보를 수집하고, 지역사회와의 연계를 통해 유아의 건강한 신체발달을 도울 수 있다. 즉, 부모 또는 유아가 가지고 있는 질병이나 발달적 특성을 파악하여 유아의 신체발달을 도와야 하고, 유아의 불소도포를 통한 치아관리를 위해 보건소와 연계할 수 있으며, 지역의 치과를 통해 유아의 정기적인 치아관리를 할 수 있다. 뿐만 아니라 정기적인 영유아건강검진을 통해 유아의 발달을 도와야 한다.

다섯째, 질병과 사고로부터 유아를 보호하여야 한다.

교사는 위생적인 환경, 규칙적인 생활습관 등 유아의 신체발달에 영향을 줄 수 있는 요인들을 잘 관리함으로써 병에 걸리지 않도록 하여야 한다. 또한 발달특성상 신체기능이 발달함에 따라 신체움직임이 빨라지고, 활동량의 증가와 실외놀이가 많아짐에 따라 위험에 노출될 확률이 높고, 특히 상황을 전체적으로 고려하지 못하고 자기중심적 사고로 사고의 가능성이 높기 때문에 안전교육을 통해 유아를 사고로부터 보호하여야 한다.

5. 신체발달 체크리스트

1) 연령별 유아의 신체발달과업

(1) 3세 유아의 발달과업

해당 연령	발달영역	내용(발달과업)	예	아니오
3세	소근육 발달	크레파스를 잡을 수 있다.		
		연필을 잡을 수 있다.		
		둥근 선과 직선을 그릴 수 있다.		
		책장을 한 장씩 넘길 수 있다.		
		구슬을 3~4개 정도 끼울 수 있다.		
		숟가락이나 포크를 사용할 수 있다.		
		겉옷을 입고 벗을 수 있다.		
		물컵을 들고 흘리지 않고 마실 수 있다.		
	대근육 발달	공을 발로 찰 수 있다.		
		방향이나 목표를 정하지 않고 아무데나 공을 던질 수 있다.		
		세발자전거를 탈 수 있다.		
		발 뒤꿈치를 들고 걸을 수 있다.		
		두 발을 모아서 제자리에서 높이뛰기를 할 수 있다.		
		두 발을 바꾸어 가면서 계단을 오르내릴 수 있다.		
		옆이나 뒤로 걸을 수 있다.		
		달리기를 할 수 있다.		
		달리는 속도를 나름대로 조절할 수 있다.		
		매트에서 구를 수 있다.		
		교사를 따라 손유희나 율동을 할 수 있다.		
		뜀뛰기를 할 수 있다.		
		손으로 귀를 잡고 뛸 수 있다.		

(2) 4세 유아의 발달과업

해당 연령	발달영역	내용(발달과업)	예	아니오
4세	소근육 발달	단추를 채울 수 있다.		
		지퍼를 잠글 수 있다.		
		똑딱단추를 잠그고 열 수 있다.		
		주전자에 물을 흘리지 않고 따를 수 있다.		
		구슬 꿰기를 할 수 있다.		
		사람의 얼굴형태를 그릴 수 있다.		
		퍼즐 맞추기를 할 수 있다.		
		자기가 원하는 방향으로 공을 던질 수 있다.		
	대근육 발달	세발자전거를 이용해서 친구와 시합할 수 있다.		
		20cm 정도의 높이에서 뛰어내릴 수 있다.		
		높은 곳에 올라가기를 좋아한다.		
		한 발로 깡충 뛰기를 할 수 있다.		
		선 위를 걸을 수 있다.		
		모양을 따라 발로 걸을 수 있다.		
		한 발을 잠시 들고 서 있을 수 있다.		
		한 발로 잠시 깡충 뛰기를 할 수 있다.		
		두 손으로 공을 받을 수 있다.		
		친구의 도움 없이 그네를 탈 수 있다.		

(3) 5세 유아의 발달과업

해당 연령	발달영역	내용(발달과업)	예	아니오
5세	소근육 발달	교사나 윗사람의 도움 없이 양치질을 할 수 있다.		
		신발 끈을 묶을 수 있다.		
		도형을 그릴 수 있다.		
		글자를 쓸 수 있다.		
	대근육 발달	양발을 바꾸어가며 계단을 쉽게 오르내릴 수 있다.		
		줄넘기를 하려고 시도해 본다.		
		두발자전거를 타려고 시도해 본다.		
		깡충 뛰기, 스키핑을 할 수 있다.		
		말처럼 달리기(gallop)를 할 수 있다.		
		달리기를 잘 할 수 있다.		
		점프, 높은 곳에 오르기 등에 매우 숙달되어 있다.		
		목표물을 향해 공을 발로 찰 수 있다.		

출처 : 전남련 외(2009), 아동행동연구 및 관찰평가.

2) 연령별 대·소근육운동

영유아 건강검진 부모 작성형 유아 모니터링 체계로 각 항목을 아이와 같이 해 본 후 답한다.

연령	구분	내용	예	가끔	아니오
3세	대근육운동	1. 아이가 아무것도 잡지 않고 발길질하여 공을 찹니까?	☐	☐	☐
		2. 아이가 두 발을 모아 깡충 뜁니까?	☐	☐	☐
		3. 아이가 계단에 오를 때 한 걸음씩 올라갑니까? (왼발을 한 계단 위에, 오른발을 그 다음 계단 위에 놓는 것을 말합니다. 상점, 놀이터, 집에서 관찰할 수 있으며, 벽이나 난간을 잡더라도 '예'에 표시하십시오)	☐	☐	☐
		4. 아무것도 잡지 않고 1초 정도 한 발로 서 있습니까?	☐	☐	☐
		5. 아이가 서 있는 자세로 팔을 높이 들어 앞으로 공을 던집니까? (공을 떨어뜨리거나 팔을 아래로 해서 던지면 '아니오'에 표시하십시오)	☐	☐	☐
		6. 아이가 두 발을 모아 앞으로 15cm 정도 깡충 뜁니까?	☐	☐	☐
	소근육운동	1. 아이에게 유아용 가위를 주면 종이를 자르려고 합니까? 종이를 자르지는 못해도 한 손으로 종이를 잡고 다른 손으로 가위 날을 벌리고 오므립니까? (가위를 사용하는 시범을 보여 줄 수 있습니다)	☐	☐	☐
		2. 원 하나를 그리는 시범을 보여 줍니다. 아이가 당신이 그리는 모습을 본 후 원을 그립니까? (당신이 그린 선 위에 따라 그리지 않게 합니다)	☐	☐	☐
		3. 크레용(연필, 펜 등)으로 종이 위에 옆으로 선을 하나 그리는 시범을 보여 줍니다. 아이가 당신이 그리는 모습을 본 후 옆으로 선 하나를 그립니까? (당신이 그린 선 위에 따라 그리지 않게 합니다)	☐	☐	☐
		4. 크레용(연필, 펜 등)으로 종이 위에 수직 방향으로 선을 하나 그리는 시범을 보여 줍니다. 아이가 당신이 그리는 모습을 본 후 수직 방향으로 선 하나를 그립니까? (당신이 그린 선 위에 따라 그리지 않게 합니다)	☐	☐	☐
		5. 아이가 어른처럼 엄지손가락과 다른 손가락 사이로 연필, 크레용 또는 펜 등을 잡습니까?	☐	☐	☐
		6. 아이가 신발 끈 구멍이나 다른 구멍에 끈을 끼웁니까?	☐	☐	☐
4세	대근육운동	1. 아이가 도움 없이 미끄럼틀 계단으로 올라가 미끄럼틀을 타고 내려옵니까?	☐	☐	☐
		2. 아이가 계단에 오를 때 한 걸음씩 올라갑니까? (왼발을 한 계단 위에, 오른발을 그 다음 계단 위에 놓는 것을 말합니다. 상점, 놀이터, 집에서 관찰할 수 있으며, 벽이나 난간을 잡더라도 '예'에 표시하십시오)	☐	☐	☐
		3. 아무것도 잡지 않고 1초 정도 한 발로 서 있습니까?	☐	☐	☐
		4. 아이가 서 있는 자세로 팔을 높이 들어 앞으로 공을 던집니까? (공을 떨어뜨리거나 팔을 아래로 해서 던지면 '아니오'에 표시하십시오)	☐	☐	☐

연령	구분	내용	예	가끔	아니오
4세		5. 아이가 두 발을 모아 앞으로 15cm 정도 깡충 뜁니까?	□	□	□
		6. 당신이 아이에게 1.5m 정도 떨어져서 큰 공을 두세 번 던지면 아이가 양 손으로 공을 잡습니까?	□	□	□
	소근육운동	1. 아이에게 유아용 가위를 주면 종이를 자르려고 합니까? 종이를 자르지는 못해도 한 손으로 종이를 잡고 다른 손으로 가위 날을 벌리고 오므립니까? (가위를 사용하는 시범을 보여 줄 수 있습니다)	□	□	□
		2. 원 하나를 그리는 시범을 보여 줍니다. 아이가 당신이 그리는 모습을 본 후 원을 그립니까? (당신이 그린 선 위에 따라 그리지 않게 합니다)	□	□	□
		3. 크레용(연필, 펜 등)으로 종이 위에 옆으로 선을 하나 그리는 시범을 보여 줍니다. 아이가 당신이 그리는 모습을 본 후 옆으로 선 하나를 그립니까? (당신이 그린 선 위에 따라 그리지 않게 합니다)	□	□	□
		4. 아이가 옆의 모양 위에 따라 그리지 않고, 모양을 보고 종이에 연필이나 크레용으로 그립니까? (그림의 크기는 다를 수 있지만 모양은 비슷해야 합니다) +	□	□	□
		5. 아이가 어른처럼 엄지손가락과 다른 손가락 사이로 연필, 크레용 또는 펜 등을 잡습니까?	□	□	□
		6. 아이가 6조각으로 구성된 퍼즐을 정확하게 맞춥니까? (퍼즐이 없으면 잡지나 카탈로그 그림을 6조각으로 잘라서 사용할 수 있습니다)	□	□	□
5세	대근육운동	1. 아이가 발끝(까치발)으로 4~5m 정도를 걸을 수 있습니까? (시범을 보여 줄 수 있습니다)	□	□	□
		2. 아이가 2m 정도 떨어진 거리의 사람에게 팔을 높이 들어 공을 던집니까? (팔을 어깨 위로 올려서 앞으로 던져야 합니다. 공을 떨어뜨리거나 굴리거나 팔 아래로 해서 던지면 '아니오'에 표시하십시오)	□	□	□
		3. 당신이 아이에게 1.5m 정도 떨어져서 큰 공을 두세 번 던지면, 아이가 양 손으로 공을 잡습니까?	□	□	□
		4. 아이가 양발을 교대로 깡충깡충 깨금발로 뛸 수 있습니까? (시범을 보여 줄 수 있습니다)	□	□	□
		5. 아무것도 잡지 않고, 한 발로 적어도 5초 동안 균형을 잃지 않고 서 있습니까? (기록하기 전에 아이에게 두세 번의 기회를 줄 수 있습니다)	□	□	□
		6. 아이가 한 발로 뛰어 1.5m 내외의 거리를 갑니까? (각 발(왼발, 오른발)로 뛰어보도록 두 번씩 기회를 줄 수 있으며, 만약 둘 중 한 발로만 뛸 수 있다면 '가끔'에 표시하십시오)	□	□	□

연령	구분	내용	예	가끔	아니오
5세	소근육 운동	1. 아이가 아래의 모양들을 보고 모양대로 옆의 종이에 그릴 수 있습니까? 크기는 다르게 그릴 수도 있지만, 모양은 비슷해야 합니다(세 가지 모양을 모두 보고 그린다면 '예'에 표시하고, 두 가지 모양을 보고 그린다면 '가끔'에 표시하십시오). ＋ □ △ (아이가 그린 모양대로 아래에 그려주십시오)	□	□	□
		2. 아이가 아래 글자들을 보고 쓸 수 있습니까? (아래 글자를 따라 그리면 안 됩니다. 보고 쓸 글자 외에는 모두 가립니다. 아이가 아래의 글자 중에 4개를 읽을 수 있을 정도로 보고 썼다면 '예'에, 글자 2개나 3개를 읽을 수 있을 정도로 보고 썼다면 '가끔'에 표시하십시오) ㄱ ㅂ ㄷ ㅅ ㅋ (아이가 그린 모양대로 아래에 그려주십시오)	□	□	□
		3. 종이에 선을 가로질러 그리십시오. 아이가 유아용 가위를 사용하여 가윗날을 벌리고 오므리면서 종이를 거의 반듯하게 반으로 오립니까? (아이가 가위를 안전하게 사용하도록 유의하십시오)	□	□	□
		4. 아이에게 빈 종이에 사람을 그리라고 합니다. "친구를 한번 그려보세요"라고 지시합니다. (아이가 머리, 몸, 팔, 다리를 갖춘 사람을 그렸다면 '예'에 표시하십시오. 세 부분만(머리, 몸, 팔이나 다리 중) 갖춘 사람을 그렸다면 '가끔'에, 두 부분 이하만 있는 사람을 그렸다면 '아니오'에 표시하십시오. 이 질문지에 아이가 그린 그림을 붙여주십시오)	□	□	□
		5. 아이에게 연필로 아래의 선을 따라 그리라고 합니다. 아이가 선을 두 번 이상 벗어나지 않게 따라 그립니까? (선을 3번 이상 벗어나게 그렸다면 '가끔'에 표시하십시오) ____________________	□	□	□
		6. 아이의 이름을 적어주세요. 아이가 쓰여진 이름을 보고 쓸 수 있습니까? (글자가 크거나 바뀌었거나 뒤집혔어도 됩니다. 이름의 반 정도를 보고 쓸 수 있다면 '가끔'에 표시하십시오) (어른이 쓰는 란) (아이가 쓰는 란)	□	□	□

출처 : 허계형 외(2006), K-ASQ, SEOUL COMMUNITY REHABILITATION CENTER.

생각해 보기

1. 유아기 신체 크기의 변화에 대해서 설명해 보시오.

2. 좌뇌와 우뇌는 각기 다른 기능을 가지고 있으며 이를 뇌의 편측성이라 하는데, 이러한 편측성의 결과로 나타나는 대표적인 예는 무엇인가?

3. 유아의 신체발달에 영향을 미치는 환경적 요인 중 영양의 불균형으로 올 수 있는 문제는 (　　), (　　) 등을 들 수 있다.

4. 겔라휴의 운동발달단계 중 유아기에 해당하는 단계를 설명해 보시오.

5. 다음의 문제를 ○, ×로 답하시오.
   (1) 유아는 계단을 내려오는 것이 계단을 올라가는 것보다 어렵다. (　)
   (2) 3, 4세가 되면 유아는 두발자전거 페달을 밟으며 유연하게 탈 수 있다. (　)
   (3) 유아기는 대근육운동기술보다 소근육운동기술을 습득하는 것이 더 어렵다. (　)
   (4) 유아기의 쓰기 활동은 잡기의 발달과 눈과 손의 협응력이 강화되어 나타나지만 사회문화적 요소에 영향을 받는다. (　)

CHAPTER·4

유아기 인지발달

1. 인지발달의 개념
2. 유아 인지발달의 특징
3. 유아 인지발달을 위한 교사 및 부모의 역할
4. 인지발달장애
5. 인지발달 체크리스트

학습목표

- 인지의 의미를 알고, 유아의 인지발달 특징을 이해할 수 있다.
- 피아제와 비고츠키이론의 차이점과 공통점에 대해 구분하고 이해할 수 있다.
- 유아의 인지발달을 위한 교사 및 부모역할에 대해 알고 유아에게 적용할 수 있다.
- 유아인지발달 측정도구의 활용법을 익히고 평가도구를 활용할 수 있다.
- 유아기 인지장애를 지적 장애, 다운증후군 차원에서 이해하고 설명할 수 있다.

핵심개념

- 인지
- 인지발달
- 전개념적 사고기
- 상징적 사고
- 자기중심적 사고
- 물활론적 사고
- 목적론적 사고
- 인공론적 사고
- 마술적 사고
- 전환적 추론
- 실재론
- 직관적 사고기
- 보존 개념
- 비가역적 사고
- 가역적 사고
- 중심화현상
- 고등정신기능
- 내면화
- 근접발달영역
- 실제적 발달 수준
- 잠재적 발달 수준
- 비계
- 인지발달장애
- 지적 장애
- 다운증후군
- 베일리 발달검사
- 한국형 DIAL-3
- DAYC
- ASQ

CHAPTER · 4

유아기 인지발달에서는 인지발달의 개념으로 인지의 정의, 인지발달의 정의를 다루었고, 유아 인지발달의 특징으로 피아제이론, 비고츠키이론을 살펴보고 두 이론의 관점을 비교하였다. 또한 유아 인지발달을 위한 교사 및 부모의 역할, 인지발달장애(지적 장애, 다운증후군), 인지발달 체크리스트를 살펴보았다.

1. 인지발달의 개념

1) 인지의 정의

인지認知는 라틴어 'cognoscere'에서 비롯된 말로서 '안다'라는 의미를 가진다. 과거에는 인지를 지적인 과정으로 또는 산물로 제한하는 경향이 있었다. 그래서 인지에 대한 좁은 해석은 지나친 기계적 학습이나 주입식 방법으로 지식을 암기하는 것이 인지교육이라는 잘못된 인식이 있었다(Naglieri, 1996). 그러나 최근 학자들은 인지의 범위에 인간정신의 지적인 과정과 산물 외에 심상, 기억, 주의와 같은 요소들과 모든 유형의 사회적 인지와 사회적 의사소통을 위한 언어사용을 포함한다고 하였다(조복희, 1999 ; Flavell, Miller & Miller, 2002). 그리고 한국유아교육학회(1996)에서는 인지를 지각, 판단, 추리, 결정, 이미지 형성, 기억, 이해 등 외적 세계 및 내적 세계로부터 단서를 근거로 사물 · 사상에 대한 지식을 획득할 때에 작용하는 능동적인 정보수집 및 처리활동이라고 정의하였다. 따라서 인지란 유아가 각각의 대상을 인식하고 집중하고 기억하고 학습하고 생각하고 느끼고 문제를 해결하는 등의 모두를 포함하는 것이라고 정의할 수 있다.

인지과정은 인간으로 하여금 주변환경을 '이해'하여 적응할 수 있도록 도와주고, 주의, 지각, 학습, 사고, 기억과 같은 인간의 정신세계를 특징짓는 관찰될 수 없는 사건과 활동을 포함한다.

2) 인지발달의 정의

피아제Piaget는 우리의 신체구조가 환경에 적응해 나가는 것과 마찬가지로, 사고구조도 외부 환경에 적응해 나가는 것이라고 주장하였다. 인간의 지적 능력이란 주어진 환경에 적응하는 능력이라는 것이다. 인지발달이란 인간의 지적인 능력이 환경과의 상호작용을 통하여 환경에 더 잘 적응하도록 변화되어가는 것을 말한다고 하였다(김신옥 · 민혜영, 2007).

비고츠키Vygotsky는 인지발달이 사회문화적 맥락에서 이루어지며 아동의 인지능력의 대부분이 유아에게 있어 중요한 '발달'의 상당수는 스스로의 탐색에 의해 이루어지는 것이 아니라 언어의 가르침을 전수하는 능숙한 교사와 교사의 가르침을 내면화하여 자신의 수행을 조절하기 위해 사용하는 또래와의 협동적 상호작용의 맥락에서 발생한다고 하였다(송길연 · 장유경 · 이지연 · 정윤경 역, 2005).

2. 유아 인지발달의 특징

다음은 인지발달에 관한 유아기 사고의 특성에 대해 살펴보고자 한다.

1) 피아제이론

피아제Piaget는 지능intelligence을 일종의 적응adaptation으로 보았다. 적응이란 유기체가 환경과의 상호작용으로, 동화와 조절을 통해 환경과의 평형상태가 이루어졌을 때를 말하는데, 개체와 환경과의 상호작용을 통하여 지적 발달이 이루어진다고 보았다.

피아제는 인지발달을 네 단계로 설명하였다. 그중 유아기는 두 번째 단계인 전조작기에 해당한다. 조작이란 과거에 일어났던 사고를 내면화시켜 논리적인 관계를 지을 수 있는 것이다. 전조작기는 감각운동적 인지구조에서 조작적 인지구조로 옮겨가는 과도기로 논리적인 조작이 불가능하다. 전조작기 유아는 논리성은 결여되었지만 모방과 상상, 상징을 통해 사물이나 행동을 표상하며, 사물에 대한 사고능력에 큰 발전을 보인다. 전조작기는 2~7세까지를 말하는데, 다시 4세 전후를 경계로 2~4세를 전개념적 사고기preconceptual period라 부르고, 4~7세까지를 직관적 사고기intuitive period라 부른다.

(1) 전개념적 사고기

개념이란 구체적인 사회적 사실들에서 귀납하여 일반화한 추상적인 사람들의 생각, 언어와 사고의 기본 단위이다. 예를 들면, '개'라는 언어로 지칭되는 대상은 무수히 다양하다. 큰 진돗개, 작은 치와와, 순종견, 잡종견, 누런 개, 흰 개, 복슬거리는 털을 가진 개 등. 그러나 우리가 '개'라는 언어를 주고받으며 의사소통을 할 수 있는 것은 수많은 개들의 개별적이고 구체적인 특징과 차이를 무시하고 모든 개들이 갖는 공통점을 뽑아내 의미화하기 때문이다. 그렇기 때문에 말하는 사람과 듣는 사람이 생각하는 '개'가 (어느 정도는) 같은 것이라고 암묵적으로 가정하고 대화할 수 있는 것이다. 이렇게 일반화되고 추상화된 '생각'을 개념이라 한다(엔하위키 미러, 2013).

피아제는 유아들이 그런 개념적 사고를 하기 전의 단계를 전개념적 사고기로 구분하였다. 즉, 이 단계의 유아들은 전개념적 사고기로 객관적 개념이 갖고 있는 일반적 내용과 개별적 요소 간의 관계가 불명료하며, 언어가 개념으로서의 기능을 못한다. 즉, '개'라는 말은 반드시 '개'를 일반으로 사용되지는 않고 어떤 특정의 개 또는 산양 등 네 발 달린 동물로 개를 닮은 모든 것을 '개'라고 부른다(강봉규 · 신현숙 · 장선철, 2006).

전개념적 사고의 특징은 상징적 사고, 자기중심적 사고, 물활론적 사고, 목적론적 사고, 인공론적 사고, 마술적 사고, 전환적 추론, 실재론 등이다.

① 상징적 사고

피아제는 전조작기의 가장 중요한 인지적 성취는 상징적 사고symbolic thought의 출현이라고 하였다. 감각운동기 말기가 되면 영아의 사고는 영아 자신의 행동이나 감각에서 벗어나 정신적 표상, 지연모방, 상징놀이 등이 가능하게 된다. 상징이란 어떤 다른 것을 나타내는 징표를 말한다. 예를 들면, 국기는 국가를 상징하고, 악수는 우정을 상징하며, 하트는 사랑을 상징한다. 언어는 가장 보편적인 상징이다. 예를 들면, '개'라는 단어는 털이 있고, 네 개의 다리와 꼬리를 가진, 사람에게 친근한 동물을 상징한다(정옥분, 2007).

언어는 어린 유아의 상징적 사고 중 가장 명확한 형태라고 볼 수 있다. 대부분 생후 1년 된 영아는 최초로 유의미한 단어를 웅얼거리며, 18개월이면 2개 이상의 단어를 조합하여 단순한 문장을 만들 수 있다. 이 시기에는 내적 실험과 같은 또 다른 형태의 상징적 사고도 나타난다. 피아제는 언어는 단순히 유아가 이미 알고 있는 것을 반영하는 것이고 새로운 지식을 습득하는 데 기여하지는 않기 때문에 언어사용이 인지발달을 촉진하는 것이 아니라 인지발달이 언어발달을 촉진한다고 주장하였다. 이 점에 있어서 비고츠키는 피아제의 주장에 강하게 반박한다(송길연 외 역, 2005).

▲ 요술봉을 들고 공주 놀이를 하는 유아

피아제에 의하면 전조작적 사고기에서 가장 중요하게 여겨지는 특징은 언어의 발달을 들 수 있다. 이 단계에 속한 유아의 여러 가지 특징 중 언어발달은 개념발달을 도와주는 기능을 한다.

이 단계에서 언어가 지적 발달에서 가지는 중요성을 살펴보면 다음과 같다.

첫째, 다른 사람과 언어적 교환이 가능하다는 것이다.

둘째, 단어의 내면화이다. 이것은 사고의 출현을 의미하여 내면적 언어와 기호체제에 의해 가능해진다.

셋째, 행동의 내면화, 즉 감각동작적인 수준에서가 아니라 전조작기 아동에게 있어서 뚜렷한 사고의 특징은 자기중심성egocentrism, 중심화centuration, 비가역성irreversibility, 비전환성un-transformations 등을 가지고 있기 때문에 어른다운 사고를 기대하기기 어렵다고 한다(이현섭 · 김상윤 · 추정선 · 조선희, 2007).

상징적 사고의 가장 매혹적인 결과 중의 하나는 상징 놀이symbolic play이다. 피아제(1962)는 한 상황 속에서 유아는 어떤 대상과 활동으로 자신을 대처하는데, 이를 상징성symbolism이라고 하고, 이런 사실이 일어나는 놀이를 상징 놀이라고 하였다. 상상 놀이Imaginative play는 가작화 놀이make-believe play를 마치 ~인 것과 같은 가작화 요소as-if elements가 내포된 놀이라고 하면서 상징 놀이는 계속적인 탐색과 변화하는 환경에 대해 적응하는 상호작용에 기초가 되며, 새로운 도식과 각본 구조를 발달시키기 위한 가장 중요한 학습방법이다(Singer, 1973). 상징 놀이와 가작화 놀이make-believe play는 동의어로 간주되며 정신적인 상징물을 사용하는 특성이 있다. 또한 하나의 사물에 대표적인 다른 사물의 상징을 부여하는 놀이라고 정의된다(Hughes, 1999).

피아제(1962)와 휴스(Hughes, 1999)는 상징놀이의 특성을 '탈 중심decentration', '탈 맥락화decontextualization', '통합Integration' 등으로 나누어 살펴보고 있다. 첫 번째 특성인 '탈 중심화'란 그 대상이 분산되는 것을 말한다. 초기의 상징놀이는 12개월경에 나타나는데, 주로 자신을 향한 가상행동으로 나타난다. 영아는 먹는 것, 마시는 것, 자는 것과 같은 일상적인 경험에서 익숙한 것을 표현하지만 영아의 실제적인 욕구와 관련되

▲ 곰인형에게 음식을 먹이는 유아

▲ 카트에 앉아 아기가 된 유아

▲ 꼬리를 달고 강아지처럼 멍멍 짖고 있는 유아

지 않기 때문에 상징에 속한다고 볼 수 있다. 예를 들면, 컵을 들어 입에 대고 마시는 소리를 내는 것이다. 그 후 연령의 증가에 따라 인형을 먹이고, 잠을 재우는 등의 흉내를 내는 것으로 자기로부터 벗어나 타인을 향한 상징 놀이로 발달한다.

두 번째 상징놀이의 특성은 '탈 맥락화'decontextualization이다. 탈 맥락화란 한 사물을 다른 사물로 대치하는 것을 의미하는데, 상징 놀이의 초기에는 실물과 유사한 대체물을 사용하다가 실물과 다른 대체물을 사용하고, 나중에는 사물 없이도 가작화를 할 수 있게 되는 것이다. 예를 들면, 음료수를 젖병처럼 인형에게 먹이는 경우, 블록을 젖병이라고 인형에게 먹이는 경우, 아무것도 없는 상황에서 "우유를 지금 먹는 거야"하면서 "쭉쭉" 먹는 소리를 내며 젖병을 인형이 잡고 있는 것처럼 손모양을 하고 있는 경우 등이다.

세 번째 상징 놀이의 특성은 통합integration이다. 통합이란 유아들이 성장할수록 그들의 놀이가 특정 형태로 조직화되어 감을 뜻한다. 통합이란 유아들이 성장할수록 그들의 놀이가 특정 형태로 연관된 행동을 단순히 짝짓기 하는 것으로 18~19개월의 유아들에게서 처음 관찰된다. 예를 들어, 자기 곰인형을 블록으로 지은 탑 위로 "올라가게 하고" 이어 곰 인형을 탑 위에서 뛰어내리게 한다. 따라서 "뛰어내린다"는 한 가지 주제가 일련의 행동에 통합된 "단일조합single-scheme combinations"인 것이다. 24개월이 되면 각각 다른 주제로 된 두 개 이상의 활동을 하는 "복합조합Multi-scheme combinations"의 조짐이 보이기 시작한다. 예를 들어, 봉제동물들로 탑에서 뛰어내리게 하는 놀이와 터널을 기어가게 하는 놀이를 한다. 두 가지 이상의 상징행위와 관련하여 이야기를 만드는 조직화된 활동으로 상징 놀이가 더 복잡한 형태로 발전되어 간다. 이러한 상징 놀이의 발달은 한 단어에서 두 단어 이상의 복합적인 문장을 사용하는 이 시기 언어발달과 관련이 있다(우성희, 2004).

② 자기중심적 사고

▲ 숨바꼭질할 때 얼굴은 내밀고 몸만 숨기고 있는 유아

자기중심성egocentrism이란 다른 사람의 관점에서 사물을 볼 수 없어 타인의 생각, 감정, 지각, 관점 등이 자신과 동일하다고 생각하는 것이다. 유아는 다른 사람도 자신과 똑같다고 생각하기 때문에 사물이나 현상을 자신의 입장에서 생각해 다른 사람의 관점을 이해하지 못한다. 자기중심성은 이기심이나 독단성이 아니라 자신의 입장에 집중해 있어서 동시에 타인의 관점을 생각할 수 없는 것이다. 즉, 자신의 조망과 타인의 조망을 구별하지 못해 타인의 조망을 추론하지 못하는 것이다. 예를 들면, 전화통화를 할 때 유아는 '응'이라고 소리 내어 대답하기보다는 고개를 끄덕거린다. 이러한 유아기의 자기중심성은 다른 사람의 관점을 수용하는 능력이 제한되어 있음을 의미하며 이기주의와 구별된다(최경숙 · 박정아, 2005).

그러한 현상으로 피아제와 인헬더(Piaget & Inhelder, 1969)의 세 개의 산 과제three mountain tasks 실험은 유아의 자기중심적 사고를 잘 설명해 주고 있다. 높이와 모양이 서로 다른 세 개의 산 모형을 탁자 위에 배치한 다음 유아에게 산 모형 주위를 돌아보게 하여 여러 관점에서 산이 어떻게 보이는지 살펴보도록 하였다. 그 후 유아에게 한쪽 면 의자에 앉도록 한 후 유아가 앉은 곳과는 다른 위치에 인형을 앉힌다. 그리고 각각의 위치에서 산의 모습이 어떻게 보이는지를 그림을 보여 주면서 고르게 하면, 3~4세 유아는 자신이 앉아 있는 곳에서 보이는 산의 모습을 선택한다.

그러나 이 세 개의 산 과제 실험이 3~4세 유아에게 친숙하지 않고 어렵기 때문이라는 비판도 있다. 실제 생활에서 2~3세 어린아이조차도 친구들 앞에 나가 자기가 그린 그림을 보여 주면서 이야기할 때 친구들이 자신의 그림을 볼 수 있도록 그림을 보여 주는 것을 알 수 있다. 이러한 사실로 보아 어린 유아는 자기에게 친숙한 상황에서는 자기중심성을 보이지 않는 반면에 자기가 경험해 보지 않은 추상적인 상황에서는 자기중심성을 보인다고 할 수 있다(박성연, 2006).

| 그림 4-1 | 세 개의 산 과제

출처 : 박성연(2006).

피아제는 전조작기 유아는 자신 이외의 다른 관점에서 삶을 이해하는 데 어려워한다고 보았다. 만 4~7세 전까지 유아는 자기중심적이어서 오직 나와 나 자신만을 생각한다. 예를 들면, 두 아이가 유아교육기관에서 서로 마주앉아 옆에서 놀고 있다. 한 명은 인형을 가지고 놀고 또 다른 유아는 그림에 색칠을 하고 있다. 두 아이는 서로 말을 주고받지만 서로 무슨 말을 하는지 감지하지 못한다.

> 민주 : 내가 좋아하는 인형, 이름은 미미야.
> 성민 : 해를 빨간색으로 칠해야지.
> 민주 : 노란색 머리야, 금발이라고 하는거야.
> 성민 : 꽃도 칠해야지, 빨간색으로
> 민주 : 인형 눈은 무슨 색이라고 하더라(모르겠네).
> 성민 : 주황색 크레파스 어디 있지? 잃어버렸어.
> 민주 : 맞아! 눈은 갈색이라고 하지.

피아제는 위의 예와 같은 의사소통형태를 집단적 독백collective monologue이라고 하

|그림 4-2| **자기중심적 언어의 실험**
출처 : 정옥분(2007).

였다. 이와 같은 독백은 전조작기 유아의 자기중심적인 사고를 증명한다.

이러한 유아의 자기중심적 언어에 대해 크라우스와 글룩스버그(Krauss & Glucksberg, 1969)가 실험을 고안하였다. 이 실험에서 두 명의 유아가 탁자에 마주보고 앉고 탁자 중간에 불투명한 스크린을 설치하여 서로 상대방을 볼 수 없도록 하였다. 크고 작은 여러 가지 장난감과 블록을 두 명의 유아 앞에 똑같이 놓는다. 그중 한 명에게 자기 앞에 있는 물건 한 개를 선택하여 다른 유아가 그것과 똑같은 것을 고를 수 있도록 설명하라고 한다. 4~5세 유아는 앞에 앉은 상대방이 물건을 고를 수 있도록 충분한 설명을 하지 못하였다. 예를 들면, 블록을 집고 "이걸 집어"라고 말하는 것을 볼 수 있었는데, 이것은 자신이 무엇을 집었는지 상대방이 보지 못한다는 것을 이해하지 못하기 때문이다(정옥분, 2007).

③ 물활론적 사고

전조작기 유아들은 물활론적 사고를 한다. 물활론이란 모든 물건에는 생명이 있어서 의식이 있는 존재라는 생각으로, 무생물인 사물이나 사건에 주관적인 경험, 감정 또는 의식을 부여하는 경향을 말한다. 피아제(1929)는 세상에 대한 지식이 부족한 유아는 생명이 없는 사물을 자신과 같이 살아 있는 것으로 보려는 사고를 아동의 물활론child animism이라고 정의하였고, 아동의 물활론적 사고경향은 생명에 대한 개념이 확립되어감에 따라 서서히 감소한다고 보았다.

유아의 로봇에 대한 물활론적 사고에 관한 연구를 보면 만 5세 유아는 로봇을 살아 있다고 하였다. 그 이유로는 사람과 마찬가지로 배가 고파서 로봇은 밥을 먹어야 하기에, 로봇은 사람과 같은 마음을 가지고 있거나 또는 로봇은 아기처럼 보살펴주어야 됨을 이유로 들었다(심숙영, 2010).

▲ 활활 타오르는 아궁이의 불이 살아 있다고 생각하는 유아

▲ 움직이는 파도를 보고 바다가 살아 있다고 생각하는 유아

피아제(1929)는 아동의 물활론적 사고 경향이 사고발달과정에 따라 4단계로 변화한다고 보았다. 1단계는 존재하는 거의 모든 사물에 의지나 생명이 있다고 생각하는 단계로 5, 6세경에 나타난다. 유아는 바람은 자기가 불고 싶어서 분다고 생각한다. 2단계는 움직이는 모든 것이 살아 있다고 생각하는 단계로 6~8세 아동에게서 주로 관찰된다. 이 시기 유아는 긴 의자는 아무것도 느끼지 않지만 의자를 불태우면 의자는 뜨거움을 느끼므로 살아 있다고 생각한다. 또한 양초도 불을 붙였을 때만 살아 있다고 생각한다. 3단계는 스스로 움직이는 것만이 생명이 있는 존재로 생각되는 단계로 8~11세에 도달한다. 태양은 따뜻하게 해주기 때문에, 강과 바다는 스스로 움직이기 때문에 살아 있다고 생각한다. 4단계는 생물학적 생명관에 근거해서 생물과 무생물의 개념을 파악하는 생명 개념이 발달하는 단계로 11~12세 아동 대부분이 해당된다. 이 단계 아동은 오직 생물만이 의식을 가지고 있고 '생명'이란 단지 인간, 동물, 식물과 같은 유기체에서만 적용된다고 믿는다.

최근 연구결과를 보면 피아제의 견해와는 다르게 학령 전 아동이 생물과 무생물 분류능력이 있다고 밝혀 일찍 생명 개념을 습득한다고 주장하며, 아동의 물활론적 반응은 유아기의 보편적인 모습이 아닌 특정사물에 대한 반응이라고 주장하였다(Dolgin & Behrend, 1984 ; Richards & Siegler, 1984). 생물과 무생물 간의 4가지 속성숨을 쉰다. 음식을 섭취한다. 자란다. 죽는다을 7세 정도의 아동은 성인과 별 차이 없이 알게 된다. 따라서 아동은 생물과 무생물 간의 속성을 구분하면서도 어떤 경우에는 무생물을 살아 있는 것으로 생각하려는 경향이 있다. 6세, 8세, 11세, 14세, 대학생에 대한 물활론에 관한 연구(고윤주, 1988)에서 자동차, TV, 시계, 번개, 촛불은 유아기에는 살아 있다는 물활론적 사고를 가지고 있다가 연령이 증가함에 따라 물활론적 사고가 감소함을 알 수 있었다. 해, 달, 구름, 시냇물과 같은 자연현상은 유아기와 성인이 된 대학생들도 물활론적 사고를 함을 알 수 있었다. 따라서 피아제가 연령증가에 따라 물활론이 사라진다고 보았던 것과는 다르게 성인에게도 물활론적 사고경향이 있음을 알 수 있다(Dennis, 1953 ; Brown & Thouless, 1965 ; Russell, 1942). 즉, 생명 개념발달에 따라 물활론적 사고가 감소한다고 볼 수 없다. 생명 개념이 생물학적인 지식으로 구성되는 반면 물활론은 주관적인 생명관의 영향을 받기 때문이다.

④ 목적론적 사고

피아제는 제네바의 '아동의 집'에 다니는 아동의 "왜"라는 질문을 이해하기 위해 6세 아동의 질문을 모두 기록하였는데, 그는 그들이 모든 것은 존재의 이유와 목적이 있다고 생각하는 것을 발견했다. 호수와 파도는 배를 갈 수 있게 사람이 빠지지 않도록 움직이고, 배는 사람이 젓지 않고 타고 가도록 떠가야만 된다고 생각하였다. 소풍 가기를 원하는 사람들이 좋은 날씨를 원하기 때문에 햇볕이 난다고 생각하며, 구름은 우리에게 비를 몰고 오고 싶어서 움직인다고 생각하였다. 번개는 사람이 맞지 않도록 집으로 떨어지는 것을 피한다고 생각하였다. 이러한 목적론적 설명은 8세 이후까지 나타난다(황명희, 1994).

⑤ 인공론적 사고

인공론적 사고도 자기중심적인 사고로부터 온다. 인공론적 사고artificialism란 설명 가능한 사건이나 사물을 인간의 창조적인 활동의 대상이 된다는 생각을 말한다. 6세까지 아동들은 모든 사물이 신과 인간에 의해서 만들어진다고 믿는다. 호수나 개울은 사람이 파서 물을 넣은 것으로 보고 산은 인간이 흙과 돌을 말아 올려서 만들어졌거나 신에 의해서 창조되었다고 믿는다. 피아제는 개체가 그들의 행동을 결정하고 움직임을 지시하는 힘과 에너지를 가지고 있다는 인공론적 사고는 물활론과 대조를 이룬다고 보았다. 7~10세가 되면 공동소속적인 현상의 일부만 인공적인 것으로 설명하게 된다.

▲ 계곡에서 물놀이를 하는 유아들

⑥ 마술적 사고

마술적magic 사고 역시 자기중심적 태도와 결부된다. 자아와 외계 간의 구분이 확연하게 이루어지지 않았기 때문에 양쪽 영역 간에 밀접한 연결이 이루어지고 있다. 정신적 수단을 이용해서 외계의 대상과 현상을 조종하고자 하는 것이다. 세계는 그를 위해 창조되었을 뿐만 아니라 그는 세계를 조절할 수 있다고 믿는다. 이 시기 유아는 해와 달은 그가 걸을 때 그를 따라와야 하고 그가 춤을 추며 원을 돌면 비도 오게 할 수 있다고 생각한다(황명희, 1994).

⑦ 전환적 추론

유아는 전환적 추론transductive reasoning을 한다. 전환적 추론이란 유아의 인과관계 개념에 대한 설명으로 서로 관계가 없는 한두 가지 사건이 시간과 공간의 밀접함으로 서로 인과관계가 있는 것으로 연결지어 생각하는 것이다. 특히, 어떤 두 가지 현상이 시간적으로 근접해서 발생하면 두 현상 간에 아무런 관계가 없는데도 유아는 인과관계가 있는 것으로 생각한다. 즉, 특정한 하나에서 다른 것으로 추론이 가능하다. 예를 들면, 유아가 달을 보면서 "공은 둥글고, 저기에 동그란 것이 있다. 그래서 저것은 공이다."라고 추론하는 것을 말한다. 피아제(1930)는 항상 낮잠을 자던 그의 딸 루시엔이 하루는 낮잠을 자지 않았는데, 이때 "나는 아직 낮잠을 자지 않았으니깐 아직 낮이 아니야."라고 말하는 것을 보고 낮잠을 낮이 되는 원인으로 추론하는 전환적 추론의 예로 들었다.

⑧ 실재론

실재론realism은 정신적인 것과 물리적인 것이 미분화된 상태로 존재하여 정신적인 현상에 물리적인 속성을 부여하는 전조작기 유아의 특성 중 하나이다. 예를 들면, 유아에게 '생각thinking'이 무엇인지 질문하면, "머리 뒤쪽에 있으면서 앞쪽에 있는 입을 향해 이야기하고 있는 입'이라고 대답한다. 이는 정신적 현상을 물질적 실재로 그려내는 유아기 사고의 특성을 보여 준다(김재은 역, 1972).

(2) 직관적 사고기 : 보존 개념

보존 개념conservation이란 어떤 대상의 외양이 바뀌어도 그 속성이 바뀌지 않는다는 것을 이해하는 능력을 의미한다. 보존 개념은 가역성reversiblility, 보상성compensation, 동일성identity의 개념이 획득되었을 때 성립된다고 보았다. 가역성이란

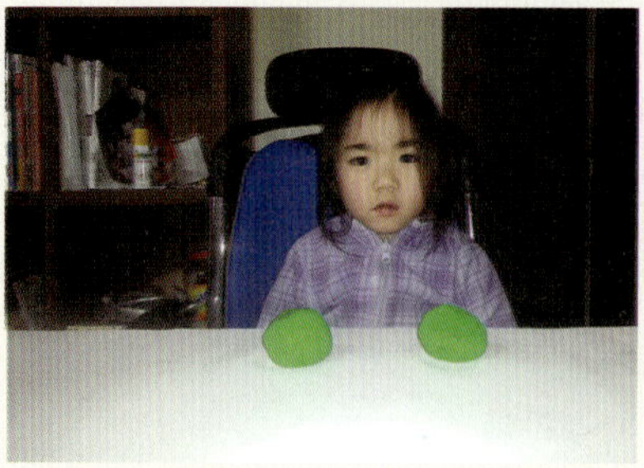

▲ 같은 양의 공모양 점토

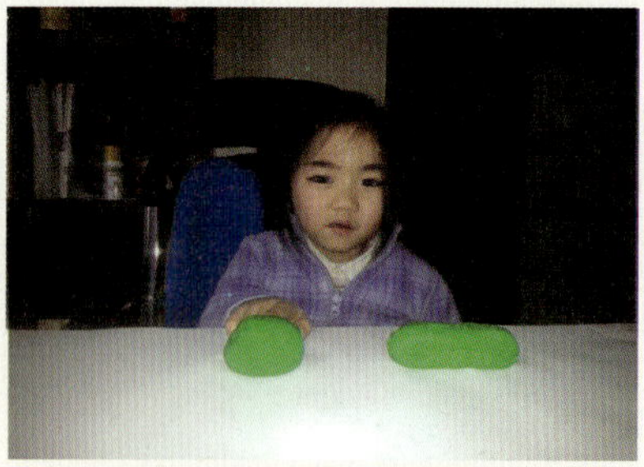

▲ 같은 양의 공모양 점토 중 하나를 소시지 모양으로 만듦

길게 늘어뜨린 진흙을 다시 뭉치면 처음과 같은 진흙공으로 되돌아갈 수 있음을 알게 되는 것이다. 보상성은 길게 늘어뜨린 진흙은 길이가 길지만 가늘고, 진흙공은 길이는 짧지만 굵기 때문에 진흙의 모양은 달라도 진흙의 양은 변함이 없이 동일하다고 이해하는 것이며, 동일성은 더 이상의 진흙이 첨가되거나 제거되지 않으면 진흙공과 모양이 달라도 길게 늘어뜨린 진흙의 양은 동일하다는 것이다.

피아제의 전조작기 유아는 보존 개념이 형성되지 않는다고 하였다. 이 시기의 유아는 보존 개념이 거의 나타나지 않는다. 그 예로 같은 양의 구슬을 다른 두 용기에 옮겨 담을 경우 유아는 아무것도 더하지 않거나 빼지 않았기 때문에 양이 보존되었다는 사실을 개념적으로 인정하지 못하고 외견상 높이가 달라졌다는 지각에 의하여 어느 한쪽의 구슬이 많아졌거나 적어졌다고 주장한다. 수, 길이, 무게, 부피 등의 보존 개념 실험에서도 이와 유사한 결과가 나타난다. 그림 4-3은 여러 가지 보존 개념에 대한 실험의 예이다.

전조작기 유아가 보존 개념을 획득하지 못하는 이유는 중심화현상, 비가역적 사고, 외양과 실재의 구별이 힘든 점, 변환이 이루어지는 과정보다도 변환된 마지막 상태나 결과에만 관심을 두는 것 때문이다.

중심화centration현상이란 유아가 추리하고 있는 대상의 여러 가지 타당한 면들을 동시에 추리하지 못하고 그 상황의 한 측면에만 중심을 두는 경향을 말한다. 공모양의 찰흙덩어리를 소시지 모양으로 길쭉하게 변형시키면 이때 7세 이하의 유아는 대개 '가늘어졌기 때문에 찰흙이 적어졌다'고 대답한다. 따라서 모양은 변해도 양은 변화하지 않는다는 것을 모르기 때문에 사고가 일방적이다. 유아는 찰흙의 폭에 초점을 두면서 각 찰흙의 높이는 생각하지 못한다. 폭과 높이를 동시에 고려하지 못하는 중심화된 사고를 나타내는데, 이는 보존 개념 형성에 장애요인이 된다. 피아제에 의하며 전조작기 아동은 폭과 높이라는 두 가지 차원을 동시에 고려할

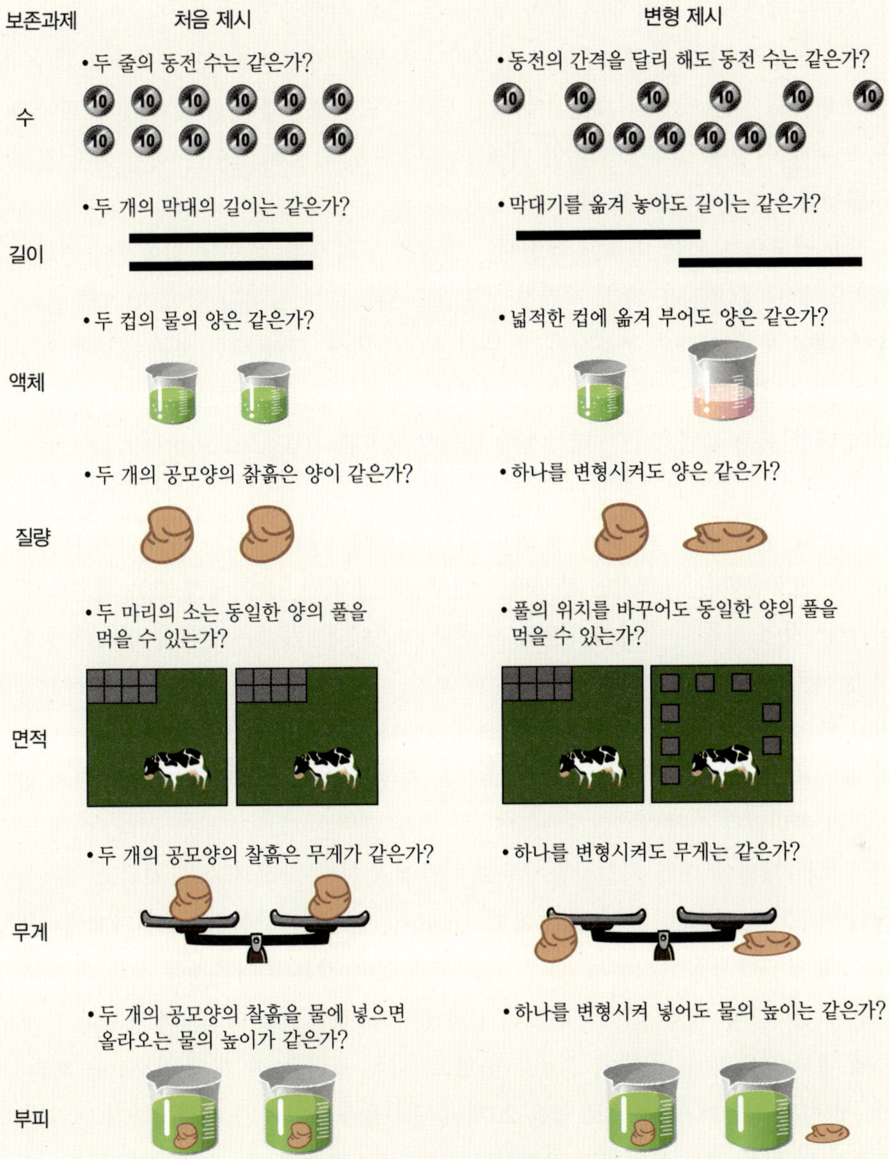

| 그림 4-3 | 보존 개념 실험의 예

출처 : Berk, L. E. ; 정옥분(2007) 재인용.

수 없기 때문에 보존 개념이 불가능하고 강조하였다.

비가역성irreversibility이란 동시에 어떠한 조작이 양방향으로 일어날 수 있다는 가역적 사고를 할 수 없는 것을 말한다. 만약 길쭉한 소시지 모양의 찰흙을 다시 공모양으로 만드면 원래처럼 같은 양이 될 것이라는 가역적 사고를 한다면 찰흙의 겉모습은 달라도 찰흙의 양은 같을 것이라는 것을 이해하게 될 것이다.

외양과 실재 간의 구별능력이란 사람이나 사물을 이해할 때, 모양이나 크기, 외양이 변해도 같은 것이라는 본질에 대한 인식, 즉 정체성에 대한 이해이다. 피아제는 5~6세 이전에 정체성에 대한 이해 또는 겉으로 그렇게 보이는 것과 실체 간의 구별능력이 부족하다고 하였다.

또한 찰흙의 모양이 바뀌는 과정에는 관심을 두지 않는 반면에 최종적인 결과인 외적인 모습에 초점을 맞춰 직관적인 판단을 함으로써 잘못된 답에 이르게 된다. 수에 대한 보존 개념은 전조작기 끝 무렵인 6~7세경, 양에 대한 보존 개념은 7~8세경, 면적에 대한 보존 개념은 8~9세경, 무게에 대한 보존 개념은 9~10세경, 부피에 대한 보존 개념은 11~12세경에 획득한다고 본다(Wadsworth, 1972).

반면에 피아제의 보존과제가 유아들의 발달상의 문제가 아닌 면접상황에서 똑같은 질문을 두 번 했을 때 첫 번째 답과 다르게 답해야 하는 일상생활에서의 대화의 규칙을 반영한다는 사회적인 문제라는 연구결과가 있다. 유아에게 같은 질문을 두 번 묻는 것이 그들의 대답에 영향을 미친다는 것이다. 똑같은 질문을 연속해서 할 때 당신은 어떻게 반응할 것인지 생각해 보자. 한 동료가 반복해서 "안녕하세요?"라고 물어보고 또 연달아 "주말을 잘 보내셨습니까?"라고 물어볼 때, 당신은 첫 번째 대답을 한 후 연속해서 상대방이 똑같은 질문을 하면 상대방의 기대에 맞지 않았음이 틀림없다고 생각하면서 아마도 두 번째 답변은 다르게 하기 쉽다. 이에 유아의 보존 개념에 대한 면접상황에서도 이와 비슷한 사회적 시각을 지니고 있음을 밝힌 연구가 있다(Siegal, Waters & Dinwiddy, 1988). 피아제의 보존과제에서의 두 가지 조건에서다른 모양의 용기에 부어지기 전과 후 물의 양이 같은지 다른지를 묻는 두 가지 실험을 했다. 첫 번째 실험은 4~6세 160명을 두 집단으로 나눠, 한 집단은 수보존에 대한 표준화된 두 개의 질문을 하였고, 다른 집단은 한 개의 질문만을 했다. 즉, 첫 번째 집단에게 한 줄로 놓은 20개의 단추들을 연구자가 재배치하기 전과 후 단추가 더 많은 것은 무엇인지 가리키도록 두 번 질문했고, 두 번째 집단에게는 줄에 변화를 준 후에만 이 질문을 했다. 한 번의 질문을 받는 집단의 유아들은 78%가 맞는 대답을 하였지만, 두 번의 질문을 받은 집단의 유아들은 28%만 맞는 답을 하였다.

두 번째 실험은 유아들이 보존에 대해 한 번의 질문과 두 번의 질문을 받는 인형에 관한 비디오를 관람했다. 관람 후 인형이 어른의 기분을 좋게 하기 위해서 또는 인형이 맞다고 생각했기 때문에 대답을 했는지 유아에게 질문하였다. 인형이 두 번 질문을 받았을 때 비보존 반응을 보인 이유로 69% 유아들이 인형이 어른의 기분을 좋게 대답했다고 응답했다. 그러나 44% 유아는 한 번의 질문에서 비보존 반응은 인형의 진짜 생각을 감추고 사회적으로 바람직한 반응을 보여 주려는 것으로 생각한다고 답했다.

퍼너, 리캠과 윔머(Perner, Leekam & Wimmer, 1986)는 보존과제 실험에서 자료들을 재배치한 후 두 번째 질문을 다른 성인이 하였더니 상당히 많은 유아들이 맞췄다고 하였다.

위의 연구결과를 통해 유아들이 성인에 의해 주어진 인지적 과제를 해결하려고 노력하는 것뿐만 아니라 과제를 하는 상황에서 사회적인 관계도 알려고 노력하고 있음을 알 수 있다. 즉, 유아가 성인의 질문의 성격에 쉽게 영향을 받는다는 것을 알 수 있다(홍용희 역, 2000).

(3) 피아제이론의 비판점

피아제이론은 인지발달을 이해하는 데 핵심적인 역할을 하였지만, 다음과 같은 점에서 비판을 받는다(신명희 외, 2010).

첫째, 피아제의 이론은 감각운동기와 전조작기 유아의 인지능력에 대해서 과소평가하였다. 즉, 전조작기 유아의 실제능력은 피아제가 생각했던 것보다 더 뛰어나다는 것이다. 최근 연구들(Gelman, 2000 ; Siegler, 2006)은 전조작기 유아가 보존과제 실험과 세 산 모형 실험에서 실패하였던 이유는 과제가 친숙하지 않았기 때문이라고 주장한다. 만약 유아에게 세 산 모형 대신 친숙한 장난감 자동차를 가지고 실험을 하면 많은 유아가 다른 위치에서 보이는 모습을 말할 수 있으며, 보존과제 수행에서 과제나 질문을 쉽게 하면 성공적으로 수행할 수 있다는 것이다.

둘째, 오늘날의 연구자들은 피아제가 제안한 것과 같이 모든 유형의 인지과제에 영향을 미치는 광범위한 발달단계가 실제로 존재하는지에 대해 의구심을 가진다. 이들은 과제의 유형에 따라 유아의 인지능력이 다르게 나타날 수 있음을 증명하였다(Halford & Andrews, 2006). 즉, 보존과제에서 질량에 관한 과제는 구체적 조작기 아동이 해결할 수 있으나, 수에 대한 과제는 전조작기 유아도 성공할 수 있고, 부피에 관한 과제는 형식적 조작기에 이르러야 해결할 수 있다. 또한 특정한 상황에서 사람들의 사전 지식과 경험이 피아제가 제안한 것보다 그들이 논리적인 능력에 더 크게 영향을 받는다(Alexander, 2006 ; Cole, Cole & Lightfoot, 2005). 예를 들어, 형식적 조작기의 대학생이라 할지라도 처음 배우는 운전에서 구체적 조작기적 행동을 많이 한다. 즉, 체계적으로 신호등과 차선을 염두에 두고도 운전대와 브레이크를 조절하지 않고 무질서하게 모든 것을 시도하려 한다.

셋째, 피아제는 문화가 발달에 미치는 영향력을 고려하지 않았다는 비판을 받는다(Cole et al., 2005). 문화는 아동의 경험, 가치, 언어, 상호작용을 결정한다. 우리는 발달에서의 문화의 역할을 비고츠키Vygotsky의 인지발달이론에서 살펴볼 것이다.

2) 비고츠키이론

발생학적 인식론자로서 비고츠키는 객관적 현실과 주관적 인식이 합치되는 고등한 형태의 정신과정에 대한 이해는 문화 · 역사적 맥락에서의 발달적 내지 발생학적 접근을 통해서만이 가능하다고 보고 발생학적인 접근방법을 사용하여 아동의 문화적 발달과정을 밝히고자 하였다(양옥승, 1991).

(1) 고등정신기능

비고츠키는 인간을 동물과의 연장선상에 있는 존재로 취급한 과학적 심리학과는 달리 인간의 의식과 동물의 정신 사이에 극복할 수 없는 명백한 차이가 있다고 여겼으며, 인간의 의식의 발달과정에 대한 연구를 통해 그 차이를 밝히고자 한 개념이 고등정신기능higher mental function이다.

고등정신기능은 초등정신기능과 대비되는 인간 고유의 정신기능을 가리키며, 인간의 의식 속에서 나타나는 다양한 심리작용을 말한다. 인간 고유의 특징인 고등정신기능의 발달은 문화적 발달로 인간과 동물에게서도 공통적으로 발견되는 초등정신기능elementary mental funchtion, 즉 자연적 발달과는 질적으로 다르다. 고등정신기능의 예로는 지각, 주의집중, 논리적 기억, 개념형성, 사고 등이 사실적으로 분리되어 있는 별개의 정신기능들을 지칭하는 것이 아니라 의식 속에서 다양하게 나타나는 심리작용들을 개념상으로 구분해 놓은 것이다. 인간의 심리과정이 독립된 상태의 기억이나 지각의 영역 안에서 작동하는 것이 아니라 모든 기능들의 운명을 결정하는 의식이라는 근본적인 단일체제 속에서 복합적으로 이루어진다. 복잡한 심리적 총체를 개별요소로 분석하여 설명하는 것은 불을 끄는 특성을 지닌 물을 그것의 구성요소인 수소와 산소가 지닌 특성타는 특성과 불을 유지시키는 특성으로 설명하려는 것과 같다. 고등정신기능은 인지적 · 정서적 · 의지적 측면의 분리가 아닌 모두 포함한 총체로서 인간의 의식에서 발생하는 인간고유의 심리작용을 총칭한다(Wertsch, 1985 ; 박현진, 2009).

발달은 보다 낮은 자연적으로 발현되는 지각, 기억, 주의, 학습의 과정으로부터 같은 이름으로 불리는 신호들 언어 또는 어떤 다른 문화적 도구를 통해 조정되면서 고등정신기능으로 전이된다. 고등정신기능은 사회적 생활에 의해 만들어지는 새로운 유형의 형성으로서, 특히 동작, 상징 그리고 특별히 사회적으로 의미있는 맥락의 행동을 조정하는 언어로 이루어진다(홍용희 역, 2000).

비고츠키는 고등정신기능은 인간의 정신작용인 매개를 통한 구성의 활동이지 외부세계를 표상하는 작용을 하지 않는다고 주장하였다. 유아의 그림 그리기를 그 예로 설명하고 있다. 유아에게 그들 앞에 있는 어떤 대상물을 그리라고 요구하면 그들은 보고 있는 것을 그리는 것이 아니라 '아는 것'을 그린다. 종종 유아들의 그림은 대상물의 실제 지각을 무시할 뿐만 아니라 정반대가 될 때도 있다. 한 아동이 옷을 입은 한 사람을 그리려 한다면, 다리와 위, 주머니 안에 있는 지갑과 그 지갑 속에 있는 돈까지 그린다. 옆모습을 그릴 때도 옆모습에 다른 눈을 첨가하거나 말 탄 사람일 경우에는 안 보이는 다리까지 그린다. 유아들은 사실주의자이기보다 상징주의자이다. 유아들은 자신들이 정신작용이 구성한 것을 보고, 체험하고, 그려내고 있는 것이다.

(2) 내면화

인간역사를 거듭하면서 창조, 변형된 문화, 즉 사회적 지식은 처음에는 개인 밖의 사회에 외재하고 있다가 사회적 상호작용을 통해 개인의 의식세계에 내재하게 된다. 비고츠키에 의하면 발달이란 외적사회적 활동으로부터 시작해 내적개인적 · 정신적 활동으로 변화되는데, 이 과정을 내면화internalization라 한다.

내면화가 첫 번째 수준은 사회적으로 이루어지다가 두 번째 수준은 개인적으로 이루어진다. 비고츠키는 인지발달이 개인 내적인 상호작용에 기초를 두는 피아제와는 달리, 객체와의 사회적 상호작용의 범주인 '사람들 사이'에서 이루어지다가 주체 사고의 범주인 '개인 내면'으로 이루어진다고 보았다. 내면화과정이 가장 초보적인 형태로 나타나는 좋은 예는 영아의 '가리키기'행동의 변화과정에서 찾아볼 수 있다. 원래 가리키기 행동은 물체를 잡기 위한 동작에 지나지 않다가 부모에 의해 무언가를 가리키는 것으로 인식될 때 그 기능이 변화된다. 잡기 동작이 타인을 위한 가리키기 행위로 변화됐다는 말은 단순한 동작이 타인에 의해 객관적으로 어떤 형태의 제스처로 받아들일 수 있을 만큼 그 의미와 기능이 변화됐음을 뜻한다(양옥승, 1993).

비고츠키는 정신적 기능들을 내면화된 사회적 과정들로 간주하였다. 이는 단순히 사회적 상호작용의 특징인 모방과 강화의 결과로서 외부적인 근원을 그대로 따르거나 직접적인 영향을 받는다는 행동주의와 사회학습 견해와는 다르다. 비고츠키는 유아들이 의미 있는 문화적 활동 속에 다른 사람들과 협동하면서 내면적인 정신과정들을 만들어 발달하는 능동적인 존재로 보았다. 내면화의 핵심은 의사소통을 하고 있는 상대자에 의해 제공되는 새로운 정보가 유아에게 도전을 주는 것이다. 즉, 듣는 사람은 말하는 사람에 의해 '일련의 가정들을 구성'하며 듣는 사람은 자신을 위해 논의 중에 있는 주제에 대한 말하는 사람의 입장을 생각하게 된다(Stone, 1994). 내면화는 외적 현실을 기존 내적 상태에 그대로 복사하는 과정이 아니라 내적 의식의 상태와 자기조절이 일어나는 과정이다(Wertsch, 1985).

비고츠키는 사회적으로 생성된 의식이 개인의식으로 내면화되는 과정은 점진적이라고 보았다. 발생학적으로 2~3세가 되면 자기조절기능이 나타나는 동시에 주어진 상황을 벗어난 탈 맥락화된 극놀이를 하며 자기중심적 언어말를 사용할 수 있게 된다. 자기조절과 자기중심적 말은 내면화과정에서 발생하는 유아기 아동의 발달적 변화의 증거이다.

비고츠키는 언어도 사회적 · 역사적 · 문화적 산물, 즉 물질이므로 언어는 아동의 사회화에 결정적인 역할을 한다고 보았다. 즉, 언어발달은 사회적 경험이 내면화되는 것이며 사회적 언어는 개인의 언어를 형성해 준다. 유아는 언어를 내면화할

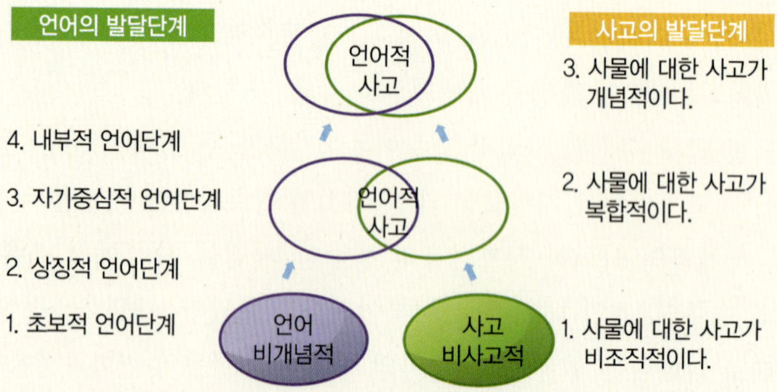

| 그림 4-4 | 사고와 언어발달에 대한 비고츠키의 견해

출처 : Thomas(2000).

때 언어에 내포된 사회적 의미를 내면화하게 된다. 사회적 상호작용도 언어를 매개로 이루어지므로 언어는 학습의 중요한 수단이자 발달의 근원이 된다.

비고츠키(1962)는 일반적으로 전언어적 단계, 외적 말, 자기중심적 말, 내적 말 등 네 개의 발달단계를 거쳐 내면화된다고 하였다.

첫 번째 단계인 전인지적 언어와 전언어적 인지에 해당되는 원시단계 또는 자연단계로 말과 사고의 조작이 원초적인 형태로 나타나는 단계이다. 영아기가 여기에 해당된다.

두 번째 단계는 의사소통을 위해 외적 말이 나타나는 시기이다. 외적 말은 사회적이다. 외적 말은 사고가 단어로 변환된 것으로서 사고의 구체화이고 객관화이다. 이 단계에서는 실제적 지능이 나타난다. 그리고 분명한 언어발달이 나타나기 시작한다. 이때부터 문법이 의미하는 바를 이해하려는 논리적 조작을 거치지 않고도 문법의 구조와 형식을 사용할 수 있게 된다. 이제 사고의 언어적 도구인 말과 유아의 사회문화적 경험이 사고발달, 즉 지식의 형성과정에 결정적인 영향을 끼칠 수 있게 된다.

세 번째 단계는 자기중심적 말이 출현하는 단계로서 두 번째 단계인 경험누적과 함께 나타난다. 3~6세 유아가 이 단계에 속한다. 이 단계에서는 외적 신호를 내적 문제해결의 보조수단으로 사용하게 된다. 자기중심적 말은 유아가 사회적이고 행동적인 행동형태를 개인의 내적 심리기능의 영역으로 변환시킬 때 나타난다. 상황이 행동을 생각하도록 요구하면 자기중심적 말을 하는 유아는 소리 내어 생각한다. 만 5세인 민우가 유아교육기관에서 귀가하여 집에 돌아와 놀이를 할 때 엄마가 "오늘 무엇을 할 것인지 생각해보자"고 민우에게 물어보면 민우는 "나는 오늘 그림을 그릴거고, 레고 놀이를 할 거예요"라고 생각을 말로 전한다. 이렇게 놀이를 말로 계획하던 활동이 반복되던 어느 날 민우가 엄마에게 "엄마 나는 생각을 말로 해요."라고 말하는 것을 예로 들 수 있다.

네 번째 단계는 말이 사고로 내면화된 내적 말의 단계이다. 내적 말은 기능적으로나 구조적으로 자기중심적 말이 점진적으로 누적됨으로써 발달된다. 숙달된 언어구조는 곧 개인 사고의 기본이 된다. 이 단계의 유아는 머릿속으로 수를 세면서 논리적으로 기억할 수 있다. 성인의 내적 말은 사회적 적응보다는 '자신을 위한 사고'로 나타난다. 따라서 내적 말은 맥락이 없으면 이해되기 힘들다(양옥승, 1991).

반면에 비고츠키가 주장한 인지발달에서의 언어의 역할이 일부 문화권에서는 덜 유용하다는 연구가 있다(Rogoff, 1998). 호주의 오지에서 먹이를 추적하거나 동남아시아에서 쌀을 재배하여 키우고 거두는 법을 학습하는 유아들은 언어적 지시나 격려보다는 관찰과 연습을 통해 더 많은 것을 학습한다고 하였다. 또한 모둠 내에서의 협동적 문제해결방식이 그 모둠원들에게 항상 유익하지 않으며, 보다 유능한 또래가 자신이 알고 있는 바에 대해 확신하지 못하거나 자신의 가르침을 또래 유아들의 이해 수준으로 맞추지 못하는 경우에는 실제로 과제수행능력이 손상될 수 있다고 한다(Levin & Druyan, 1993 ; Tudge, 1992).

(3) 근접발달영역

▲ 유아의 미니당구대 활동을 안내하고 격려하는 아빠

비고츠키(1978)는 근접발달영역zone of proximal development을 "독립적으로 문제를 해결하는 실제적 발달 수준actual developmental level과 성인의 안내나 보다 유능한 또래의 협력하에서 문제를 해결할 때 보여 주는 잠재적 발달 수준level of potential development 간의 간격이라고 정의하였다. 이는 피아제가 주장한 개념이란 자발적 개념으로 유아의 인지능력 특징에 따라 형성된다는 것과는 달리, 개념발달은 유기체의 정신능력에 의해 구성된 '일상적 개념피아제의 자발적 개념'과 학교교육을 통해 사회적으로 형성된 '과학적 개념피아제의 비자발적 개념' 간의 변증적인 상호작용에 의해 이루어진다고 보았다. 실제적 발달 수준은 IQ가 아닌 이미 완성된 특정발달 주기에 의한 결과로서 나타난 아동의 지적 발달 수준을 말한다.

예를 들어, 표준화된 검사에서 정신연령이 똑같이 8세(실제적 발달 수준)로 나타난 두 어린이에게 이 연령으로는 풀 수 없는 어려운 문제들을 성인이나 또래의 도움을 받아 각기 해결하도록 했을 때, 한 아이는 12세 수준(잠재적 발달 수준)의 문제까지 해결할 수 있었던 반면에 다른 아이는 9세 수준(잠재적 발달 수준)의 어린이들이 풀 수 있는 문제를 해결하는 것으로 그쳤다고 하자. 이 경우 첫 번째 어린이의 근접발달영역은 4이고, 두 번째 어린이의 근접발달영역은 1이다. 이에 학습은 발달을 주도한다고 본다.

유아의 근접발달영역을 진단하는 것은 상호작용을 통한 교육과정의 효과증대, 즉 사고발달을 위한 전제조건이 된다. 다시 말해서, 학교교육을 통한 지식형성은 두 가지, 즉 실제적 발달 수준과 근접발달영역을 분명히 밝힐 때만이 정확히 촉진될 수 있다.

근접발달영역과 관련하여 제기될 수 있는 의문은 과연 의식과 같은 고등인지기

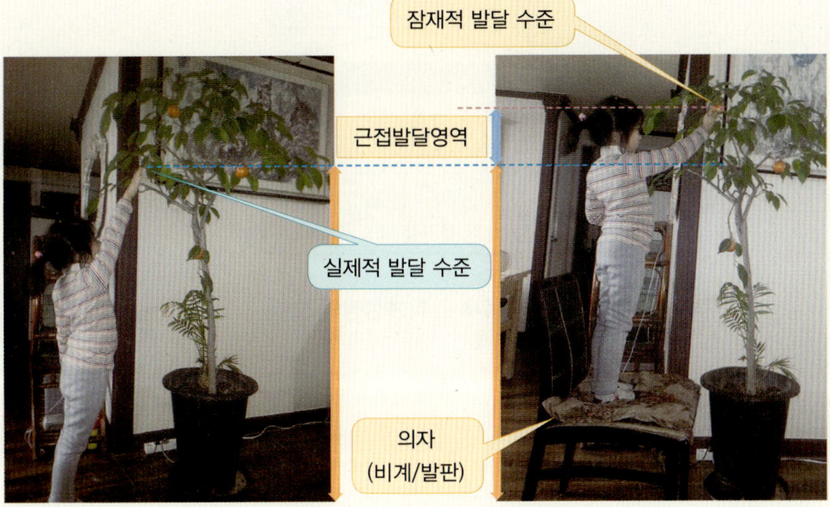

|그림 4-5| 근접발달영역

능을 할 수 없는 유아조차도 교육이 발달에 선행한다는 근접발달영역의 개념을 적용할 수 있을까이다.

이에 대해 비고츠키는 고등인지를 할 수 없는 유아라도 성인이나 유능한 또래와의 상호작용을 통해 대리적인 형태의 고등인지를 수행할 수 있다고 보았다. 개인 내면의 의식이나 통제에 의해 자기행위를 조절할 수 있게 되기까지는 부모, 교사뿐만 아니라 자신보다 뛰어난 또래와의 협동학습을 통해 대리적 형태의 의식자기조절적 사고을 습득하는 상호작용적 절차가 반드시 필요하다고 주장한다. 더 나아가 대리적인 형태의 자기조절적 사고학습의 과정에서 학습자의 능동적 참여가 전제되어야 한다. 상호작용과정에서의 학습자의 능동적인 참여란 근접발달영역에서의 새로운 의미구성에 필수적이다(양옥승, 1991).

(4) 비계설정

비고츠키는 근접발달영역 내에서 효과적인 교수-학습을 묘사하기 위해서 비계飛階, scaffolding라는 개념을 사용하였다. 비계의 사전적 의미를 살펴보면 건축현장에서 1층과 2층을 연결하는 발판을 뜻한다. 비고츠키는 유아를 능동적으로 그 자신을 구성해 가는 하나의 건물로 본다. 사회적 환경은 유아로 하여금 계속

▲ 빌딩을 건축할 때 비계의 모습

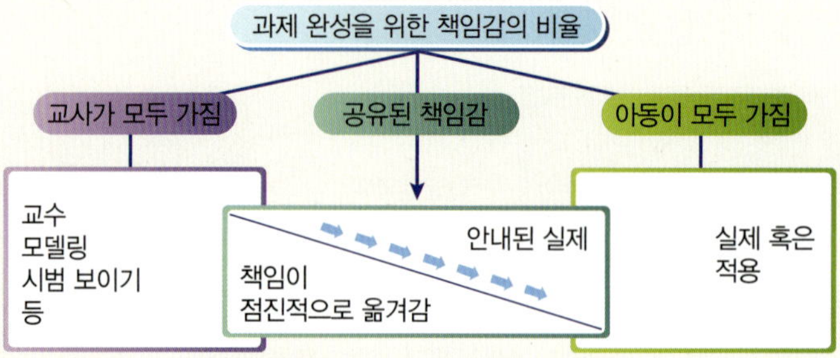

|그림 4-6| 비계설정의 모델
출처 : Cazden(1988).

새로운 능력들을 구축하게 하는 데 필수적인 비계 혹은 지원체계이다. 비계설정이란 어떤 작업을 수행하는 학습자들을 도와주는 단순한 역할이 아니라 학습자 스스로 할 수 없는 작업을 수행해 내도록 도와주거나 학습자 스스로 어떤 작업을 완성시킬 수 있도록 이끌어 주는 것이다. 그런 의미에서 단순한 도움과는 차이가 있다(송선희, 2003).

비계설정scaffolding이라는 용어는 비고츠키에 의해서 처음 사용된 개념이 아니라 개별지도의 가장 중요한 구성요소들을 판별하기 위해 노력하는 학자들에 의해 소개되었다(Wood & Middieton, 1975 ; Wood, Bruner & Ross, 1976 ; Wood, 1989). 그 후 이 용어는 교육학과 심리학에서 인기 있는 유용한 개념이 되었다.

만 4세가 된 다윗이 처음으로 퍼즐을 맞춰보려고 이리저리 노력해보았지만 결국 엄마가 옆에 와서 도와줄 때까지 아무것도 맞추지 못하였다. 엄마는 가장자리를 먼저 맞추는 것이 좋겠다고 알려주고, 그중 가장자리에 있는 한 조각 노란색 부분을 가리키며 "노란색이 들어간 조각을 찾아보자"고 제안한다. 다윗이 조각을 잘 찾으면 엄마는 옆에서 격려해준다. 다윗이 점차 퍼즐을 이해하게 되면 엄마는 옆으로 물러서서 다윗이 혼자서 퍼즐을 맞추게 둔다. 다윗은 엄마의 도움이 없을 때보다 있을 때에 퍼즐을 더 잘 맞출 수 있다 사진 참조. 이는 유아가 엄마와 협동하면서 사용한 문제해결기법을 내재화하고 결국 이를 스스로 사용할 수 있는 능력이 생겨 독자적인 수행이 가능한 새로운 단계로 도달하는 데 비계발판의 역할을 해준다(송길연 외 역, 2005).

▲ 유아에게 퍼즐 맞추기를 지지해 주고 안내해 주는 엄마

인지성장을 촉진시키는 사회적 협력이 갖는 하나의 특

징은 비계설정scaffolding으로, 보다 능숙한 성인이나 또래가 풋내기 학습자가 보다 잘 문제해결을 할 수 있도록 어떤 도움을 주는 것이 적절한지 조심스럽게 결정하는 것을 의미한다(Wood, Bruner & Ross, 1978). 비계설정, 즉 발판화는 공식적인 교육환경에서 뿐만 아니라 보다 능숙한 능력을 가진 사람이 아동의 한계 수준에 맞추어 가르침을 조정하는 모든 상황에서 이루어진다. 위의 예에서 엄마는 근접발달영역에서 유아를 가르쳤을 뿐만 아니라 비계설정도 하였다.

(5) 비고츠키이론의 비판점

비고츠키의 이론은 다음의 이유로 비판을 받는다(Wertsch & Tulviste, 1994 ; 신명희 외, 2010).

첫째, 비고츠키의 이론은 유럽 중심적이라는 비판을 받는다. 비고츠키는 다른 문화에 비해 우월한 문화가 존재한다고 생각하였고, 유럽의 문화적 도구와 정신기능이 다른 민족의 문화보다 우월하다고 생각하였다.

둘째, 비고츠키는 생물학적인 인지발달에 대해 거의 언급하지 않았으며 명확하게 설명하지 않았다. 그는 문화적 영향력이 생물학적인 인지발달에 미치는 과정에만 초점을 맞추었을 뿐 생물학적인 인지발달이 문화의 영향을 받은 인지발달에 어떠한 영향을 미치는지에 대해서는 거의 언급하지 않았다.

셋째, 비고츠키는 아동의 발달이 환경의 산물이므로 개체의 능동적인 발달이 일어나기 어렵다고 주장하였다. 비고츠키는 환경의 발달이 원천이므로 발달의 일차적인 힘이 개인 밖에서 온다고 설명하는데, 이런 관점에서 보면 개인의 발달을 위해 능동적으로 할 수 있는 것은 거의 없어 보인다. 따라서 그의 이론은 인간의 창의성과 개혁성을 충분히 설명하지 못한다는 점에서 비판을 받는다.

3) 피아제와 비고츠키이론의 관점 비교

피아제와 비고츠키는 같은 해(1896)에 태어나 인간의 인지발달에 있어 공통적인 관점도 지니지만 다음과 같은 여러 가지 관점에서 견해의 차이를 보이고 있다.

피아제와 비고츠키이론의 차이점과 공통점을 살펴보면 다음과 같다(이화도, 2009).

(1) 자아중심어에 대한 관점의 차이

피아제는 유아의 자아중심어egocentric language를 전조작기 사고의 특성인 인지적 미성숙으로 보아 인지발달에 있어서 특별한 의미를 두지 않았지만 비고츠키는 혼잣말private speech이라 불리는 유아의 자아중심어가 문제해결과정에서 자신의 행동과 생각을 통제하는 자기조절self-regulation의 기능을 수행하여 문제해결에 도움을 주는 것으로 인지발달에 중요한 역할을 수행함을 강조하였다.

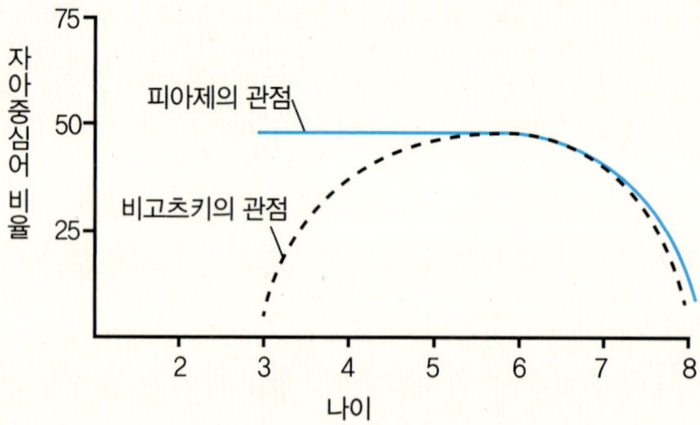

| 그림 4-7 | 피아제와 비고츠키의 자아중심어에 대한 관점
출처 : Crain, W.(2000) ; 이화도(2009) 재인용.

또한 피아제는 점차 인지가 발달함에 따라 탈중심화되어 전조작기 특징인 자아중심적 사고를 반영한 유아의 자아중심어는 사라지고 결국 사회적 언어social language로 변화되어간다고 본 반면 비고츠키는 자아중심어가 사회적 의사소통을 위한 사회적 언어social language가 점차 내면화되어 내적 언어inner speech로 발달하는 과정에서 생겨난 과도기적 언어로 보아 사라지는 것이 아니라 내적 언어로 변화해 가는 것으로 보았다. 이는 사고나 인지발달에 있어서 언어의 역할을 어떻게 보느냐에 따른 두 이론의 관점의 차이로 볼 수 있다.

▲ 그림을 보면서 어떤 내용인지 설명하는 유아

피아제는 언어란 현실을 표상representation하기 위해 사용하는 여러 가지 상징적 기능의 하나일 뿐이며 인지발달에는 중요한 의미를 지니지 않는다고 보았다. 그래서 언어를 통한 학습보다는 인지구조의 변화를 통해 학습이 일어나므로 언어에만 치중한 교육을 경고하였다.

반면에 비고츠키는 언어를 인지발달의 초기단계인 개인 간 단계inter-personal level, 즉 사회적 상호작용과정에서 사회적 소통의 기능으로서의 언어기능을 수행하며, 개인 내 단계intra-personal level로 내면화하는 과정에서도 자신의 인지과정을 통제하고 조절하는 혼잣말로 존재하다가 나중에는 내적 언어inner langauge로 대치되어 사고에 있어 중요한 역할을 수행하는 것으로 보았다. 따라서 인지발달에 있어 언어의 역할을 강조하면서 언어교육, 특히 문해력을 강조하였다.

(2) 상징 놀이에 대한 관점의 차이

상징 놀이란 유아의 표상능력이 시작된 만 2세경에 시작되는 놀이이다. 피아제는 상징 놀이란 외부현상이나 실재reality를 자신의 인지구조에 맞추어 해석하는 성향을 들어 조절보다는 동화가 우세한 불균형된 상태로서의 놀이로 특정지었다. 자신을 현실에 맞추어 조절하기보다는 현실을 자신에게 동화시키는 전조작기 사고의 특성을 드러내는 미성숙한 인지발달단계를 보여 주는 자료로 보아 상징 놀이가 기존의 인지구조의 변화를 의미하는 인지발달과는 관련이 없는 것으로 생각하였다. 다만 상징 놀이는 이미 자신이 습득한 기존의 지식을 연습하는 과정으로 보아 상징 놀이가 새로운 지식구성과는 관련이 없는 것으로 보았다.

반면에 비고츠키는 상징 놀이가 유아의 인지발달뿐만 아니라 사회성 · 정서발달에 이르기까지 중요한 역할을 수행함을 강조하였다. 비고츠키에 있어 상징 놀이란 유아의 사고의 융통성을 높이고 추상적 사고능력발달을 이끌어 인지발달에 도움을 준다고 보았다. 또한 상징 놀이에서 만든 규칙은 유아들로 하여금 그 사회의 규범과 문화를 보다 잘 이해할 수 있게 하여 사회성발달에 도움을 주며, 충동적 행동을 자제할 수 있는 능력을 함양할 수 있어 정서발달에도 도움을 준다고 보았다.

(3) 사회적 상호작용에 대한 관점의 차이

피아제와 비고츠키는 개인의 인지발달을 자극하는 사회적 상호작용social interaction의 역할에 대해 관심을 가졌으나 피아제는 또래 간의 상호작용을 강조한 반면 비고츠키는 성인과의 상호작용을 강조하였다.

피아제는 또래 간의 상호작용이 우선 인지발달의 근원인 인지적 갈등cognitive conflict을 유발할 수 있어 인지발달에 도움이 되며 또래 간의 논쟁과 의견불일치를 경험함으로써 자신과 다른 생각과 관점이 존재함을 깨닫게 됨으로써 탈 자아중심화dis-egocentrism를 통해 논리적 사고를 이끌 뿐 아니라 사회성발달에도 도움을 준다고 보았다. 그러나 피아제에게 있어 성인과의 상호작용은 이미 존재하는 성인과 유아 간의 수직적 힘의 관계로 인해 유아가 아무 비판 없이 성인의 의견을 수용하는 경향을 보임으로써 진정한 의미에서의 인지적 갈등이 존재하지 않음을 지적하였다. 인지발달에 있어 중요한 요소인 자율성을 길러주는 데 좋은 영향을 끼치지 못한다고 보았다. 이와 함께 피아제는 유아가 다른 사람의 견해를 받아들이게 됨으로써 자아중심성에서 벗어날 수 있는 계기가 될 수 있는 또래 간의 상호작용의 기회를 많이 제공하는 것이 바람직하다고 강조하였다.

반면 비고츠키는 자신의 인지 수준보다 높은 성인과의 상호작용이 인지발달을 이끌 수 있음을 강조하였다. 이는 이미 사회 속에서 공인된 다양한 고등인지기능high mental function을 가진 성인과의 사회적 상호작용은 인지발달의 근원이라고 하였다. 특히, 성인과의 언어적 상호작용 속에서 유아는 보다 높은 수준의 문제해결방법을 자신의 것으로 내면화internalization하게 됨으로써 점차 인지가 발달된다고 보았다. 또래 간의 상호작용보다는 자신의 사고를 이끌 수 있는 유능한 또래나 성인과의 상호작용이 강조되며 이때 이루어지는 언어적 중재는 유아의 사고를 형성하게 하는 도구로서 중요한 의미를 가진다. 또래와의 상호작용과 또래 간의 인지적 갈등을 중시한 피아제와는 달리 또래 간의 협력cooperation을 강조함으로써 협동학습을 중요시하였다. 결국 비고츠키는 유능한 또래나 성인과의 상호작용과 또래 간의 협동학습이 인지발달을 이끎을 보여 주고 있다.

(4) 교육의 역할에 관한 관점의 차이

피아제는 발달과 학습은 별개의 것으로 학습이나 교육 없이도 자연적 발달이 일어난다고 보아 교육의 역할을 과소평가한다는 지적을 받고 있다. 반면에 비고츠키는 혼자서 수행하는 현재적 발달 수준과 성인이나 유능한 또래의 도움으로 이를 수 있는 잠재적 발달 수준과의 차이를 의미하는 근접발달영역ZPD의 개념을 통해 학습learning이 발달을 이끌 수 있음을 시사하고 있다. 이에 교육과 교사의 역할이 강조되고 있다.

이 두 이론의 공통점은 지식구성에 관한 구성주의적 관점을 들 수 있다. 즉, 지식구성에서의 인간의 능동적 역할을 강조한 점이다. 그들에게 있어 지식이란 인식주체로서의 인간이 적극적이고 주체적으로 환경을 탐색하는 과정을 통해 스스로 구성한다는 관점에서 공통점을 지니며 이러한 인식론적 관점을 구성주의

constructivism 혹은 구성주의인식론constructive epistemology이라고 한다. 그러나 피아제 이론은 지식구성을 인간 내부에서 일어나는 과정으로 보아 인지적 구성주의cognitive constructivism 혹은 개인적 구성주의individual constructivism라 불리는 반면, 비코츠키이론은 지식구성을 인간 내부에서 일어나는 과정이 아닌 개인이 속한 사회 속에 근원을 두어 사회적 구성주의social constructivism라 불린다.

3. 유아 인지발달을 위한 교사 및 부모의 역할

1) 피아제의 이론을 교실에 적용하기

피아제이론은 교사들이 교수를 설계하고 실행할 때 유아들의 발달적 요구를 염두에 두어야 한다고 제안한다. 피아제의 발달이론을 교실에 적용하는 방법을 살펴보면 다음과 같다(신종호 외 역, 2009).

① 추상적인 개념이나 원리를 설명해 주는 구체적인 경험을 제공한다

구체적이고 개별화된 예를 제시하라(특히, 추상적인 개념을 소개할 때). 유아들의 구체적인 표상을 추상적인 개념과 연결시킬 수 있도록 도와준다.

예를 들면, 교사가 동물에 대한 주제에 유아들을 동물원에 데리고 간다. 동물원에서 동물에 대해 관찰하고 탐색하는 경험을 유아에게 제공한다. 동물원을 갔다 온 후 '동물원 견학'경험을 그림으로 표상해본다.

▲ 숲에 가서 태풍에 쓰러진 나무를 만져보며 탐색하는 유아들

② 유아들이 자신의 이해를 말로 표현하는 것을 돕기 위해 사회적 상호작용을 이용한다

유아들의 현재 발달 수준을 평가하기 전에 상호작용을 이용하고 유아들의 더 발전된 수준의 사고과정에 노출시킨다.

▲ 물속에서 소리의 전달을 서로 상호작용하며 알아보는 유아들

예를 들면, 교사가 애완동물을 설명한 후 집에서 애완동물을 키우는 유아들이 자신이 키우는 애완동물을 설명하도록 시킨다. 나머지 유아들에게는 설명하는 유아들에게 질문을 하게끔 격려한다.

③ 현재보다 높은 발달단계로 나아가기 위한 발달적 교량의 기능을 갖도록 학습경험을 설계한다

학생들에게 추론능력 신장과 관련하여 발달적으로 적절한 연습을 제공한다.

▲ 물에 섞이는 것과 섞이지 않는 물질을 반복해서 실험해 보는 유아들

예를 들면, 교사가 두 명씩 짝을 이룬 유아들에게 다양한 모양의 도형을 나누어 준다. 교사는 유아들에게 도형을 분류하게 하고, 그들이 각자 분류한 것을 번갈아 서로 설명하도록 한다. 교사는 아이들의 설명에 따라 자석 판에 도형들을 똑같이 분류한다. 교사는 다른 학생들에게 도형의 분류가 맞는지, 또 다르게 분류할 수도 있는지 질문한다. 유아들이 다른 제안을 하면 그 설명에 따라 교사는 같은 과정을 반복한다.

2) 비고츠키의 이론을 교실에 적용하기

비고츠키에 따르면 학습이 발달에 필요하고 발달은 학습에 의해 촉진되며, 학습과 발달은 모두 언어를 매개로 한 사회적 맥락에서 일어남을 보여 준다(Bredo, 1997). 이를 근거로 비고츠키 발달이론을 교실에 적용해보면 다음과 같다(신종호 외 역, 2009).

① 문화적으로 적절한 맥락 속에서 학습활동이 이루어지도록 한다

교수를 위한 주제를 구성할 때 의미 있는 활동과 실제 과제를 사용한다.

예를 들면, 월드컵시즌에 축구 및 월드컵에 대한 주제로 활동을 준비하고 진행하여 유아들의 흥미와 관심을 갖게 하여 적극적인 참여를 유도한다.

② 학생들이 근접발달영역을 통해 발전할 수 있도록 비계를 설정한다

다양한 비계설정을 제공해 주면, 유아들이 해결할 수 있는 문제의 범위는 넓어진다. 하지만 이것이 지나친 도움을 제공해야 한다는 것을 뜻하지는 않는다.

예를 들면, 교사가 쓰기를 처음 가르칠 때 유아에게 점선으로 글씨의 윤곽선을 주고 글자 크기에 맞추어 가운데 선이 그어진 종이를 준다. 유아들이 좀 더 잘 쓰게 되면 이러한 도움을 주지 않는다.

③ 유아들이 서로 사회적 상호작용을 할 수 있도록 협동학습을 적극적으로 활용한다

▲ 모둠별 협동활동으로 신문지를 가지고 커다란 공을 만들고 있는 유아들

교실활동을 학생들의 상호작용을 촉진시킬 수 있도록 조직한다. 또래와의 상호작용은 근접발달영역 내에서 이루어지며, 서로에게 좀 더 발전된 모델을 제공해 준다. 모둠을 구성할 때 능력 수준이 서로 다른 유아들로 구성해야 한다. 더 유능한 또래가 가르쳐 줌으로써 근접발달영역 안에서의 성장을 촉진할 수 있다.

예를 들면, 조형활동을 할 때 모둠별로 유아들이 무엇을 어떻게 어떤 자료로 만들지 토론하고 재료를 준비하여 작품을 공동으로 만든다. 작품을 완성한 후에는 전체 유아들에게 무엇으로 어떻게 무엇을 만들었는지 설명하고 질문을 받는다.

3) 유아의 인지발달을 위한 부모의 역할

유아의 인지발달을 위해 부모가 할 수 있는 일을 알아보자. 유아들의 경우에는 피아제가 말한 전조작기에 해당되는 시기이므로 유아들의 사고의 특성을 충분히 발달시킬 수 있는 부모의 역할을 살펴보면 다음과 같다(황희숙 · 이희영 · 이경호 · 이정화 · 신경숙 · 윤경미 · 김승희 · 윤소정 · 황순영, 2008).

① 부모는 유아의 타고난 능력을 잘 파악해야 하고, 유아의 질문에 발달 수준을 고려하여 성실하게 답해 준다

특히, 개방적이며 허용적인 분위기 그리고 부모는 유아의 생각과 표현을 수용하고 격려해 주며, 유아가 무엇인가에 집중하고 있을 때에는 다양하고 더 깊은 생각을 할 수 있도록 방해하지 않도록 하여 유아의 창의성 발달에 많은 도움을 줄 수 있어야 한다. 또한 유아 스스로 문제해결을 할 수 있도록 기회를 제공해야 하며, 그 답이 엉뚱하더라도 의욕과 기를 꺾지 말고, 실수에 대해서 질책하지 않는다.

② 이 시기 유아들은 놀이를 통해 많은 것들을 배운다

유아가 충분히 놀이할 수 있는 놀이환경을 제공해 주는 것이 중요하다. 유아들에게는 내적인 호기심과 탐색의 열의에 대한 인정과 지지가 필요하며, 놀이를 위한 장소와 탐험을 위한 충분한 시간도 필요하다. 크고 넓은 들판이나 숲에 있어도, 많은 방이 있는 집에 살고 있어도, 놀이를 하도록 격려받지 못하면 놀이를 위한 공간은 없는 것이나 마찬가지이다. 따라서 부모는 유아로 하여금 놀이에 몰입할 수 있는 환경을 마련해 주어야 하며, 유아의 놀이에 적극적으로 동참해 주어야 한다.

인지적 놀이지도에 있어서 유아의 발달 수준을 고려하고, 유아의 질문에 성실하게 답해 주며 놀이를 할 수 있도록 적절한 환경을 제공해 주어야 한다. 또한 다양한 생활환경의 경험, 즉 백화점이나 시장, 박물관, 미술관, 동물원, 식물원 같은 곳에 부모와 같이 가보는 것도 유아의 인지발달에 큰 영향을 미친다.

③ 놀이 소재를 다양하게 제공한다

▲ 나뭇잎을 주워와 다양한 생김새를 비교해 보는 유아들

유아기의 상상의 발달에 도움을 줄 수 있는 원천은 부모가 읽어 주는 책이 될 수 있다. 자신이 직접 글자를 읽는 것보다는 부모가 읽어 주는 것이 유아의 상상력 발달에 더 도움이 된다. 따라서 부모는 유아들에게 책을 많이 읽어 주어야 하며, 또한 자유로운 놀이를 자극하는 놀잇감, 예를 들면 진흙, 블록, 소꿉놀이 등 구조화되어 있지 않은 놀잇감을 제공해 주면 좋다. 구조화되어 있지 않은 놀잇감은 그것을 다루는 유아의 능력에 따라 다양하고 창의적인 모습으로 변화가능하다. 유아들은 음식을 요리하거나, 집을 짓거나, 탑을 쌓거나, 빵을 빚기도 한다. 따라서 부모는 충분히 놀이를 할 수 있도록 조력해 주어야 한다.

다음은 가정이나 유아교육기관에서 유아들의 지적 발달을 촉진시키기 위한 교육적 지도 조건을 기술한 것이다(강문희 · 김매희 · 유정은, 2007).

첫째, 유아교육에 있어서 중요한 것은 자연이나 사회 속의 사물이나 현상을 관찰 · 비교시키며 그것을 언어와 결합시키는 일이다. 이른바 직관교수법은 유아교육의 기초인 것이다.

둘째, 유아기 때부터 생각하는 힘, 생각하는 자세를 알맞게 기르는 일이다. 또한 호기심, 이상한 부분에 의문을 갖게 하며, 질문하거나 자기 스스로 문제를 풀어가는 힘을 기른다.

셋째, 손가락의 활동을 연습시킨다. 그림 그리기, 점토하기, 종이 오려내기, 색종이 접기 등을 연습시키며, 기본적인 형태나 색채의 지식을 기르는 것이 중요하다.

넷째, 집 밖의 활동을 장려한다. 체력은 물론 의지력, 특히 주의집중력, 인내력, 지구력 등을 기르는 일은 지적 발달에 중요하다.

다섯째, 주의집중력은 기억을 확실히 하는 데 효과가 있다. 이 밖에 반복연습은 기억력의 발달에 중요하다.

여섯째, 되도록 칭찬을 해주거나 안아줌으로써 정서적 안정감을 부여하고 행동상의 실수를 질책으로 다스리지 않는 교사의 부드러운 태도가 요구된다.

4. 인지발달장애

1) 지적 장애

(1) 지적 장애의 정의

지적 장애란 지적 기능과 개념적, 사회적, 실질적 적응기술로 표현되는 적응행동 두 영역에서 상당한 제한이 나타나는 장애로 특징지워진다. 이 장애는 18세 이전에 시작된다(미국지적장애협회, 2002).

다음의 5가지 가정들은 그 정의를 적용하는 데 필수적인 것으로 간주된다.

- 개인이 현재 나타내고 있는 기능상의 제한점은 반드시 그 개인이 또래문화에 전형적인 지역사회 환경 맥락 안에서 고려되어야 한다.

- 타당한 평가를 위해서는 개인의 의사소통능력, 감각능력, 운동능력, 행동요인들에서의 차이뿐만 아니라 문화적 · 언어적 다양성도 고려되어야 한다.
- 개인이 보이고 있는 특정 능력에서의 제한점이 전부가 아니라 다른 강점도 함께 가지고 있을 수 있다.
- 개인의 제한점을 묘사하는 주된 목적은 그 개인에게 필요한 지원이 무엇인지를 파악하기 위함이다.
- 적절한 개별적 지원을 지속적으로 제공하면 지적 장애인의 삶의 가능성은 전반적으로 향상될 것이다.

이는 단순히 장애 정도에 따라 지적 장애를 분류하기보다는 필요한 자원의 정도에 따라서 지적 장애를 기능적으로 분류하는 접근을 제시하고 있다(이성진 · 임진영 · 여태철 · 김동일 · 신종호 · 김동민 · 김민성 · 이윤주, 2010).

(2) 지적 장애 유아의 특성

지적 장애 유아의 일반적인 특징들을 살펴보면 다음과 같다(유수옥 · 문연심 · 김호연 · 송미선 · 김혜경 · 심성경 · 박주희, 2008).

첫째, 인지능력 면에서 대부분 주의력과 기억력의 결함이 보인다. 엉뚱한 곳을 보고 있거나 주의집중시간이 짧고 장기 및 단기기억력도 일반유아보다 부족하다. 일반적으로 지적 장애 유아들은 학습속도가 느리고 구체적이고 의미 있는 교수자료를 사용할 때 더 효과적으로 학습할 수 있다. 관찰이나 모방을 통해 배우는 능력도 부족하므로 일반유아들이 교사가 가르치지 않아도 스스로 아는 내용에 대해서도 교사의 직접적이고 세부적인 교수가 필요하다.

둘째, 언어발달 면에서도 지체되거나 비정상적인 패턴을 보인다. 발음이 부정확하거나 일반유아에 비해 언어발달이 늦다. 낮은 언어이해력과 표현력은 일상생활에서 의사소통에 어려움을 초래하고, 지시에 대해 반응이 늦거나 지시의 내용을 납득하지 못하기 때문에 간혹 고집 부리는 것처럼 보이기 쉽다.

셋째, 사회적인 측면에서 보면 지적 장애 유아들은 다른 사람과 어떻게 상호작용해야 하는지를 잘 몰라서 친구를 사귀지 못하는 경우가 많다. 또한 어렸을 때부터 자신이 친구와 다르다는 것을 인식하거나 거듭되는 실패로 인해 자아 개념이 낮아지므로 사회성발달에 부정적인 영향을 미치기도 한다.

지적 장애로 인해 유아가 보일 수 있는 특징들을 구체적으로 살펴보면 다음과 같다(송준만 · 유효순, 2000 ; Dunlap, 1997).

- 지나치게 예민하거나 아주 조용하다(예 오랜 시간 동안 조용하다).
- 잘 먹지 못한다.
- 비정상적으로 높은 소리를 내며 운다.
- 생후 4개월이 되어도 부모를 거의 인식하지 못한다.
- 눈으로 사물의 움직임을 따르지 못한다.
- 근육의 긴장도가 너무 높아 뻣뻣해지고 잘 움직이지 못하거나 긴장도가 너무 낮아 의도한 동작을 쉽게 할 수 없는 비정상적인 운동장애를 보인다.
- 발달과제 습득이 느리다.
  - 2개월이 되어도 웃지 않는다.
  - 6개월이 되어도 옹알이를 하지 않는다.
  - 7개월이 되어도 혼자 힘으로 앉지 못한다.
  - 18개월이 되어도 한 단어를 말하지 못한다.
  - 28개월이 되어도 걷지 못한다.
  - 발음상의 잘못이 많고 언어발달 속도가 느리다.
  - 놀이나 관심사가 또래보다 어리다.
  - 복잡한 규칙이나 전략이 필요한 게임을 잘 못한다.
  - 주의집중력이 약하고 좌절에 대한 인내심이 적다.
  - 상상력과 창의력이 적다.
  - 추상적 개념형성에 어려움을 보이며 일반화하는 능력이 적다.
  - 기억문제를 보인다. 장기기억은 정상유아와 차이가 없으나 단기기억에 어려움을 보인다. 단기기억이란 짧은 기간 동안 기억하는 것을 말하며, 장기기억이란 짧은 기간의 단기기억에 비해서 비교적 오랫동안 기억하는 것을 의미한다.

(3) 지적 장애 유아 지도방법

지적 장애 유아를 교육할 때에는 교육내용을 최대한 단순하고 구체화시켜서 제시하는 것이 중요하다. 지적 장애 유아는 과제에 집중을 시작하고 유지하는 데 어려움이 많으므로, 긴 분량의 과제를 짧게 세분화하여 하나씩 차근차근 성취하는 느낌을 경험할 수 있도록 한다. 또한 학습한 내용을 효과적으로 기억할 수 있도록 하기 위하여 반복적으로 연습할 수 있도록 기회를 제공해야 한다.

같은 지적 장애라 하더라도 그 수준과 기능은 천차만별이므로, 개인의 능력과 상황에 적합한 교육목표를 세우고, 또한 개인에게 적절한 방법으로 개별화 교육을 실시한다. 무의미한 글을 읽고 쓰게 하거나 단순 반복적인 계산을 하게 하기보다는 길거리의 간판 읽기, 상품 이름 및 가격 읽기, 상점에서 물건 사고 거스름돈 받기, 지하철 노선표 읽기 등과 같이 일상생활에 적용할 수 있는 기술과 학습을 결합시키는 것이 좋다(이성진 외, 2010).

시각, 청각, 촉각 등과 같은 여러 감각을 사용한 다감각적인 방법으로 자료를 제시하고, 구체적이고 실제적인 경험을 통하여 학습할 수 있도록 지도해주며, 학습과제는 간단하고 쉽게 제시하여 성취감을 느낄 수 있도록 해주는 것이 좋다(유수옥 외, 2008).

2) 다운증후군

(1) 다운증후군의 정의

다운증후군이란 염색체 질환으로 정상인은 46개의 염색체를 가지고 있으나, 다운증후군이 있는 사람은 47개의 염색체를 가지고 있다. 1886년 영국의 의사 다운Down에 의해 발견되어 다운증후군이라고 부르며 몽고인과 신체조건이 같다고 하여 몽고증이라고 부른다(이영신, 2001). 다운증후군 증상을 가진 유아는 신체적 · 행동적 · 인지적 특징에 결함이 있으며 정서적으로 다정하고 유쾌한 성질을 가지고 있어서 다른 종류의 결함을 가지고 있는 아이보다는 적응하기 쉽다.

(2) 다운증후군 유아의 특징

다운증후군 유아의 특징을 살펴보면 다음과 같다.

첫째, 다운증후군의 일반적인 신체적 특징은 목, 어깨, 가슴, 허리, 무릎, 발목에 만성적인 긴장을 가지고 있다는 것이다. 이 만성적인 긴장은 다운증후군 유아의 지체와 왜곡된 자세 때문이다. 일반적으로 다운증후군 유아가 보이는 자세와 특성은 턱을 내밀고 목과 어깨가 한쪽으로 기울어져 있으며, 등이 굽어지고 배와 엉덩이가 앞뒤로 불쑥 나왔으며 무릎이 굴곡되고 발이 기형적이다(임인선,

2004). 일반적으로 대근육운동발달의 지연을 보이지만 대개 두 살 무렵에는 걷기 시작한다.

둘째, 인지적인 측면에서 다운증후군 유아의 평균적인 인지능력은 중등도 정도이나, 범위는 중도에서 경도까지 다양하다.

셋째, 사회적인 측면에서 다운증후군 유아는 대개 반응적이며, 사물에 대한 관계보다는 사람과의 사회적 상호작용을 선호한다. 그러나 다운증후군 유아들이 성격이 좋고, 사람을 좋아한다는 관념은 어느 정도는 일반인들이 만든 고정관념이라고 생각하는 것이 좋다. 사실은 이렇게 알고 있는 전형적인 기질에 많은 예외가 있다(유수옥 외, 2008).

(3) 다운증후군 유아 지도방법

교사는 교실에서 이루어지는 활동의 속도를 늦추어야 할 필요가 있다. 다운증후군 유아가 습득하는 데 어려움을 보이거나 동기가 유발되지 않을 경우에는 속도를 늦추거나 좀 더 쉬운 과제를 제공할 수 있어야 한다. 여기에서 속도조절은 말의 속도와 행동의 속도를 의미한다. 한 교사는 다음과 같이 말했다. "유아에게 촉구하거나 지원을 제공하기 전에 마음속으로 5까지 세곤 한다. 이것이 나의 지도 속도를 늦추는 데 도움을 주었을 뿐만 아니라, 유아에게 대답할 수 있는 충분한 시간을 줄 수 있도록 한 방법이다."

과제를 제시할 때 과제를 작은 단계로 나누어 제공하는 것은 중요하다. 유아가 한 번에 하나씩 배우도록 도와준다.

가장 효율적이면서 단순한 지도방법 중의 하나가 반복이다. 좀 더 많은 시간 동안 단순히 주제어를 반복하거나 활동을 반복하는 것을 통해 유아가 학습에 참여할 수 있는 기회를 효과적으로 증진시킬 수 있다.

5. 인지발달 체크리스트

1) 베일리발달검사

'베일리Bayley발달검사'는 생후 1~42개월까지 영유아의 발달기능을 개별적으로 측정하는 검사이다. 유아가 또래 유아와 비교하여 발달이 어느 정도 수준에 있는지, 즉 우리아이의 발달이 정상범주에 있는지발달지수 85~115 사이, 발달이 빠른지발달지수 115 이상, 발달이 다소 늦은지발달지수 84~70 사이, 발달이 유의미하게 늦은지발달지수 69 이하를 수치를 통하여 알려준다. 또한 인지, 언어, 사회성, 운동발달영역에서 아이의 발달을 측정하기 때문에 아이의 발달이 유난히 빠른 영역과 개발이 필요한 영역을 알 수 있다. 이 검사는 3가지 척도, 정신척도mental scale, 운동척도motor scale, 행동평정척도BRS : Behavior Rating Scale로 구성되어 있다. 16~42개월까지 살펴보면 표 4-1, 표 4-2 와 같다.

표 4-1 | 월령단계별 시작 문항과 변경내용

월 령	월령집단	문항번호	문항번호 변경
16개월 16일~19개월 15일	K	40	48. 관련짓기 놀이 시리즈 : 자신 49. 분홍색퍼즐판 시리즈 : 1조각
19개월 16일~22개월 15일	L	45	
22개월 16일~25개월 15일	M	45	
25개월 16일~28개월 15일	N	56	54. 블록시리즈 : 블록 9개 61. 모양 맞추기(공)
28개월 16일~32개월 30일	O	60	57. 연필 이용해 물건 얻기 68. 세 가지 색 맞추기
33개월~38개월 30일	P	63	62. 페그보드 완성하기
39개월~42개월 15일	Q	67	64. 같은 그림 찾기

표 4-2 | BSID-Ⅲ 인지척도 문항

40. 숨겨진 물건 찾기	67. 2단계 행동 모방
41. 링 늘어뜨리기	68. 짝짓기 : 3가지 색
42. 막대 제거하기	69. 상상 놀이
43. 투명상자에서 물건 꺼내기	70. '하나' 개념 이해하기
44. 빽빽이 장난감 소리 내기	71. 복합 도식 조합 놀이
45. 숨겨진 물건 찾기(자리 바꾸기)	72. 묶기 : 색깔 개념
46. 병뚜껑 열기	73. 묶기 : 크기 개념
47. 페그보드(시리즈 : 2구멍)	74. 무게 비교하기
48. 관계놀이(시리즈 : 자신)	75. 짝짓기 : 크기
49. 분홍색 모양판(시리즈 : 1조각)	76. 그림 변별하기
50. 숨겨진 물건 찾기(보이게 물건 이동하기)	77. 단순한 패턴 이해하기
51. 파란색 모양판(시리즈 : 1조각)	79. 수세기(일대일 대응)
52. 투명 상자(측면)	80. 크기 변별하기
53. 관계놀이(시리즈 : 타인)	81. 미완성 그림 3개 알아맞히기
56. 분홍색 모양판(시리즈 : 완성하기)	82. 모양 맞추기(개)
57. 연필을 이용해 물건 얻기(시리즈 : 블록 한 개)	83. 형태 변별하기
58. 파란색 모양판(시리즈 : 4조각)	84. 공간 기억
59. 이야기 경청하기	85. 수세기(기수)
60. 분홍색 모양판 : 회전	86. 수의 항상성
61. 모양 맞추기(공)	87. 끈 꿰기
62. 페그보드 완성하기	88. 물건 분류하기
63. 모양 맞추기(아이스크림)	89. '더 많은' 개념 이해하기
64. 같은 그림 찾기	90. 숫자 따라하기
65. 표상놀이	91. 패턴 완성하기
66. 파란색 모양판(시리즈 : 75초 완성)	

2) DAYC

DAYC(Developmental Assessment of Young Children)는 생후부터 5년 11개월 사이의 유아를 대상으로 총 363문항으로 구성되며 5가지 발달영역능력을 평가하기 위해 사용되는 종합 테스트이다. DAYC는 의사소통, 인지력, 사회-정서발달, 신체발달, 적응행동의 5개 하위영역으로 구성되어 있다. 인지발달평가는 출생부터 78개 항목으로 이루어져 있으며 집중력이나 기억력, 철저한 계획성, 의사결정, 분별력 등을 말한다. 검사의 해석은 출발점에서 테스트를 시작해서, 최고한도(ceiling)항목에 도달한 후 테스트를 끝낸다. 최고한도 항목은 5개 항목 중 3개 항목이 실패할 때(즉, 0점을 얻을 때)의 항목을 의미한다. 일단 최고 한도 항목이 정해지면 다시 뒤로 돌아가서 기초(base)항목을 정한다. 기초항목은 유아가 연속 3회 이상 올바르게 통과한 항목이다. 기초 이하의 모든 항목은 올바른 것으로 점수 계산된다. DAYC의 점수

계산 절차는 각 항목을 '통과' 또는 '통과하지 못함'으로 되어 있고, '통과한 항목'은 1점을 얻고, '통과하지 못한 항목'은 0점을 주어 각 영역별로 발달을 평가한다.

만 2세 유아부터 58개의 항목을 살펴보면 표 4-3 과 같다.

표 4-3 | DAYC 인지발달평가

	문 항	점수 1 또는 0
	시작연령 : 24개월	
1	일상용품들의 사용법을 안다(예 컵으로 마시는 흉내를 낸다).	
2	조그만 물건은 조그만 용기(그릇)에 담는다(예 건포도를 조그만 병에 담는다).	
3	바퀴가 달린 장난감을 굴린다.	
4	새로운 장난감을 주면 가지고 놀던 장난감과 함께 3~4개의 장난감을 모두 가지고 논다.	
5	어른과 함께 그림책을 보면서(어른이 요구하면), 간단한 물건의 이름을 말하거나 가리킬 수 있다.	
6	자발적으로 물건의 이름을 말한다.	
7	물건과 그 모양의 그림을 연결하여 말한다.	
8	놀이를 할 때 관련된 행동을 순서대로 한다(예 인형에게 우유를 주고 등을 두드려 준 후, 침대에 눕힌다).	
9	가짜 물건을 진짜 물건인 것처럼 간주하고 놀이를 한다.	
10	'한 개'(예 블록 1개만 줘!)와 '모두'(예 모든 블록을 줘!)의 개념을 안다.	
	시작연령 : 36개월	
1	6~7개의 블록을 쌓는다.	
2	간단한 도형들(원, 사각형, 삼각형)을 안다.	
3	"한 개"와 "한 개 더"의 의미를 안다(예 "블록 한 개 줘", "블록 한 개 더 줘").	
4	물건을 크기 순서대로 놓을 수 있다(예 크기 순으로 상자를 포개 넣거나, 말뚝에 크기 순서대로 고리 던지기).	
5	색깔과 모양, 크기에 따라 물체를 구분할 수 있다.	
6	가사와 율동이 있는 손가락 놀이를 반복한다.	
7	5까지 외워서 셀 수 있다.	
8	같은 기능을 가진 물체끼리 연결시킬 수 있다(예 빗과 브러시(솔)).	
9	그 물건이 무거운지 가벼운지를 말할 수 있다.	
10	물건을 5개까지 셀 수 있다.	
11	블록 3개로 다리를 만든다(어른이 먼저 방법을 보여 준다).	
12	"같다"와 "다르다"의 의미를 이해한다(예 이 두 가지 색깔은 같은가? 다른가?).	

	문 항	점수 1 또는 0
13	한 가지 기준에 따라 물체를 분류한다(㉠ 유아에게 적어도 두 가지 분류 기준의 물체를 주고 (㉠ 색, 모양) 같은 색끼리 짝지어 보게 한다).	
14	숫자 3의 의미를 이해한다(㉠ "블록 3개를 나에게 주어라").	
15	"더 많이", "더 적은", "똑같은"의 의미를 이해한다(㉠ 어느 과일이 더 많은가?).	
	시작연령 : 48개월	
1	사람 얼굴을 그리는 흉내를 낸다.	
2	범주에 따라 물건을 분류한다(유아에게 물체나 그림을 준 후 장난감, 동물 등을 "서로 같은 집단으로 모아요"하고 말한다).	
3	그 부류에 속하지 않는 물건을 찾아낸다(㉠ 음식류 속에서 개를 골라낸다).	
4	책 읽는 순서를 안다(왼쪽에서 오른쪽으로, 또는 위에서 아래로).	
5	물건을 여러 가지 방식으로 분류한다(유아에게 두 부류 이상의 물체나 그림을 제시한 후, "같은 것끼리 모아봐"라고 한다. 그 후 다시 다른 방식으로 분류하도록 한다(㉠ "빨간색, 동그라미끼리 모아봐").	
6	6개의 블록으로 피라미드를 쌓는다(어른이 방법을 보여 준다).	
7	'첫째', '마지막', '중간'을 알 수 있다(㉠ "이 줄 첫 번째에 서 있는 아이가 누구지?").	
8	그림책을 보고 비교적 정확하게 이야기를 되풀이한다.	
9	두 숫자 중 더 큰 숫자를 알 수 있다(㉠ 2와 3 중 어느 것이 더 크니?).	
10	머리는 원으로, 팔다리는 직선으로 그린 인물화를 그린다.	
11	추상적 속성을 알 수 있다(㉠ 실제 또는 허구, 생물 또는 무생물, 트럭은 살아 있니?).	
12	자기의 이름을 보고 쓸 수 있다.	
13	다음에 일어날 일을 예측한다(㉠ 다음 단계에 어떠한 이야기가 진행될 것인가를 예견한다).	
14	물건의 "절반" 또는 "전체"를 가리킬 수 있다.	
15	대부분의 글자를 명명할 수 있다.	
16	이야기를 꾸며내기 위해 세 개의 그림을 순서대로 놓을 수 있다.	
17	물건의 개수와 그 숫자를 연결시킬 수 있다.	
18	"0"의 개념을 알고 있다(㉠ 각이 없는 컵은 어떤 것이지?).	
19	6개의 인식 가능한 부분이 있게 사람을 그린다.	
20	혼자서 (보지 않고서) 자신의 이름을 쓴다.	
21	물체를 알아볼 수 있을 정도로 그린다.	
22	물건을 20가지 셀 수 있다.	
23	출생 월, 일을 알고 있다.	
24	순서가 적힌 타일이나 카드를 순서대로 놓을 수 있다.	
25	자신이 살고 있는 시나 마을 이름을 알고 있다.	

	문 항	점수 1 또는 0
26	요일을 순서대로 외울 수 있다.	
27	한 요일의 전날이 무슨 요일인지, 또는 그 다음 날이 무슨 요일인지 알 수 있다(예 일요일 다음날은 무슨 요일이지?).	
28	동전의 이름을 알고, 가리킬 수 있다(예 100원, 50원, 10원, 500원).	
29	한 숫자의 앞에 오는 숫자와 뒤에 오는 숫자를 알 수 있다(예 9 앞에 오는 숫자는?).	
30	자신의 이름과 성을 암기해서 쓴다.	
31	한 자리 숫자의 덧셈-뺄셈 문제를 풀 수 있다.	
32	1에서 100까지 외워서 센다.	
33	혼자 힘으로 1~19까지 숫자를 쓴다.	
34	10개의 단어를 읽는다.	

3) ASQ

ASQ Age & Stage Questionaire 도구는 부모가 작성하는 영유아 모니터링 시스템으로 잠재적으로 발달에 문제를 보이는 영유아를 판변하기 위해 오레곤 대학의 브리커, 스콰이어스와 마운트(Bricker, Squires & Mounts, 1995)에 의해 개발된 11개의 연속된 질문지이다.

ASQ는 다섯 가지 발달영역으로 구분되며 30개의 문항으로 구성되었고, 각 문항의 질문은 간단한 언어를 사용하도록 되어 있고, 쉬운 것부터 각 하위요인의 단계별로 배열되어 있다. 각 하위요인의 측정내용은 첫째 의사소통영역, 대근육영역, 소근육영역, 문제해결영역, 개인-사회성 영역이다. 종합란은 7문항으로 구성되며, 질문지를 점수화하기 위해서는 '예, 가끔, 아니오'라고 되어 있어 같은 부모의 응답을 각각, 10, 5, 0점으로 환산하고 각 영역별로 환산한다.

부모 및 교사가 작성하여 선별진단의 정확성을 증진시키며, 비용이 적게 들고, 자녀의 평가와 중재활동에 협력자로 참여하게 할 수 있는 장점이 있다.

36개월, 48개월과 54개월의 ASQ질문지에 대한 내용은 표 4-4 ~ 표 4-6과 같다.

■ 유의사항

- 표시하기 전에 유아와 함께 각 활동을 꼭 해본 후 표시한다.
- 유아와 함께 놀이하듯이 각 항목을 수행한다.
- 유아가 음식을 섭취하고 충분히 휴식을 취함으로써, 놀이할 준비가 되게 해준다.

표 4-4 | 36개월(만 3세) 유아 질문지

번호	문항	예	가끔	아니오
1	아이가 보고 있을 때, 블록이나 자동차 같은 물건 네 개를 한 줄로 놓으십시오. 아이가 엄마를 모방하여 그대로 하거나 적어도 네 개의 블록을 옆으로 늘어놓습니까? (실타래나 작은 상자, 장난감을 사용할 수 있습니다) 			
2	아이가 손이 닿지 않는 것을 가지기 위해 의자나 상자 등을 찾습니까?			
3	그림을 지적하면서 아이에게 "이게 뭐예요?"라고 물었을 때 사람이라는 의미로 말합니까? ("눈사람", "언니", "오빠", "사람", "아빠" 등과 같은 말을 하면 됩니다. 아이의 답을 적어주십시오)  ______________________			
4	"일곱, 셋"이라고 말한 후 아이에게 바로 따라 하도록 하면 두 숫자를 바른 순서에 따라 합니까? (숫자를 반복하지 마십시오. 필요한 경우 "여덟, 둘" 같은 다른 수를 말합니다. 아이가 두 숫자를 이어서 바로 따라 말하면 "예"에 표시합니다)			
5	아이에게 블록, 상자, 캔 등으로 다리를 만드는 것을 보여 주십시오. 아이가 모방해서 만듭니까? 			
6	"다섯, 여덟, 셋"을 말할 때 아이가 정확한 순서로 따라 말합니까? (숫자를 반복하지 마십시오. 필요한 경우 다른 수로 "여섯, 아홉, 둘"을 말해줍니다. 아이가 세 개의 숫자를 이어서 바로 따라 말하면 "예"에 표시합니다)			

표 4-5 | 48개월(만 4세) 유아 질문지

번호	문항	예	가끔	아니오
1	아이에게 "오, 팔, 삼"이라고 말한 후 바로 따라하도록 하면 이 3개의 숫자를 정확한 순서로 말합니까? (숫자를 반복해서 제시하지 마십시오, 필요한 경우 다른 예(육, 구, 이)를 말한 후 따라하게 해보십시오. 아이가 3개의 숫자를 바로 따라하면 '예'에 표시하십시오)			
2	"어떤 동그라미가 가장 작아요?"하고 물으면 아이가 가장 작은 원을 가리킵니까? (가리키거나 몸짓으로 도움을 주지 않습니다) 			
3	당신이 손으로 가리키지 않고 "아래", "사이", "가운데"라고 말하면, 아이가 이 세 개의 다른 지시에 따릅니까? (예를 들어, 책을 "의자 아래에 놓아요"라고 말하고, 공을 "의자 사이에 놓아요"라고 말하고, 인형을 "탁자 가운데 놓아요"와 같은 지시를 합니다. 두가지만 한다면 "가끔"에 표시하십시오)			
4	여러 물건을 보여 주면서 "무슨 색이에요?"라고 물으면 아이가 빨강, 파랑, 노랑, 하양, 분홍 등의 다른 색 이름을 다섯 가지 말합니까? (정확하게 5개를 말하면 "예"에 표시하십시오)			

번 호	문 항	예	가 끔	아니오
5	아이가 분장을 하고 다른 사람이나 물건인 체 하는 "연극"을 합니까? (예 아이가 다른 옷을 입고 엄마, 아빠, 형, 언니 또는 동물인 체 합니까?)			
6	아이 앞에 물건 5개를 놓아주면, 아이가 "일, 이, 삼, 사, 오"(또는 "하나, 둘, 셋, 넷, 다섯")이라고 순서대로 셉니까? (가리키거나 몸짓으로 도움을 주지 않습니다)			

표 4-6 | 54개월(만 5세) 유아 질문지

번 호	문 항	예	가 끔	아니오
1	여러 물건을 보여 주면서 "무슨 색이에요?"라고 물으면 아이가 빨강, 파랑, 노랑, 하양, 분홍 등의 다른 색 이름을 다섯 가지 말합니까? (정확하게 5개를 말하면 "예"에 표시하십시오)			
2	아이가 분장을 하고 다른 사람이나 물건인 체 하는 "연극"을 합니까? 예를 들어, 아이가 다른 옷을 입고 엄마, 아빠, 형, 언니 또는 동물인 체 합니까?			
3	아이 앞에 물건 5개를 놓아주면, 아이가 "일, 이, 삼, 사, 오"(또는 "하나, 둘, 셋, 넷, 다섯")이라고 순서대로 셉니까? (가리키거나 몸짓으로 도움을 주지 않습니다)			
4	"어떤 동그라미가 가장 작아요?"하고 물으면 아이가 가장 작은 원을 가리킵니까? (가리키거나 몸짓으로 도움을 주지 않습니다) 			
5	아이가 틀리지 않고 15까지 셀 수 있습니까? 만약 그렇다면 "예"에, 12까지 틀리지 않고 셌다면 "가끔"에 표시하십시오.			
6	아이가 숫자의 이름을 압니까? 아래의 세 숫자를 구별할 수 있다면 "예"에, 두 숫자를 구별할 수 있다면 "가끔"에 표시하십시오. 3, 1, 2			

4) 한국형 DIAL－3

한국형 DIAL－3Developmental Indicators for the Assessment of Learning-Third Edition는 미국의 DIAL－3(Lerner, 1997)를 한국의 실정에 맞게 표준화한 도구(조광순 · 전병운 · 이준석, 2003)로 3~6세까지 평가 가능하고 운동과 인지, 언어의 3가지 영역으로 구성되어 있다. DIAL－3의 구성요소는 운동(22과제)과 인지영역(30과제)은 7문항, 언어영역(19과제)은 6문항으로 모두 20문항(71과제)이다. 또한 자조영역은 15문항, 사회성 영역은 20문항, 심리사회적 행동영역은 9문항으로 구성되어 있다. 사회적 기술과 자조기술은 부모가 질문지에 응답한 것을 토대로 이루어지고, 심리사회적 행동은 검사자가 검사 시 평정척도를 이용하여 유아의 행동에 대한 관찰 결과로 기록한다. 과제는 유아의 반응에 따라 0~2점 체계와 3점 체계로 검사결과를 기록한다.

DIAL-3 검사의 인지영역 측정내용은 신체부위, 색깔, 색깔이름 빠르게 말하기, 수세기, 공간위치, 사물개념, 도형측정 등이다.

DIAL-3는 이해하기 쉽고 검사의 실시가 간편한 문장으로 구성되어 있어 다양한 학문 분야의 전문가들이 사용하기 수월하며 발달지체 및 장애위험의 가능성이 있는 유아들을 선별해 줄 수 있으면 장애 유아의 조기발견에 효율적으로 사용될 수 있다.

표 4-7 | 인지영역

	문 항	점 수
1	신체 부분 : 목, 무릎, 엄지손가락, 턱, 이마, 발뒤꿈치, 볼(뺨), 팔꿈치, 손목, 눈썹	
2	색이름 : 빨간색, 노란색, 파란색, 검은색, 초록색, 보라색, 회색	
3	색이름 빨리 말하기 : 30초 안에 말한 색 이름 수	
4	수세기 ① 기계적 세기 0=0-3 1=4-8 2=9-12 3=13-19 4=20 이상 ② 의미 있는 수세기 0=성공 없음 1=블록 3개 2=블록 7개 3=블록 11개	
5	위치 : 밑, 옆, 앞, 뒤, 주변, 사이	
6	개념 : 가장 긴 / 가장 많은 / 비어 있는 / 밤 / 가장 큰 / 뚱뚱한 / 차가운 가장 짧은 / 가장 적은 / 가득 찬 / 낮 / 가장 작은	
7	도형 ① 분류(3, 4세) : ●▲■ ② 분류(5, 6세) : 작고 파란, 작고 노란, 작고 빨간, 크고 파란, 크고 노란, 크고 빨간 ③, ④ 모양이름(모든 연령) : 동그라미, 세모, 네모	

표 4-8 | 행동관찰

문항		점수		
1	어른과 떨어지기	0 쉬움	1 머뭇거림	2 뗄 수 없음
2	울음 / 칭얼거림	0 없음	1 조금	2 많음
3	질문에 대한 언어적 반응	0 기꺼이	1 마지못해	2 무반응
4	인내력(비언어성)	0 과제지속	1 과제시도	2 과제 거부
5	주의집중	0 처음부터 끝까지	1 부분적	2 잠깐만 주의를 기울임
6	행동 수준	0 조용히 앉음	1 조금씩 움직임	2 지나치게 움직임
7	참여	0 적극적	1 격려 필요	2 하려고 하지 않음
8	충동성	0 지시 기다림	1 몇몇 과제 시작은 지시 전에	2 거의 지시 전에 시작
9	지시이해	0 쉽게 이해	1 반복 필요	2 이해 못함

* 각 행동에 대해 유아를 묘사한 것을 골라 ○표
* 총점 : 최고 가능한 점수=18

생각해 보기

1. 발달에 영향을 미치는 요인들－물리적 경험, 사회적 경험, 성숙－중 자기중심성을 줄이기 위해 가장 중요한 것은 무엇인가? 그 이유는?

2. 유아가 간식시간에 과자를 먹는데, 반으로 자르고 있다. 이를 지켜본 교사가 "왜 과자를 자르고 있어? 라고 질문하자 유아가 "과자를 많이 먹으려고요"라고 대답한다. 이 상황은 인지발달의 특징 중 무엇을 설명하고 있는 것인가?

3. 당신이 새로운 스마트폰 사용법을 익히는 것을 어려워할 때 친구가 옆에서 도와주었다. 친구가 도와줄 때는 잘하지만 친구가 가고 나면 또 문제에 부딪친다. 이때 근접발달영역, 잠재적 발달 수준, 실제적 발달 수준, 비계설정이 어떻게 이루어지고 있는가?

4. 비계설정(발판화)과 단순한 설명과의 구분은 미묘하지만 중요하다. 비계설정이 단순한 설명과 구별되는 가장 중요한 특징은 무엇인가?

5. 자전거를 혼자서 타지 못하는 유아를 지도하는 방법을 2가지로－피아제이론과 비고츠키이론에 근거하여 설명하시오.

6. '우리말에는 '따비, 괭이, 쇠스랑, 삽, 가래, 호미' 등과 같은 농사 용어가, 에스키모어에는 눈雪에 관련된 어휘가, 오스트레일리아에는 모래 관련 어휘가 발달되어 있다' 이것은 어떤 학자의 무슨 이론을 설명하는 것인가?

CHAPTER·5

유아기 언어발달

1. 언어발달의 개념
2. 언어발달이론
3. 언어발달과정
4. 유아 언어발달을 위한 교사 및 부모의 역할
5. 언어발달 체크리스트 및 언어검사도구

학습목표

- 언어습득이론(행동주의이론, 생득주의이론, 상호작용주의이론)의 대표적인 학자 이름을 이야기할 수 있다.
- 각 언어습득이론의 주요 개념을 이해하며, 각 이론의 장 · 단점을 이야기할 수 있다.
- 유아기 음성언어발달의 특징을 이야기할 수 있다.
- 유아기 문자언어발달의 특징을 이야기할 수 있다.
- 유아의 언어발달을 촉진시키기 위한 부모와 교사의 역할에 대해 이야기할 수 있다.

핵심개념

- 자극과 반응
- 유전
- 상호작용
- 생득주의이론
- 문자언어
- 환경
- 언어획득장치
- 자기중심적 언어
- 인지적 상호작용주의이론
- 의사소통기술과 능력
- 강화
- 보편문법
- 근접발달지대
- 사회적 상호작용주의이론
- 초보적 쓰기
- 모방
- 결정적 시기
- 행동주의이론
- 음성언어
- 문자적 쓰기

CHAPTER · 5

오랫동안 여러 학자들은 유아들이 어떻게 언어를 습득하는지에 관한 연구를 해왔다. 연구자들은 유아의 언어습득이나 발달기제를 세 가지 입장에서 설명하고 있다. 첫째, 언어는 경험적 훈련에 의해 후천적으로 강화된 환경의 결과라는 입장(행동주의이론)과 둘째, 인간의 선천적이고 생득적인 능력으로 인해 지적 성장과 성숙의 과정으로 언어가 발달된다는 입장(생득주의이론), 셋째, 언어는 사회적 · 성숙적 · 인지적 제 요인들의 상호작용에 의해 발달한다는 입장(상호작용주의이론)으로 구별된다.

이러한 언어발달이론을 바탕으로 유아들의 말하기, 의사소통능력은 어떻게 산출되고 발현되는지를 살펴보고, 유아들의 문자언어(읽기, 쓰기)의 발달과정을 살펴본다.

1. 언어발달의 개념

1) 언어의 개념과 중요성

유아기는 생애 초기로서 모든 발달영역에서 급격한 성장과 변화가 일어나는 시기이다. 따라서 유아의 언어발달은 만 5세까지 상당히 빠른 속도로 전개된다. 유아가 또래와 성인과의 관계를 형성하고 자신의 생각을 표현하려면 언어발달은 필수적이다. 또한 언어는 사고의 발달을 도와주고 여러 기초 지식내용과 기술을 익히는 기본이 된다(이영자, 2013). 특히, 이 시기에 언어발달이 정상적으로 진행되지 않을 경우, 그 이후에 회복이 어렵다는 점에서 유아 언어발달의 중요성을 알 수 있다. 그러므로 이 시기에 유아가 자신의 언어능력을 최대한 신장시킬 수 있도록 부모나 교사는 적절한 언어지도를 하는 것이 매우 중요하다.

언어는 인간만이 고유하게 가지는 것으로 다른 동물과 구별해 주는 가장 큰 특징 중의 하나이다. 언어란 '자신을 표현하거나 의사소통을 하기 위해 소리를 체계적이고 관습적으로 사용하는 것'(Crystal, 1995)이다. 브롬리(Bromley, 1988)는 언어를 '생각과 정보를 전달하기 위한 상징의 조직적 체계'라고 하였으며, 브라운(Brown, 1965)은 언어는 '제한된 변별력과 기억능력을 가진 피조물로 하여금 소음과 간섭에도 불구하고 무한의 다양성을 가진 전언문을 이해하고 전달할 수 있게 하는 상징들의 임의적인 체계'라고 정의하였다. 또한 고영근과 남기심(1987)은 언어란 의사소통을 위한 도구로서 인간으로 하여금 사회생활을 유지하고 문화의 창조, 발전, 계승을 가능하게 하는 수단으로 정의하였으며, 대부분 언어는 인간의 의사소통수단으로 간주하였다.

언어는 인간생활의 모든 면에 직접적 · 간접적으로 관여하게 되고, 그 결과 언어는 인간의 존재 양식과 질을 좌우하는 관건이 된다. 이는 언어기술 자체의 발달뿐만 아니라 정보 획득, 사회적 상호작용, 갈등 및 문제해결, 자신의 생각을 다른 사람에게 전달하기, 다른 사람의 생각 알기 등에 언어가 중요한 역할을 한다는 것이다. 또한 유아기는 언어발달의 결정적 시기이므로 유아교육에서 언어교육은 대단히 중요한 위치를 차지한다(김은심 · 조정숙, 2013).

2) 언어의 특성

언어의 공통적 특성을 다음과 같이 몇 가지로 정리할 수 있다. 다음의 특성들은 이영자(1994 ; 김은심 외 재인용, 2013 : 24–25), 스탠버그(1996 ; 김경중 외 재인용, 1998 : 172), 이순형 등(2010 : 4–5)의 저서를 참고로 하여 재정리하였다.

첫째, 언어는 의사소통적이다. 언어는 그 언어를 공유하는 사람들 간의 의사소통을 가능하게 해준다.

둘째, 언어는 임의적이다. 언어는 음성적 · 시각적 기호와 표상하려는 물체와 아이디어 간의 임의적 연결이다. 예를 들어, 사람들이 사는 건물을 우리나라 사람들은 '집'이라고 부르기로 한 것은 임의적이다. 우리나라에서 '집'이라고 부르는 건물을 영어권 국가에서는 'house'라고 부르기로 정한 것도 임의적인 약속이다.

셋째, 언어는 추상적이다. 언어는 실제 표상하는 사물과 유사성이 없다. 예를 들어, '식탁'이라는 단어와 식탁의 실물 간의 관계에는 유사성이 없다. 이 언어의 의미는 사회적으로 규정되어 있다.

넷째, 언어는 체계적이다. 언어는 일정한 순서에 의해, 규칙에 맞게, 정해진 방법으로 소리나 글자를 배열한다. 즉, 언어에는 이러한 일정한 규칙체계가 있는데, 이를 문법이라고 한다.

다섯째, 언어는 융통성이 있으며 역동적이다. 언어는 변화의 요구가 있을 때 변화하며 언어 그 자체가 계속 변화한다. 예를 들어, 최근 IT와 공학의 발전에 의해 이와 관련된 어휘의 수가 상당히 많이 늘어난 것이 대표적인 예이다.

여섯째, 언어는 생성적이며 창조적이다. 언어사용자는 사용하는 언어구조의 테두리 내에서 끊임없이 새로운 발화 유형을 만들어 낼 수 있다. 언어를 지배하는 규칙을 알게 됨으로써 사람들은 전에 듣거나 사용하지 않은 문장들도 수없이 만들어 낼 수 있다.

일곱째, 언어는 사회적이고 가변적이다. 언어에는 다양한 방언이 있고, 다른 집단에 속해 있는 사람들은 말하는 방법이 다르다. 언어는 사회 속에서 생겨나고 변화하며 발전한다. 따라서 언어는 특정한 사회의 역사와 문화를 반영한다. 그 결과 언어는 가변적이다.

3) 언어의 기능

사람들은 언어를 가지고 무엇을 할 수 있는가? 이에 대한 물음이 바로 언어의 기능이다. 언어의 기능은 여러 학자들에 의해 조금씩 다르게 설명하고 있다. 야콥슨(Jakobson, 1968)은 언어는 참조적 기능, 표현적 기능, 동기화 기능, 친교적 기능, 상위언어적 기능, 시적 기능을 담당한다고 설명하였다. 할리데이(Halliday, 1973)는 언어의 기능을 다음의 일곱 가지로 제시하였다.

(1) 도구적 기능

인간이 자신의 욕구를 충족시키기 위한 수단으로 언어를 사용하는 것이다. 유아들은 생존을 위한 생리적 욕구를 충족시키기 위한 표현을 많이 사용하는데, 예를 들어 "배고파요, 밥 주세요."와 같은 말을 사용하는 것이 대표적인 예이다.

(2) 통제적 기능

인간이 언어를 통해 자신과 타인의 감정, 태도, 행동을 조정하는 것이다. 예를 들어, "계단을 오르내릴 때 한 줄로 다니세요."와 같은 말이나 교통표지판 등이 대표적인 예이다.

(3) 상호작용적 기능

인간이 사회적 관계를 형성하고 유지하기 위해 언어를 사용하는 것이다. 대화하기, 인사하기, 인터넷으로 이메일을 주고받거나 핸드폰으로 전화하고 문자를 주고받는 행위 등이 이에 해당된다.

(4) 개인적 기능

인간이 언어를 통해 자신의 감정, 태도, 생각을 표현하고 정체감을 인식하게 되는 것이다. "나는 수정이가 좋아."와 같은 말이나 일기, 자서전과 같은 개인적인 기록물이 대표적인 예이다.

(5) 발견적 기능

인간이 새로운 정보를 찾고 문제를 해결하기 위해 주위환경을 탐색하기 위한 수단으로 언어를 사용하는 것이다. 유아가 호기심을 가지고 궁금한 내용을 질문하거나 대답하는 경우가 여기에 해당된다.

(6) 상상적 기능

인간이 상상의 세계를 창조하고 창의적인 활동을 실행하기 위해 언어를 사용하는 것이다. 유아들의 경우, 가상 놀이 상황에서 "내가 엄마야.", "의사 선생님, 우리 애가 아파서 왔어요."와 같은 말을 사용하는 것이 상상적 기능을 나타낸다. 또한 동시, 동화, 소설 등의 문학작품이 상상적 기능의 대표적인 예이다.

(7) 정보적 기능

인간이 자신의 생각이나 정보를 다른 사람에게 표현하거나 전달하기 위해 언어를 사용하는 것이다. 사전, 전화번호부 등 정보를 제공해 주는 자료가 정보적 기능에 해당된다.

4) 언어의 형태

언어는 형태 면에서 듣기, 말하기, 읽기, 쓰기의 네 가지 형태로 구성된다(Bromley, 1988). 듣기와 읽기는 외부에서 받아들인 시각적 · 음성적 기호를 해석하는 수용언어기술, 즉 이해언어기술이다. 말하기와 쓰기는 이와 반대로 표현언어기술이며 유아가 의미를 전달하기 위하여 산출하고 표현한 시각적 · 음성적 기호이다. 듣기, 말하기, 읽기, 쓰기의 네 가지 언어적 기술은 밀접히 연결되어 있다. 예를 들어, 우리가 책을 읽을 때 단어를 예측하려면 구어적 지식을 활용한다. 활자를 해독하는 것, 즉 인쇄된 단어를 구어적 형태로 변화하려면 활자의 독특한 특성을 알아야 하지만, 아울러 적절한 구어적 어휘도 알고 있어야 한다. 읽기와 듣기 같은 이해기술과 말하기, 쓰기, 글짓기와 같은 표현기술은 일반적으로 유아학습에서의 기초가 된다(이영자, 2013).

각 언어기술의 기초는 인지과정 또는 사고이다. 사고 없이는 유아가 효과적으로

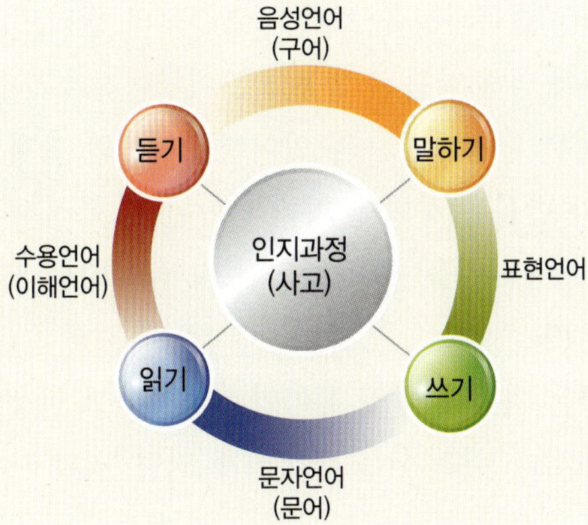

| 그림 5-1 | 언어의 네 가지 형태 간의 관계

출처 : 이영자(2013), p. 23.

듣고, 말하고, 읽고, 쓸 수가 없다. 이영자(2013)는 언어의 네 가지 형태 간의 관계를 **그림 5-1** 과 같이 표시하였다.

2. 언어발달이론

1) 행동주의이론

행동주의이론에 의하면 유아의 언어발달은 후천적으로 이루어지며 환경에 영향을 받는다고 보았다. 즉, 유아는 자극과 반응을 통한 경험적인 훈련과 모방, 강화를 통한 습관형성의 과정으로 언어의 습득이 이루어진다. 유아는 이해 가능하며 정확한 말을 발화했을 때 성인에 의해 강화를 받게 되고 그로 인해 그 말을 지속시킨다. 또한 유아는 자기가 들었던 문장을 단순히 모방함으로써 성인이 발화하는 문장과 유사한 문장을 산출한다(성미영 · 권유정 · 유주연, 2012).

1960년대까지 지배적이었던 행동주의이론의 대표적인 학자는 스키너Skinner와 반두라Bandura로 스키너는 언어습득과정에서 강화의 중요성을 강조하였고, 반두라는 언어습득과정에서 모방의 역할을 강조하였다.

스키너는 유아의 언어습득과정을 조작적 조건화의 원리로 설명하며 언어는 자극에 대한 반응, 강화에 의해 학습된 행동으로 이루어진다고 설명한다. 즉, 인간의 언어행동을 관찰 가능한 환경조건자극과 언어행동반응과의 관계로 설명하는데, 외부에서 주어지는 자극과 반응은 강화에 의해 연합된다. 특정자극에 대한 반응은 그 반응에 대한 보상이 제공되었을 때 강화되어 자극과 반응 사이의 연합을 강하게 해준다(성미영 외, 2012).

예를 들어, '우유'라는 자극에 대해 유아가 "맘마"라고 반응할 경우, 성인이 "그래 맘마지."라고 강화시켜 주고 이를 반복하게 되면 '맘마'라는 단어를 학습한다. 예를 들어, 유아가 한 말은 환경에서 부모에 의해 형성되는데, 이때 부모는 유아가 한 말이 부모가 기대한 말에 가깝게 들릴 때 보상을 제공하고, 부적절하고 의미 없는 말은 무시하며 바르게 발음하는 말을 강화하기 때문에 유아가 다른 사람이 이해할 수 있는 뚜렷한 말을 형성하여 말하게 된다(이영자, 2013).

이런 이유로 스키너는 언어습득과정에서 유아의 역할은 최소화되어 유아가 환경적 언어자극에 대한 수동적인 수동자라고 보았으며, 이전 행동의 발생 확률을 증가시키는 사건은 강화자이고, 이전 행동의 발생 확률을 감소시키는 사건은 처벌자로 보았다(Owens, 2001).

반두라는 모방과 선택적 관찰을 통해 유아의 언어습득이 이루어진다고 보았다. 즉, 유아는 타인의 소리와 행동을 선택적으로 관찰하고 모방함으로써 언어학습이 이루어진다는 것인데, 예를 들어 엄마가 형이 싫어하는 시금치를 주었을 때 형이 "싫어"라고 하는 말을 듣고 표정을 관찰한 후, 유아는 "싫어"라는 형의 말을 모방한다. 또한 유치원에서 선생님이 또래에게 선물을 주었을 때 "고맙습니다."라는 표현을 들은 유아는 유사한 상황에서 자신도 "고맙습니다."라는 표현을 사용한다.

그러므로 반두라는 언어습득과정에서 유아의 선택적 학습자로서의 역할을 강조한다. 유아의 언어습득은 타인의 행동을 면밀히 관찰함으로써 가능한 관찰학습이며, 자신이 직접 얻은 경험뿐만 아니라 주위 타인의 경험을 자신의 것으로 일반화시켜 이해함으로써 가능한 대리학습이기도 하다(이순형 · 권미경 · 최인화 · 김미정 · 서준현 · 최나야 · 김지현, 2010).

이러한 행동주의이론은 사회언어적 환경이 유아의 어휘를 확장시키고 문법규칙을 획득하게 하는 중요한 요인임을 강조하고, 유아의 언어습득과정에서 부모를 포함한 성인과의 상호작용을 강조한 점, 언어발달에서 훈련의 중요성을 강조한 점은 공헌점으로 볼 수 있다.

그럼에도 불구하고 행동주의이론은 몇 가지 한계점을 갖는다. 첫째, 모방과 강화만으로 유아의 복잡하고 다양한 언어습득과정을 충분히 설명하지 못한다는 점이다. 예를 들어, 유아는 성인이 하는 말을 그대로 따라하기보다 자기 나름대로 단순화시켜서 말을 한다거나 자신이 들어본 적이 없는 단어나 문장을 내뱉기도 한다. 둘째, 모방이론은 유아에게 자주 나타나는 과규칙화 현상을 설명할 수 없다. 과규칙화란 유아들이 주위에서 들었던 언어로부터 시제나 복수 또는 기타 문법을 구성하는 일반적인 규칙을 추출해 낸 다음 그 규칙을 과도하게 사용하는 것이다(김경중 · 류왕효 · 류인숙 · 박은준 · 신화식 · 유규종 · 정갑순 · 조경미 · 조희숙 · 주리분 · 최인숙 · 최재숙, 1998). 이는 유아가 단순한 모방에서 벗어나 능동적으로 규칙을 적용함을 시사한다. 셋째, 언어습득과정에서 유아를 극단적이고 수동적인 수용자로 보았다는 점이다. 유아들은 부모의 반응에 관계없이 능동적으로 자신이 내는 소리를 실험하여 보고, 창조적으로 문장을 만들어 내기도 한다. 넷째, 유아의 단어학습과정에 대해서는 일정 부분 설명하지만, 문법발달과정에 대해서는 거의 설명하지 못한다.

2) 생득주의이론

생득주의이론은 행동주의의 한계점들이 제기되면서 1960년대 후반에 광범위하게 대두되었다. 생득주의 학자들은 인간의 언어습득은 태어날 때부터 그 능력을 가지고 태어난다고 보았다. 즉, 인간의 언어습득의 능력과 발달과정은 부모에게서 받은 유전인자와 생물학적 요소에 의해 결정된다는 것이다.

생득주의이론은 언어습득능력과 그 발달과정이 선천적으로 결정되어 있어서 후천적 여건이나 노력으로 획기적 변화가 초래되지 않는다고 보았다. 또한 언어습득능력과 그 발달과정에 있어서 개인차를 보이지 않고 선천적으로 타고났다고 주장한다. 또 언어습득능력과 그 발달과정이 인간발달의 어떤 특정 시기에만 발현되며, 인간의 언어습득과 그 발달과정은 오직 인간에게만 가능하다고 주장한다(이영자, 2013). 이 이론의 대표적인 학자로 촘스키Chomsky와 레너버그Lenndberg가 있다.

촘스키에 의하면 인간은 선천적으로 언어획득장치LAD : Language Acquisition Device를 가지고 태어나며 유아들이 주변에서 듣는 언어는 이 언어획득장치를 통해 여과된다. 이 생득적이고 생물학적인 언어기제인 언어획득장치는 보편문법이라는 개념

▲ 촘스키(1928~)

설정에 기초한다.

이영자(2013)에 따르면 보편문법을 가지고 갓 태어난 그 상태를 최초 상태(So)라고 부르고, 그 아이가 주위의 언어환경에서 언어경험을 쌓아 12세경에 주위에서 얻은 언어경험에 의해 모국어를 습득한 상태를 안정상태(Ss)라고 부른다. 촘스키의 생득주의 가설에 입각한 생성문법에서는 매개변인parameter이라는 것이 함께 설정되어 있어 보편문법의 요인들이 실제 언어경험을 통해 어떻게 실제 모국어의 문법으로 확정되는가를 결정해 준다. 구체적인 예를 들면, 보편문법에는 다음 ①과 같은 보편문법 원리와 함께 ②와 같은 매개변인이 설정되어 있다고 본다.

① 보편문법 원리 : 타동사의 동사구는 동사와 목적어로 구성되어 있다.
② 매개변인 : 타동사의 동사구 안에 동사와 목적어의 어순은 언어에 따라 다르다.

따라서, 한국에서 태어난 유아도 미국에서 태어난 유아도 모두 보편문법 원리 ①을 가지고 태어난다. 그러나 한국에서 태어난 유아는 주위에서 듣는 한국어경험에 따라 매개변인 ②에 의해 목적어+동사의 어순을 확정짓고, 미국에서 태어난 유아는 주위에서 듣는 영어경험에 따라 매개변인 ②에 의해 동사+목적어의 어순을 확정짓는다. 이렇게 매개변인에 의해 모든 보편문법 원리가 확정지어진 개별 언어의 문법을 개별문법이라고 한다. 결국, 생성문법에서는 언어습득이란 보편문법에서 개별문법에 이르는 과정이라고 본다. 그리고 12세경에 개별문법이 확정된 뒤에는 더 이상의 언어습득은 일어나지 않고, 다만 새로운 단어들만 더 배워간다고 본다. 결국 생성문법은 개별언어들의 개별문법을 연구하여 보편문법을 규명하는 문법이론이다. 따라서 촘스키의 생성문법은 기본적으로 생득적 언어습득가설에 입각한 문법이론이다.

▲ 레너버그(1921~1975)

레너버그는 인간의 언어능력을 생물학적으로 결정된 인류의 능력 중의 하나로 보았고 언어발달도 유아의 성장환경과는 상관없이 예측이 가능한 시간적 순서, 즉 성숙과 관련된다고 보았다.

그는 인간의 언어습득에 결정적인 시기가 존재한다고 주장하였는데, 여러 학자들이 언어발달의 결정적 시기가 6~7세 이전이라는 데 의견을 같이하고 있으므로 이 시기의 유아에게 주어지는 언어자극이 중요하다(성미영 외, 2012).

또한 레너버그는 언어습득의 과정을 두뇌기능의 측면화로 설명한다(강성화 · 김경회, 2001). 인간의 두뇌에는 좌반구와 우반구에 기능의 특수화가 일어나는 측면화현상이 일어나는데, 언어발달과 관련된 기능을 담당하는 영역은 좌반구로, 좌반구를 손상당한 아동이 우반구를 손상당한 경우보다 언어장애를 보이는 경향이 높은 것으로 나타났다(Witelson, 1987). 그러나 아동은 성인에 비해 회복능력이 커서 사춘기 이전에 좌반구의 손상을 입을 경우 어느 정도 우반구로의 기능 대체가 일어나며, 언어 획득 이전인 2세경 이전에 손상을 입을 경우는 측면화가 일어나기 이전이기에 다른 쪽 반구가 이러한 언어기능을 떠맡게 된다(김경중 외, 1998).

생득주의이론은 유아의 외적 행동뿐만 아니라 내적 언어수행과정을 고려함으로써 언어습득에 대한 설명의 영역을 확장시켰으며, 인간을 심리적으로 능동적이고 언어적으로 창조적인 존재로 인식시키는 데 기여하였다. 뿐만 아니라 언어는 외부에서 부과되는 것이 아니고 내적인 수행기제로부터 발달하게 되는 보편적인 언어능력이라는 점과 구문적 구조의 획득에 관한 설명을 제공해 줌으로써 1960년대 후반과 1970년대 전반에 언어발달 및 교육학, 심리학 등 여타의 발달이론에 지대한 영향을 미쳤다(김은심 · 조정숙, 2013). 또한 문법발달에 대한 설명과 보편적인 언어발달단계를 개념화하고 언어발달을 돕기 위한 준비도 활동을 제공하는 데 기여하였다(Machado, 1999).

그러나 선천적으로 타고난 언어의 보편적 특성에 대한 지식이 어떠한 과정을 거치고 어떠한 경험들에 의해서 구체적인 지식으로 전환되는지 설명하지 못하는 등 구체성이 결여된 점이 가장 큰 단점이다(Flavell, Miller & Miller, 1993). 또한 인간사회에서 격리된 상황에서 성장한 유아들이 언어발달에 심한 지체를 보인다는 연구결과는 언어발달에 생득적, 생물학 측면으로 설명이 안 되는 부분이 있으며(이순형 외, 2010), 언어발달에 환경적 · 사회적 요인의 기여가 있다는 인지언어학자들의 비판에 직면하였다.

3) 상호작용주의이론

상호작용주의이론은 1970년대 중반부터 언어발달에 있어서 상호작용의 영향을 고려하게 되면서 언어발달은 사회적 · 언어학적 · 성숙적 · 인지적 제 요인들이 상호의존하고 서로 상호작용하여 이루어진다고 보았다. 이러한 상호작용주의이론은 언어발달에 영향을 주는 주된 요인에 따라 인지적 상호작용이론과 사회적 상호작용이론으로 나뉘어진다.

언어발달에 대한 인지적 상호작용이론은 피아제에 의해 주장되었다. 피아제에 의하면 언어는 추론에 의해 조직되거나 제한되는 것으로 언어발달은 기본적이면서 일반적인 인지변화에 기초한다(Bates & Snyder, 1987). 따라서 인지발달에서의 순서가 언어발달의 순서를 결정짓는다고 보았다(이영자, 2013). 유아가 언어를 사용하려면 인지발달이 우선되어야 하고 언어의 습득은 유아의 인지 수준에 의해 영향을 받는다(Piaget, 1980). 즉, 피아제는 영유아의 언어발달이 자신의 인지발달 수준과 상징적 기능의 이해 정도에 따라 진행되며, 언어습득의 구조적 또는 기계적 특성보다 유아가 언어를 인식하는 능력을 기르는 과정에 나타나는 역동적 변화에 관심을 두었다(이순형 외, 2010).

또한, 피아제(1952, 1980)는 언어발달이 인지발달과 상징적 체계의 이해에 기초한다고 보았다. 언어는 타고난 것도 반복적 경험에 의해 학습된 것도 아니고 유아가 현재 지닌 인지 수준과 현재의 언어학적 · 비언어학적 환경 간의 계속적 상호작용으로 구성되었다. 이러한 피아제의 인지적 상호작용주의는 생득주의에 맞서는 구성주의로 알려져 있다. 피아제에 의하면 문법적 이해의 기초는 언어획득장치(LAD)에 의한 것이라기보다 감각운동기의 지적 능력의 행동적 쉐마에 의한 것이라고 보았다. 즉, 행위자, 행위, 물체 간의 관계와 같은 순서적 관계에 관한 감각운동적 지식을 지녔을 때 유아가 언어문법의 기초를 이해할 수 있게 된다(Bruner, 1975 ; 이영자, 2013 재인용).

피아제는 감각운동기 말기에 완성되는 대상영속성 개념이 유아의 언어발달에 기초가 된다고 보았다. 대상영속성 개념이 확립되면 유아는 눈앞에 존재하지 않는 대상을 인식하고 그것을 표상할 필요성을 가진다. 이러한 대상을 표상하기 위해 상징을 사용하게 되고, 그 결과 유아의 첫 단어가 산출된다(성현란 · 이현진 · 김혜린 · 박영신 · 박선미 · 유연옥 · 손영숙, 2001).

피아제에 의하면 3~5세까지의 유아의 인지발달단계를 전조작기라고 부른다. 이 시기 유아의 인지발달적 특징은 자기중심적이며 직관적인 사고가 이루어진다. 이러한 특징은 유아의 언어발달에도 그대로 반영되어 이 시기 유아들은 주로 '자기중심적인 언어'를 사용한다. 자기중심적인 언어란 듣는 이를 고려하지 않는 혼잣말인 독백, 집단 독백 등을 의미하며, 사고의 중심이 자신에게로 모아져 의사소통자로서 대화를 제대로 하지 못하는 특성을 보인다. 또한 이 시기는 언어의 사용이 폭발적으로 증가하는 시기이기도 한데, 유아의 자신감과 상상력의 인지발달 특성이 유아의 언어사용에 영향을 미친 것으로 보인다(이순형 외, 2010).

언어발달에 대한 사회적 상호작용주의이론의 대표적인 학자는 비고츠키이다. 비고츠키에 따르면 언어발달은 사회적 경험이 내면화되는 것이며 사회적 언어는 개인의 언어를 형성해 준다고 주장하였다. 즉, 유아는 처음에는 언어를 사회적 상호작용의 도구로 사용하다가 점차적으로 놀이를 하며 크게 말하거나 의도한 행동을 말로 하면서 환경과 개인적 상호작용을 시작한다. 그 결과 언어가 유아의 생각을 지배하거나 사고의 방향을 정하는 등 행동구조의 근원이 되거나 사고를 지시하는 근원이 된다. 따라서 유아가 언어적 형태를 내면화함에 따라 언어가 사회적 도구에서 개인적 도구로 변환되어 간다고 주장하였다.

사회적 상호작용주의자들은 유아가 언어습득을 위한 성향을 타고 났지만, 언어습득을 생득적 기제로만 설명할 수 없다고 주장하였다. 또한 언어능력은 순서적으로 말하기, 상호응시, 함께 주의를 기울이기, 상황이나 문화적 관습 따르기와 같은 비언어적 상호작용이 포함되는 것으로 발달과정에 단순한 조건화와 모방 이상의 것이 포함된다고 주장한다. 사회적 상호작용주의자들은 유아를 향한 말의 특성을 지적하면서 이러한 유아지향적인 말CDS : Child-Directed Speech이 정상적 언어발달을 조성해 주는 중요한 언어적 경험이라고 지적하였다(이영자, 2013).

비고츠키의 사회적 상호작용주의에 의하면 언어발달은 생물학적 능력에 의해 이루어지기는 하지만 근접발달영역ZPD : Zone of Proximal Development 내에서 성인이나 자신보다 유능한 또래의 도움을 필요로 한다. 현재 유아의 실제적인 언어발달 수준에서 성인과 유능한 또래의 도움, 즉 사회적 경험을 통해 발달할 수 있는 잠재적 언어발달 수준 간의 차이가 바로 언어능력에 대한 근접발달영역의 관점이다(성미영외, 2012).

유아는 사회적으로 상호작용하는 과정에서 자신의 행동을 조절하기 위해 언어를 사용한다. 즉, 언어가 유아의 행동과 사고를 지시하고 조절하는 역할을 한다고 보았다. 이 과정에서 비고츠키는 유아에게 문화적 맥락 안에서 적절한 언어경험을 주는 성인의 역할을 강조한다(이순형 외, 2010).

부모는 유아의 의사소통을 돕기 위하여 중요한 내용 단어를 음성적으로 강조하고 말의 속도를 느리게 하며 반복하여 말하고 손으로 지적하면서 언어신호와 의미를 짝지을 수 있는 중요한 단서를 제공한다(Berko Gleason, 1977 ; Ninio &

Snow, 1999 ; Snow, 1972, 1977). 이를 초보적 언어체계를 소유한 유아가 의사소통할 수 있도록 부모가 '비계설정'하는 것이라고 말하기도 하고, 지지적 의사소통구조를 제공한다고 말하기도 한다(Bruner, 1978 ; 이영자, 2013 재인용).

비고츠키에 따르면 영유아의 언어발달을 네 단계로 나누는데, 3세 이상의 유아는 '자기중심적 언어' 단계이다. 이 단계의 유아는 언어와 사고가 본격적으로 합쳐지면서 자기중심적인 말이 나타난다. 독백형태의 언어사용과 자기중심적 언어를 사용한다. 이는 타인과 의사소통했던 것처럼 자신과의 의사소통을 시작하는 것으로 소리를 내어 생각하는 과정이라고 표현할 수 있으며(한성희, 2004), 언어가 사고와 행동에 영향을 미치기 시작하는 단계이다(이순형 외, 2010).

상호작용주의이론은 유아가 언어를 습득하고 발달하는 과정에서 환경을 중요하게 보았으며, 특히 사회적 상호작용과 사회적 · 문화적 맥락을 강조하였다. 이는 유아의 언어발달에서 상호작용을 하는 성인의 역할이 중요하며 유아들에게 제시되는 교육환경의 구성 여부에 관심을 갖도록 하였다. 특히, 사회적 상호작용주의가 유아 언어발달에 기여한 점은 유아가 외부의 환경적 자극에 전적으로 의존하는 수동적인 존재가 아니라 환경에 능동적이며 적극적으로 반응하는 역동적인 존재로 인식하였다는 것이다. 반면에 언어발달을 위해서 인지발달이 선행되어야 하지만, 언어발달이 인지발달에 필수적인 것은 아니라고 주장한 피아제의 이론은 언어가 인지발달에 미치는 영향력을 과소평가했다는 점에서 비판받았다. 또 상호작용주의이론에서는 유아 때부터 부모와 자녀 간의 의사소통이 언어발달에 기초가 된다고 전제하고 있으나 실제로 유아 때부터 부모와 자녀 간의 의사소통을 경험하지 못하는 문화권도 있다는 점과 어떻게 상징과 참조를 관련짓는지 또는 어떻게 언어구조가 획득되는지 무엇이 다른 단계로 전환하게 하는지는 설명하지 못하고 있다는 한계가 있다(김은심 외, 2013).

3. 언어발달과정

1) 음성언어발달

유아기는 말의 조음이 완성되어 가는 시기이다. 만 3세 때는 어휘가 약 1,000개 정도이다가 만 5세가 되면 약 2,200개 정도로 2배 이상 급증한다(교육과학기술부 · 보건복지부, 2013). 한 단어와 두 단어를 사용하는 영아기와 달리 만 3세 이상의 유아가 되면 부사나 형용사를 점차 사용할 수 있게 되며 가장 늦게 대명사와 관사 등의 개념을 획득하게 된다. 만 3, 4세경에는 3~7개의 단어로 된 문장을 사용하여 거의 완전한 문장으로 만들어 언어를 구사할 수 있으며, 특히 대명사, 조사, 형용사, 부사를 포함하는 복합 문장을 사용하게 된다. 또 만 5세경에는 한 문장에 6~12개의 단어까지도 사용할 수 있으며, 문법적으로 정확한 문장을 사용하며 쉽게 문장을 구성하여 사용할 수 있게 된다. 만 3세 유아는 많은 질문을 하고 이에 답을 하지만 '왜?', '어떻게?'라는 질문은 잘 이해하지 못하나, 만 5세 유아는 대부분의 질문에 대해 적절한 답을 할 수 있게 된다.

유아들이 질문을 할 수 있게 되려면 이해가 먼저 이루어져야 한다. 즉, 유아가 '무엇'이 포함된 질문에 대답할 수 있어야 '무엇'으로 묻는 질문을 할 수 있게 된다. 유아가 질문의 형태를 습득하는 방법에는 일정한 계열성이 있다. 여러 학자들의 연구를 종합해 보면 유아가 가장 먼저 이해하고 산출하는 질문의 형태는 '무엇', '어디', '예/아니오'의 형식이고, 그 다음은 '누구', '누구의'이며, '왜', '어떻게', '언제'가 포함된 질문은 후에 나타난다. '무엇'과 '어디'의 질문은 사물, 사건의 명칭과 위치에 관계되는 형태로서 일찍 습득되며, '누구'는 행위자를 '누구의'는 소유를 묻는 질문으로서 비교적 일찍 나타난다. 인과관계에 관한 '왜'와 행위의 도구나 수단에 관한 '어떻게'는 늦게 발달되며, 특히 시간 개념에 관한 '언제'는 가장 늦게 표현되는 질문의 형태다(김은심 외, 2013).

3세 초반이 되면 금지, 거절, 부인, 무지, 비존재, 무능력과 같은 의미론적 기능을 표현하기 위한 어휘적 부정문을 사용한다. 우리나라의 경우, 3세 초반에는 부정 형태소의 위치를 잘못 배치하는 오류를 범하게 되어 "안 달걀 먹어", "달걀 안 먹어" 등과 같이 부정 형태소의 틀린 배치와 바른 배치를 혼합하여 사용한다. 이와 같이 '안'을 사용하는 부정문은 유아기에 계속해서 많이 나타나는 유형이며 점차 바른 배치가 나타난다. 연령이 증가함에 따라 '아니'를 사용하는 부정문은 감소하고 "못 먹는다"에서와 같이 '못'을 동사나 형용사 앞에 위치하여 해당 동사나 형용사를 부정하는 부정문의 유형이나 '~~~하지 못한다'를 사용하는 부정문이 증가한다. '~~하지 못한다'를 사용한 형태의 부정문의 사용은 발달상 뒤에 나타나며 주로 5세 이후에나 나타난다(이연섭 · 권경안 · 김성일, 1979 ; 이영자, 2013).

의사소통발달은 유아가 다양한 의미를 표현하고, 타인과 의사소통을 하기 위해 단어를 사용하는 방법을 학습하여, 타인의 의도와 의미를 해석하는 것에 대한 학습과정이다(성미영 외, 2012). 유아가 인지능력과 함께 언어기술이 풍부해지면서 언어를 사회적 소통도구로 사용하는 역량도 함께 발달한다. 의사소통능력이란 상호작용하는 방법, 다른 상황에서 서로 적절히 의사소통하는 방법, 의사소통상황에서 다른 사람이 말하고 행하는 것에 관한 의미를 파악하는 방법 등을 포함한다(Bromley, 1988).

의사소통을 위해서는 먼저 다른 사람의 말을 주의 깊게 듣는 태도와 그 내용을 이해하는 능력이 매우 중요하다. 유아는 성인에 비해 주의집중시간이 짧아 말소리의 강약을 조절해 주는 등 집중하여 들을 수 있는 환경을 마련해 주는 것이 중요하다. 유아는 자기중심적인 특성 때문에 자기가 전달하고자 하는 말을 먼저 하고 싶어 하지만 듣고 말하는 순서를 지켜야 타인과의 소통이 원활이 이루어질 수 있음을 생활 속에서 경험하도록 하는 것이 중요하다. 성인이나 또래, 형제자매들과의 일상 대화와 다양한 듣기 활동을 통해 유아는 낱말, 문장, 문장과 문장의 관계를 이해하게 된다. 유아는 아직 잘 모르는 낱말이 사용되거나 복잡한 문장일 경우 듣고 이해하는 것이 어려울 수 있으므로, 말하는 사람의 표정, 시선, 몸짓을 활용하여 전달함으로써 유아가 상대방이 전하는 이야기의 의미와 의도를 파악할 수 있다(교육과학기술부 · 보건복지부, 2013).

유아기 의사소통능력은 주로 또래나 성인과의 대화를 통해 이루어진다. 이 시기의 특징적인 대화기술에는 대화의 규칙을 이해하고 대화 상대방의 발화 유형에 적절하게 반응하기, 대화를 시작하기 위해 새로운 주제 제시하기, 제시된 주제를 연속적으로 이어가기 등이 있다(Hoff, 2005). 대화가 발생하는 맥락과 상황은 유아의 성공적인 언어적 상호작용에 영향을 미치는 주요한 요인이 된다. 이 시기 유아들은 특정 맥락에 대한 지식을 서로 공유할 경우 그렇지 않을 때보다 대화가 더 오래 지속되고 언어사용능력이 더 뛰어난 것으로 나타났다(성미영 외, 2012).

이 시기 유아는 단순히 주고받는 말이 아니라 특정의 주제를 놓고 타인과 대화할 수 있는 능력이 생겨 점차 시간적 · 공간적으로 장애를 받지 않고 인지적으로 높은 수준의 구어 행위를 할 수 있게 된다. 유아는 언어가 무엇을 요구하거나 무엇인가를 주장하고 질문하기 위해 사용된다는 것을 이해할 뿐만 아니라 심리적 상태를 표현하며, 자신의 미래행동을 규정하기도 하고 때로는 사태를 새롭게 할 수 있다는 것을 깨닫게 된다. 또한 유아는 표현의 숨은 의도까지 알게 되고, 자신의 표현과 듣는 것을 점차 청자나 화자의 입장에 맞추어 조절할 수도 있는 능숙한 소통자가 되어간다(김은심 외, 2013).

▲ 또래와의 대화를 통해 의사소통의 기술이 발달한다.

이 시기 유아의 발화는 좀 더 분명해지며, 다른 사람의 발화가 불분명한 경우 명확히 하기 위해 명료한 설명을 요청하는 의사소통기술도 발달한다. 예를 들어, 다른 사람의 발화가 분명하지 않을 때 "무엇을 했니?", "누가 갔니?", "어디로 갔니?" 등의 질문을 하여 내용을 분명히 할 수 있게 된다.

쉴드(Shields, 1979)는 3, 4세 유아의 의사소통능력을 연구하여 이미 이 시기에 의사소통능력의 대부분이 이루어짐을 제시하였으며 의사소통능력이 발달된 유아의 특징을 다섯 가지로 설명하였다(이영자, 2013 재인용). 첫째, 유아는 상대편의 주목을 끌 수 있으며 또한 일단 주목한 바를 유지하기 위해 대화 교환의 차례를 잘 지켜나간다. 둘째, 유아는 자신이 목적한 바와 행동의 중심이 되는 것을 타인의 마음에 분명하게 떠올리기 위해서 대인 간의 영역을 조직화하여 결정할 수 있게 된다. 셋째, 유아는 상호교환성의 기대에서 언어적 · 비언어적 행위를 주도할 수 있으며 타인 주도에 대한 반응으로 상호교환성을 잘 처리할 수 있다. 넷째, 유아는 불필요한 중복을 피하기 위해 이미 행한 것과 말한 것을 충분히 고려할 수 있다. 다섯째, 유아는 세상에 대한 경험의 틀에서부터 요소를 끄집어내어 타인의 마음을 움직이거나 개별화시킬 수 있다.

원활한 의사소통을 위한 기초단계로서 유아는 일상생활 속에서 자주 접하는 친숙한 낱말을 발음하는 것이 매우 중요하다. 만 3세 유아는 주변의 친숙한 낱말에 관심을 갖고 이러한 낱말을 말해야 할 때, 발음해 보는 경험을 통해 말소리를 발음하는 데 필요한 능력을 기르게 된다. 만 4세 유아는 자신이 이미 뜻을 이해하고 있는 친숙한 낱말들을 정확하게 발음해 보는 경험이 중요하다. 유아가 "가이가 어디 있어요?"라고 물으며 가위를 '가이'라고 말했을 때 성인은 유아 발음을 교정하는 것이 아니지만, 정확한 발음으로 "가위가 여기 있네"라고 말하기 모델을 보여 주고, 유아가 바르게 발음할 수 있도록 격려해 주어야 한다. 만 5세가 되면 몇 가지 발음을 제외하고 대부분의 조음능력이 발달되어 정확한 발음으로 말할 수 있게 된다. 만 3, 4세에 경험했던 친숙하고 발음하기 쉬운 낱말들의 발음을 기초하여 만 5세 유아는 점차 발음하기 더 어려운 낱말도 정확하게 발음하고 나아가 정확한 발음으로 문장을 말하는 능력이 발달된다.

또한 만 3, 4세 유아는 새로운 낱말에 관심을 갖고 확장시킨 다양한 낱말들을 주어와 동사로 구성된 간단한 문장 구성에 활용해 봄으로써 점차 복잡한 문장으로 말할 수 있게 된다. 유아의 연령이 증가함에 따라 낱말의 사용이나 의미에 대한 이해도 증가하게 되어 만 5세가 되면 대부분의 문법에도 숙달된다. 성인이 비슷한 말, 반대말, 단문, 복합문 등 문법적 요소를 갖추어 말하는 것을 듣고 유아는 다양한 형태의 문장을 사용하여 말하는 능력을 기르게 된다. 그리고 만 3세 유아는 정확한 문장이나 이야기의 구성하기보다는 경험에 바탕을 둔 자신의 느낌과 생각을 한두 낱말로 말할 수 있다. 만 4세 유아는 자신의 느낌, 생각, 경험, 요구 등을 새롭게 알게 된 낱말을 사용하여 주제, 상황, 대상에 적합하게 말로 표현할 수 있고, 만 5세가 되면 유아의 어휘력이 급격히 늘어나 상황에 맞는 적절한 낱말과 문장으로 더 적극적이고 구체적으로 표현할 수 있게 된다.

특히, 만 4세가 되면 유아는 실제로 일어난 일이나 그림책에서 읽은 내용, 어떤 사물, 상황, 현상 등을 상상하여 일정한 줄거리가 있는 이야기를 지어 말하는 능력을 발달시킨다. 처음에는 이야기의 사건과 다음 사건 간에 서로 연결이 되지 않는 이야기를 짓지만, 점차 시작과 끝, 사건과 사건, 사건과 해결과정 등이 밀접히 연결되고 새로운 생각이나 사건을 이야기 흐름에 적합하게 첨가해 가기도 한다. 만 5세 유아는 자신이 경험한 일, 다른 사람으로부터 들은 이야기, 그림책 결과 후에 다시 일어날지도 모르는 일, 마음속에 상상하는 일 등을 토대로 이야기를 지어 말하거나 주변에서 접할 수 있는 다양한 자료를 보고 이야기를 꾸며 말하는 것을 즐긴다. 만 5세 유아는 이야기 지어 말하는 것을 즐기면서 다양한 문학적 요소를 경험하고 언어적 표현능력을

▲ 유아교육기관에서 또래들 앞에서 이야기를 지어 말할 수 있는 기회를 자주 제공하여 말하기 표현능력을 향상시키도록 도와주어야 한다.

향상시켜 나간다. 따라서 이야기를 지어 말할 수 있는 기회를 자주 제공하고 친구들과 함께 만든 이야기를 서로 듣고 즐길 수 있도록 격려하는 경험이 필요하다(교육과학기술부 · 보건복지부, 2013).

유아의 의사소통능력에서 대화를 시작하고 유지하는 능력은 원만한 또래관계를 형성하고 유지하는 데 중요한 기술이다. 이러한 유아의 주제 수행기술은 또래 간의 대화상황을 관찰함으로써 측정되는데, 만 5세 유아를 대상으로 다양한 놀이상황에서 나타난 주제 수행기술을 관찰한 결과, 낯선 상황보다 친숙한 상황에서 유아의 주제 수행이 더 활발하게 진행되었다(성미영, 2002).

2) 문자언어발달

(1) 읽기 발달

읽기는 문자라는 부호를 풀어내는 '해독decoding'과 글의 의미를 파악하는 '이해comprehension'의 두 부분으로 대별된다. 이 두 가지는 서로 강한 영향을 미치며 함께 발달한다(이순형 외, 2010).

라빈(Lavine, 1977)의 연구에 의하면 문어적 환경의 제공 여부에 관계없이 만 3세에는 그림과 그림이 아닌 자료를 구별할 수 있다. 만 3세 유아는 글자와 숫자를 구별하는 것에는 어려움이 있으나 양쪽 다 인쇄된 글자로 인식한다. 만 5세 유아는 글자와 숫자를 구별할 수 있다(이영자, 2013).

유아들은 만 3세가 되면 쓰기와 다른 인쇄글자 유형을 구별하고 인쇄글자가 어떻게, 왜 사용되는가를 이해하기 시작한다. 만 4세경이 되면 유아는 주변환경의 인쇄글자를 읽기 시작하고 글자와 글자의 이름과 같은 인쇄글자의 그래픽 신호에 흥미를 갖게 된다. 만 5세 유아는 흔히 몇 가지 읽을 수 있고 읽기 과제를 논의하며 성취하는 방법을 학습한다. 만 3, 4세 유아는 자신과 가족의 이름에 관심을 보이고, 친구 이름, 길거리 간판, 우리반 이름, 화장실, 비상구 등 자주 접하는 사물과 사건, 주변상황을 나타내는 글자에 많은 관심을 보인다. 그림책이나 신문 등에서 익숙한 글자를 발견하면 이 시기의 유아는 즐거움을 느낀다. 만 5세가 되면 유아들은 친구들의 사진 위에 붙여진 이름표나 놀잇감에 쓰인 이름을 보면서 글자를 추측하여 읽기도 하고, 일상생활에서 자주 접한 우유, 치약 등의 상표를 찾아 읽을 수 있다.

따라서 만 3세 이후의 유아기에는 '초보적 읽기'가 이루어진다. 비록 글자를 깨우쳐서 바르게 해독하는 관습적 읽기는 아니지만 읽기의 의미를 이해하고 읽기와 관련된 행동을 하는 시기이다. 유아들은 그림과 글자가 상징임을 이해한다. 좋아하는 과자상자에 쓰인 과자 이름과 그림이 무엇을 나타내는지 안다. 유아 자신의 이름이 붙어 있는 사물함은 자기 소유의 물건을 수납하는 장소라는 의미를 안다. 게다가 유아들은 글자의 형태, 이름, 특성에 관심을 가지고 배우려 한다. 이는 읽기에 대한 성취동기와 관련된다. 부모와 교사는 글자에 대한 유아의 관심이 나타나는 시점을 주의깊게 포착해야 한다. 이러한 호기심이 나타날 때 교육이 이루어지면 효과적이다(이순형 외, 2010).

또한 교사와 부모는 유아에게 주변의 다양한 환경인쇄물을 접할 기회를 제공하면서 유아가 점차 글자의 기능을 알고 친숙한 글자를 스스로 읽어보고자 할 때 이를 격려해야 한다. 그림카드나 학습지처럼 글자를 분절하여 공부하듯 글자 읽기를 가르치면 유아는 오히려 글자 읽기에 흥미를 잃게 된다. 이러한 유아는 이후에 더 어렵고 긴 글을 접했을 때 그 내용을 알고자 시도하지 않으며, 글에 흥미를 나타내지 않게 된다(교육과학기술부 · 보건복지부, 2013).

한편, 유아들은 책이나 다른 인쇄물을 볼 때 맥락에 의존해서 읽는다. 과자 포장지에 쓰인 제품명, 그림책의 표지에 쓰인 제목을 유아가 '읽을' 수 있게 해주는 것이 바로 맥락이다. 자주 보던 그림과 함께 배열된 글자들이 맥락으로 작용한다. 만 4세 정도의 유아들은 이처럼 친숙한 맥락 속의 글자들을 읽을 수 있다(McDevitt & Ormrod, 2007). 유아는 책을 펼치고 이전에 성인과 함께 여러 차례 봤을 때 들었던 표현을 기억하며 그림을 통해 문장의 내용을 추측해 읽는다. 즉, 만 3세 유아는 책 속의 그림을 보며 이야기 구성을 하고, 그림을 구석구석 보면서 이야기 줄거리를 추측해 보기도 한다. 만 4, 5세는 책의 그림을 단서로 주인공, 사건과 사건의 연결, 배경, 사건 해결과정 등을 이해할 수 있다(교육과학기술부 · 보건복지부, 2013). 분명히 아직 글을 깨치지 못한 단계인데, 글자 하나도 틀리지 않고 책의 한 면을 읽어 어른들을 놀라게 하는 유아가 있다. 이 경우가 바로 그림을 맥락으로 활용하고 기억에 의존해 읽는 것이다. 때로는 정확하게 읽진 않지만 유창하게 이야기를 지어 읽는 유아도 있다(이순형 외, 2010).

▲ 그림책을 읽으면서 친숙한 글자에 호기심을 나타내며 글에 흥미를 갖게 된다.

유아기를 거치는 동안 단어 개념도 점차 증가하며

▲ 성인은 유아와 함께 책을 읽으면서 유아의 개인차를 고려하여 읽기 지도를 실시하여야 한다.

▲ 유아가 책에 관심을 가지고 읽고 싶은 욕구가 생기도록 다양한 환경을 구성해 주는 것이 필요하다.

만 5세쯤 되면 단어 개념이 부쩍 성장한다. 유아들은 책을 읽을 때 항상 같은 내용이 되는 것은 항상 같은 글이 쓰여 있기 때문임을 이해한다. 따라서 책을 읽는 것은 책에 쓰인 글을 읽는 것임을 알게 된다.

유아의 읽기는 점진적인 과정을 거쳐 점차 관례적인 읽기를 하므로(이차숙, 2004), 읽기 발달 수준과 읽기 발달단계를 참고하여 개인차를 고려하여 읽기 지도를 하여야 한다. 이때 부모나 교사가 기억해야 할 중요한 요인은 유아가 먼저 인쇄 글자가 무엇이며, 어떻게 사용되는가를 이해하도록 해야 한다는 점이다. 유아가 인쇄 글자에서 그래픽류에 흥미를 가지고 질문을 하기 시작하면 성인이 글자-소리관계를 이해하도록 직접적인 도움을 줄 수 있다(김은심 외, 2013 ; 이영자, 2013).

(2) 쓰기 발달

유아의 쓰기는 그리거나 긁적거리기에서 시작하여 점차 발전한다. 유아들은 긁적거리기 과정에서 선이나 글자 모양을 써보기도 하고 책에 있는 글자와 단어를 베껴보기도 하며, 성인에게 글자를 어떻게 쓰는지 보여 달라고 요청하기도 한다. 유아들은 가족의 이름이나 주변에서 자주 접할 수 있는 사물의 철자를 쓰기도 한다.

이영자와 이종숙(1985, 1990b, 1996)의 연구에 따르면, 만 3세 유아의 경우 긁적거리기 단계이면서 가로선이 나타나는 쓰기를 가장 많이 보이나 쓰기 발달 정도가 아주 다양하여 쓰기 발달의 개인차가 심하다. 만 4세의 경우 긁적거리기는 거의 나타나지 않고 단어 쓰기가 가장 많이 나타난다. 만 5세와 만 6세에는 단어 쓰기 이상의 발달 수준을 보이며, 만 6세에 이르면 문장형태의 쓰기가 많이 나타난다(이영자, 2013).

만 3세 유아는 상대방이 알아볼 수 없으나 자신에게만 의미 있는 지그재그선이나 동그라미 모양으로 자신의 생각이나 느낌을 자주 표현한다. 교사와 부모는 이러한 표현과정에 중요한 의미를 두고 유아의 말을 끝까지 들어주듯이 끄적거리는 글을 존중하며 끝까지 보고 그 내용에 흥미를 보여야 한다. 어떤 글자를 썼는지, 그 글자는 어떻게 읽는지 등을 묻기보다 끄적인 내용이 무엇을 쓴 것인가에 관심을 보이는 것이 중요하다. 유아로 하여금 끄적인 내용을 다시 읽어 달라고 하고 부모나 교사가 그 내용을 받아 써준다면 유아는 말과 글의 관계가 어떤 것인가를 어렴풋하게 알게 되고 이러한 과정에 지속적인 관심을 보이게 된다.

글자를 배우기 위해 선 긋기, 글자 모양을 따라 쓰기, 자 · 모음을 외우고 반복하여 쓰기 등은 글자형태만을 가르치는 것이고 생각을 글로 나타내는 과정을 배제하는 것이므로 이런 글자수업은 하지 말아야 한다. 자신의 느낌과 생각을 글로 표현하는 과정을 즐겨야 할 시기에 철자법에 맞는 자 · 모음 쓰기, 낱말 쓰기, 쓰기 순서에 따라 문장 쓰기 등을 강요한다면 유아는 글쓰기에 대한 관심을 잃고 이후에 전혀 어떤 글도 스스로 쓰려고 하지 않을 수 있다. 따라서 유아의 생각이나 말을 끄적거리거나 글자와 비슷한 선, 모양 등으로 표현하도록 부모와 교사는 격려해 주어야 한다. 이때 유아가 표현한 것을 의미 있는 글로써 존중해 주고 읽어주는 성인의 태도가 중요하다(교육과학기술부 · 보건복지부, 2013).

대부분의 유아들은 자기 이름의 글자 쓰기로부터 쓰기 학습이 시작된다. 이름은 유아들이 인쇄 글자에 대해 가지고 있는 모든 경험들 중에서 가장 의미 있는 경험이다. 유아가 이름을 반복하여 쓰는 가운데 단어는 정해진 글자가 순서에 의해 쓰이는 것이라는 개념을 터득하는 데 도움이 된다(Clay, 1975). 특히, 자신의 이름 쓰기는 쓰기 동기 유발에 가장 큰 요인이라고 볼 수 있는데, 이는 유아가 자신의 이름 쓰기 경험에서 구성한 규칙을 다른 단어 쓰기에 적용하게 되기 때문이다(이영자, 2013). 따라서 이름 쓰기 활동이 포함된 놀이와 교육 프로그램을 통해서 유아의 쓰기 능력을 발달시킬 수 있다.

▲ 만 3세 유아의 이름 쓰기 : 자기 이름의 자음만을 글자로 썼다.

유아는 일상생활 속에서 자연스럽게 글자를 접하고 다른 사람의 쓰기 행동을 관찰하고 모방하면서 끄적거리기를 시작한다. 이때 가장 먼저 시도하는 것이 자기 이름 쓰기이다. 유아는 제대로 쓸 수는 없으나 끄적거리는 선이나 모양은 자신의 이름을 나타내므로 부모와 교사는 쓰고자 하는 행위 자체를 격려해야 한다. 만 3세 유아는 처음에는 직선과 곡선이 나타나다가 조금씩 철자 비슷한 형태가 나타나며, 왼쪽과 오른쪽이 뒤바뀐 모습도 나타난다. 성인은 이러한 이름 철자를 그때마다 교정해 주지 말아야 한다. 유아가 자기 이름 글자에 관심을 갖게 되면 자연스럽게 바르게 글자를 쓰게 되지만 자주 교정해 주면 성인에게 의존하거나 이름 쓰기를 싫어하게 된다. 교

이름의 자음과 모음의 연결이 제대로 이루어지지 않았다.

성은 바르게 썼지만 이름의 자음과 모음이 합쳐졌다.

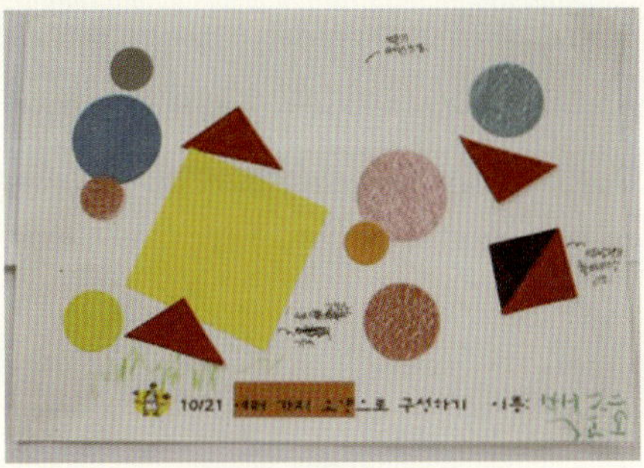

이름을 완성하였다.

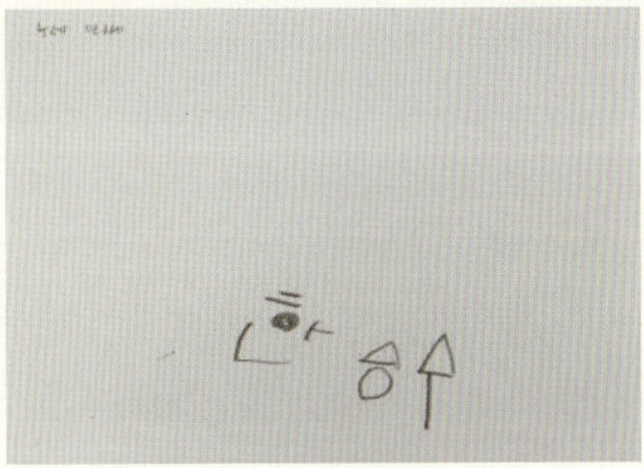

이름을 완성하였다. 3세 유아들의 이름 쓰기를 통해 쓰기 발달의 개인차가 크다는 것을 엿볼 수 있다.

▲ 만 3세 유아의 이름 쓰기

▲ 만 4세 유아의 이름 쓰기

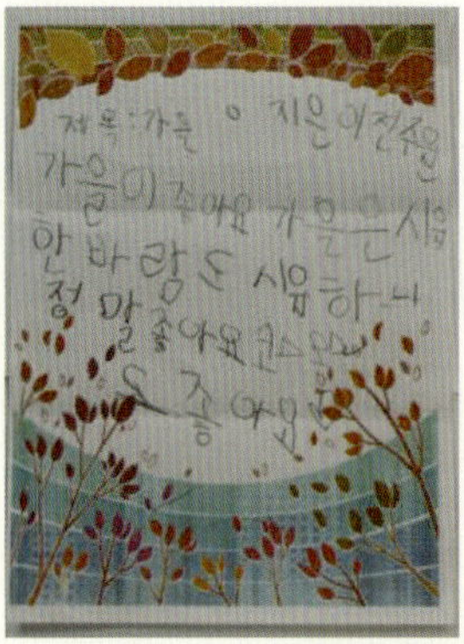

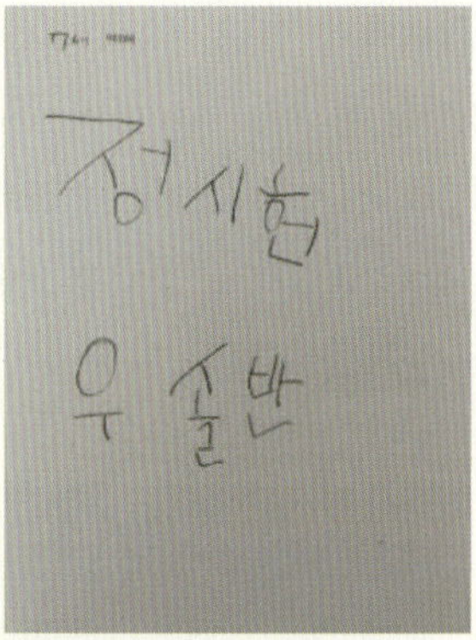

▲ 만 5세 유아의 이름 쓰기

사는 만 3세 유아의 이름표에 사진을 함께 붙여주어 자기 이름 글자에 관심을 갖도록 격려해 주어야 한다.

이름을 쓰기 위해서는 말의 발음 하나와 글자 하나를 연결하되 자·모음을 조합하여야만 가능하기 때문에 만 4세 유아에게는 어려운 과제이다. 처음에는 듣는 소리에 맞추어 자음 하나만을 쓰기도 한다. 이런 과정이 오래 지속되다가 자음에 모음이 합해지고 위, 아래에 받침부터 쓰기도 하며 이름과 성을 여기저기에 따로 쓰기도 한다. 이름 쓰는 순서도 매번 다를 수 있다. 이러한 글자 쓰기 과정은 자연스럽게 발달되며 스스로 이루어지는 것이므로 성인이 의도적으로 연필 잡는 법, 획 긋는 법 등을 가르치고 유아가 쓴 글자를 수정해서는 안 된다. 유아의 쓰기 동기를 감소시키고 쓰기에 필요한 여러 가지 요소들을 유아 스스로 탐색해 볼 기회를 박탈하는 것이기 때문이다. 만 4세 유아가 가장 좋아하고 친숙해 하는 자기 이름 글자를 일상생활에서 자발적으로 써보는 반복적인 시도를 통해 글자 쓰기에 대한 관심을 확장해 갈 수 있도록 격려해 주어야 한다.

만 5세 유아는 자기 이름이나 가족 이름, 친구 이름, 매일 먹는 우유 이름, 집에

낱말의 받침을 바르게 쓰기 어렵다.

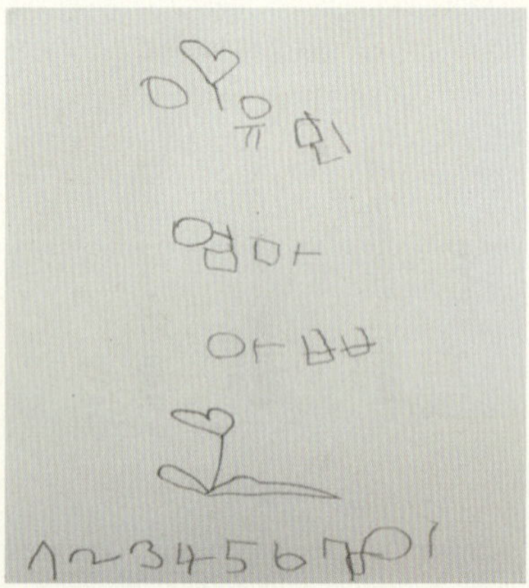

겹자음과 모음을 혼동한 글씨 쓰기가 나타난다.

▲ 만 4세 유아의 쓰기 1

가면서 보았던 간판, 홍보지 등 주변의 환경인쇄물이나 인쇄물에서 보았던 친숙한 글자에 흥미를 가지고 몇 글자라도 써보고자 한다. 글자는 철자법이 맞지 않을 수 있고, '우유'의 '우'자만을 몇 장씩이나 계속 쓸 수도 있다. 이러한 흥미는 말이나 생각을 글로 옮길 수 있음을 이해하고 추후에 새로운 낱말이나 긴 문장을 쓰는 것에 대한 관심으로 확장된다. 성인은 만 5세 유아가 이름이나 친숙한 글자를 써보는 경험을 자주 갖도록 하고, 역할 놀이나 쌓기 놀이, 미술활동 중에서 자연스럽게 놀이와 관련된 쓰기 경험을 갖도록 하면 쓰기에 대한 흥미를 더 높일 수 있다(교육과학기술부 · 보건복지부, 2013).

임양금(2005)에 따르면, 우리나라 유아의 경우 만 3세 유아의 과반수 이상이 자음이나 모음이 나타나지 않는 단계에 속했으나 자기 이름을 알아볼 수 있게 쓴 경우가 상당수 있었고, 만 4세 유아들의 경우 대부분이 자기 이름을 알아볼 수 있는 형태로 쓸 수 있었으며, 자음이나 모음이 나타나지 않는 단계는 아주 소수였다(김은심 외, 2013).

유아기의 쓰기는 '초보적 쓰기'라 일컬어진다(McGee & Richigels, 1996). 이 시기 유아들은 하나씩 배워나가는 문자를 재창조하여 쓰기도 한다. 만 4세경에는 그리기와 쓰기가 분명히 구분된다(Graham & Weintraub, 1996). 유아들은 성인의 쓰기를 흉내 낸 물결치는 선의 모양이나 연결된 고리 모양을 쓴다. 그래서 이 시기의 쓰기를 유사 쓰기pseudowriting라고 하기도 한다. 이때는 자모 지식이 발달하는 시기로, 유아는 자모의 형태, 이름과 소리를 배워 쓰기에 적용한다(이순형 외, 2010).

램Lamb은 유아기의 쓰기를 '문자적 쓰기alphabetic writing'라고 하였다. 처음에는 유사글자와 글자 쓰기가 나타난다. 유사글자는 글자와 비슷하나 일반적으로 쓰는 관례적 글자는 아닌 것을 말한다. 이 시기의 유아들은 이런 글자들을 연이어서 쓰는 행동을 빈번하게 보인다. 물론 주변에서 많이 보았거나, 자신과 가족의 이름 등 의미 있는 글자들을 관례적인 수준에서 쓸 수 있다. 이후에 부분적으로 관례적인 문자 쓰기에 이어 관례적 쓰기가 나타난다. 부분적으로 관례적인 문자 쓰기 단계에서는 글자의 크기와 비율이 일정하게 조절되지 않는다. 창안적 글자나 틀린 철자의 글자도 쓰지만 철자에 맞추어 쓰려는 욕구를 보인다. 관례적 쓰기로 발전하면서 크기와 비율을 일정하게 쓸 수 있다. 말과 글의 관계를 이해하고, 읽는 사람을 염두에 두고 글을 쓰게 된다(이순형 외, 2010).

▲ 만 4세 유아의 쓰기 2 : 그리기와 쓰기가 구분이 된다.

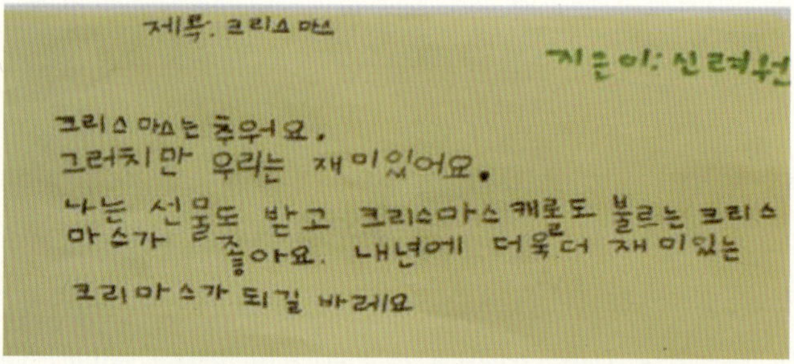

받침과 복합모음 쓰기에 어려움을 보여 준다.

▲ 만 5세 유아의 쓰기

4. 유아 언어발달을 위한 교사 및 부모의 역할

1) 부모의 역할

유아의 언어발달은 부모의 사회경제적 지위, 교육 수준, 양육태도, 언어적 상호작용 유형에 따라 영향을 받는다(이순형 외, 2010). 저소득층 가정의 유아는 사용하는 문장의 길이가 짧고, 내용파악이나 인과관계 이해능력이 떨어지며, 어휘 구사력이 낮은 반면 중류층 이상의 유아는 정교하고 복잡한 문법구조를 가진 문장을 사용하고 언어이해력이 높으며, 풍부한 어휘를 사용하였다. 또한 부모의 교육 수준이 높을수록 유아의 언어능력이 높으며, 아버지의 교육 수준보다 어머니의 교육 수준이 유아의 언어적 환경과 언어능력발달에 더 관련이 있는 것으로 나타났다(이정주, 2000). 또 어머니가 유아에게 반응적인 양육태도를 보일수록 유아의 언어발달을 촉진하였으며, 어머니가 유아와 언어적 상호작용을 풍부하게 할수록 유아의 언어능력이 높게 나타난다. 그렇기에 부모, 특히 어머니와의 언어적 상호작용이 중요하다.

유아의 언어는 생활 속에서 자연스럽게 발달하기 때문에 가정에서 부모와의 언어 관련 활동이 중요하다. 부모들은 유아기 자녀에게 다양한 유형의 책을 읽어 주고 자녀와 책에 대한 이야기와 내용을 서로 이야기 나누어 보거나 논의해 보는 것이 중요하다. 특히, 유아들에게 일상적이지 않은 어휘나 개념을 설명해 주고, 책에서 발생한 일들을 실제 생활과 연결하여 이야기할 수 있도록 격려해 준다. 또한 유아들이 말하는 것에 귀를 기울이고 즐겁게 경청해 주며, 유아들의 질문에 적극적으로 답하고 상호작용하는 자세가 필요하다. 특히, 유아들은 가정에서 부모나 형제가 책을 읽는 것을 관찰함으로써 읽기 발달이 빨리 이루어지기도 한다. 따라서 부모가 책을 읽는 모습을 자주 보여 주고, 가정에서 읽기, 쓰기 활동이 자연스럽게 이루어지도록 가정환경을 조성해 주어야 한다.

유아기는 상상 놀이가 발달하는 시기이다. 이를 통해서 언어발달이 급격히 이루어질 수 있다. 따라서 부모들은 아이들이 장난감을 가지고 놀거나 여러 놀이가 이루어질 때 가장 놀이가 이루어지도록 이끌어 주고, 자녀들에게 개방적인 질문을 하면서 가장 놀이가 더 확장될 수 있도록 격려해 주어야 한다.

2) 교사의 역할

마차도(Machado, 2003)에 따르면 유아의 언어발달을 촉진하는 교사의 역할을 네 가지로 구분하였다(이순형 외, 2010 재인용).

첫째, 교사는 언어사용 모델자로서의 역할을 해야 한다. 유아는 교사의 정확한 발음, 다양한 어휘, 문법적으로 올바른 문장, 상황에 맞는 바른 언어습관을 보고 자연스럽게 교사와 같은 언어태도와 습관을 형성하게 된다. 따라서 교사는 교육현장에서 언어교육이 지속적으로 이루어지고 있음을 알고 자신의 언어태도와 습관을 살펴보아야 한다.

둘째, 교사는 언어경험 제공자로서의 역할을 해야 한다. 교사는 유아를 위해 언어적 자극이 풍부한 환경을 구성하고 언어자료를 제시하여 유아의 언어발달을 촉진시켜야 한다.

셋째, 교사는 상호작용자로서의 역할을 해야 한다. 유아는 교사와 상호작용하면서 언어를 배우게 된다. 따라서 교사는 유아의 말을 주의 깊게 듣고 유아의 언어를 확장할 수 있는 어휘를 사용하면서 유아와 상호작용하여야 한다.

넷째, 교사는 관찰자로서의 역할을 해야 한다. 유아들마다 언어발달의 개인차가 있다. 따라서 교사는 유아의 언어행동을 예리하게 관찰하고 들으면서 유아들의 발달 수준에 대한 정보를 모아야 한다. 유아의 흥미, 요구, 지식, 태도, 언어기술 등을 평소에 관찰하여 유아의 발달 수준에 적절한 언어적 상호작용을 실시하여야 한다.

표준보육과정의 의사소통영역에서는 유아의 언어교육을 위해 듣기, 말하기, 읽기, 쓰기로 내용을 구분하고 있으며, 네 가지 내용별 교사의 지도내용과 지침을 제시하고 있다. 유아를 위한 의사소통영역 지도를 위한 교사의 지침은 **표 5-1** 과 같다.

표 5-1 | 유아(3~5세)를 위한 의사소통영역 지도를 위한 교사지침

내 용	교사지침
듣기	• 낱말 발음에 주의를 기울여 듣는 수준에서 낱말, 문장, 이야기를 듣고 이해하는 활동을 유아에게 제공한다. • 유아가 말소리와 이야기에 관심을 가지도록 동물, 우리 가족, 주말 지낸 이야기 같이 유아가 좋아하는 주제의 이야기를 들려준다. • 유아가 이해하기 쉽게 간단명료하게 말한다. • 유아가 이야기할 때 무릎을 낮추고 유아의 눈을 주시하며, 유아의 이야기를 적극적으로 듣는다. • 융판동화, 막대동화 등 여러 종류의 동화, 생활주제와 관련된 동요, 동시, 동화를 담고 있는 카세트 테이프와 카세트, CD 플레이어, 헤드폰, 동요, 동시, 동화를 담고 있는 CD-ROM, 컴퓨터, 프린터 등을 듣기 영역에 제공한다.
말하기	• 일상생활에 필요한 낱말이나 문장을 자유롭게 말하는 수준에서 자신의 느낌, 생각, 경험을 문맥에 맞게 말하는 정도까지 활동이 이루어지도록 한다. • 여러 가지 말소리를 편하게 발음하기부터 정확한 발음으로 또렷하게 말하는 수준까지의 활동이 포함되도록 한다. • 유아가 일상생활에서 접하는 여러 사물과 상황, 자신의 느낌, 생각, 경험에 대해 직접 언급할 수 있도록 개방적인 분위기를 조성하고, 여러 가지 질문을 하여 유아에게 말할 기회를 준다. • 존댓말, 예사말 등으로 듣고 있는 상대방과 상황에 맞게 말할 수 있는 예절과 관련된 어휘를 유아에게 알려준다. • 생활주제와 관련된 수수께끼 카드, 화보, 손인형, 손가락 인형, 인형극 틀 등의 교구를 제공한다.
읽기	• 일상생활에서 접하는 글자에 관심을 갖는 수준에서부터 주변에서 자주 보는 글자를 읽는 수준까지의 활동이 이루어지도록 한다. • 그림책에서 그림으로 책 내용을 이해하는 수준에서부터 자주 보는 그림책에서 아는 글자를 읽고 궁금한 것에 대해 책을 찾아보는 수준까지의 활동이 포함되도록 한다. • 유아가 글씨를 서툴게 읽더라도 다시 한 번 읽어 주며 유아가 읽고자 하는 의욕을 북돋워 준다. • 신문, 안내책자 등 여러 가지 인쇄물을 제공하고, 교실에 있는 사물, 흥미영역 표지판, 친구 이름, 옷장 이름표 등을 문자로 적어 제시한다. • 언어영역에 생활주제와 관련된 동화 CD-ROM, 컴퓨터, 그림동화, 테이블 동화, 자석동화와 같은 여러 종류의 동화, 퍼즐, 읽기 게임 교구 등을 제공하여 여러 매체를 이용하여 읽을 수 있도록 한다. • 발달에 적합한 다양한 주제와 형식의 그림책을 제공하고, 개별, 소집단별, 대집단별로 그림책을 읽어 준다.
쓰기	• 낱말과 문장, 자신의 느낌, 생각, 경험을 그림으로 표현하는 수준에서부터, 글자와 비슷한 형태, 맞춤법에 맞지 않더라도 유아에게 친숙한 글자를 쓰는 수준까지의 활동이 이루어지도록 한다. • 유아의 느낌, 생각, 경험을 유아가 하는 말로 받아 적어 주며, 글로 표현되는 과정을 보여 준다. • 맞춤법이나 글씨가 예쁘거나 미운 것과는 상관없이 유아가 쓰고자 하는 욕구와 글의 내용에 초점을 맞춰 상호작용함으로써 '쓴다'는 행위에 흥미를 가지도록 격려한다. • 편지 쓰기와 같은 짧은 글 쓰기나 놀이를 할 때 필요한 쓰기(예 병원놀이 시 병원이름 쓰기, 처방전 쓰기 등) 등 놀이와 일상생활에서 쓰기 활동이 자연스럽게 이루어지도록 한다. • 색연필, 사인펜, 연필 등 필기도구와 종이나 모래글자판, 컴퓨터, 프린터 등 쓰기 도구를 제공하여 여러 매체를 이용하여 쓰기 활동을 하도록 한다.

5. 언어발달 체크리스트 및 언어검사도구

유아들의 언어이해와 발달 수준을 파악하기 위해서는 언어발달 체크리스트에 체크하여 기록함으로써 알 수 있다. 교사는 유아가 사용하는 언어를 기록하고 관찰하면서 유아의 언어발달 정도를 알 수 있다. 다음의 체크리스트는 이영자(2013)가 개발한 말하기, 듣기(표 5-2), 읽기(표 5-3), 쓰기(표 5-4) 발달에 관한 체크리스트이다.

표준화 검사도구란 유아의 발달을 평가하기 위한 심리검사 중 표준화 과정을 거쳐 신뢰도와 타당도가 검증된 검사도구이다. 외국의 경우, 어휘검사, 언어기술검사, 읽기, 쓰기 준비도 검사, 언어발달검사 등 다양한 표준화된 언어검사도구가 있으나, 우리나라의 경우, 어휘검사 등 몇몇 표준화된 검사가 있기는 하나 아직 표준화된 언어검사도구가 많지 않다. 표 5-5는 표준화된 여러 가지 언어발달검사도구를 소개한다.

표 5-2 | 말하기 · 듣기 발달 체크리스트의 예

연도 ____________ 이름 ____________

내 용	평가시기	1회 월 일	2회 월 일	3회 월 일
말의 명료성	• 무슨 말을 하는지 알아들을 수 없다. • 상대방이 알아들을 수 있게 분명히 말할 수 있다.			
태도	• 상대방을 쳐다보지 않고 말한다. • 대화하는 상대방을 쳐다보며 말한다.			
언어구조	• 일어문 • 이어문 • 삼어문 이상의 문장 • 문법적으로 불완전하나 문장 형태로 말한다. • 문법적으로 완전한 형태로 말한다.			
의사소통	• 진행되는 이야기 주제에 전혀 관계 없는 말을 한다. • 진행되는 주제에 관련지어 말한다. • 진행되는 이야기 주제에 관련지어 상호작용적으로 의사소통한다. • 요구를 적절히 표현한다. • 일상적 경험에 대해 말한다. • 다른 사람이 자신에게 말을 걸면 기꺼이 대답한다. • 필요시 질문한다.			

표 5-3 | 읽기 발달 체크리스트

연도 ____________ 이름 ____________

내 용 \ 평가시기	1회 월 일	2회 월 일	3회 월 일
1. 일주일에 3회 이상 책보기 영역을 선택한다.			
2. 새로운 책에 관심을 보인다.			
3. 책을 바로 세워 놓고 본다.			
4. 책과 눈과의 거리는 적절하다.			
5. 말 없이 책의 그림만 쳐다보거나 그림에 대해 질문한다.			
6. 그림을 보고 마음대로 꾸민다.			
7. 책의 내용과 의미를 비슷하게 꾸며 말한다.			
8. 책의 단어나 구절을 50% 이하 암기하여 이야기한다.			
9. 책의 단어나 구절을 50% 이상 암기하여 이야기한다.			
10. 글자를 읽을 줄 몰라 "난 못읽어요"와 같은 의사를 표시한다.			
11. 글자를 보고 한 문장을 기준으로 25% 이하 똑바로 읽는다.			
12. 글자를 보고 한 문장을 기준으로 50% 이하로 똑바로 읽는다.			
13. 글자를 보고 한 문장을 기준으로 75% 이하 똑바로 읽는다.			
14. 글자를 보고 한 문장을 기준으로 75~100% 이하로 똑바로 읽는다.			

표 5-4 | 쓰기 발달 체크리스트

연도 ____________ 이름 ____________

내 용 \ 평가시기	1회 월 일	2회 월 일	3회 월 일
1. 그리기			
2. 쓰기로서의 그리기			
3. 긁적거리기 : 곡선			
4. 글자 같이 긁적거리기			
5. 자형이 의도적으로 한두 개 나타나기			
6. 패턴화된 글자 나타나기			
7. 이름 속의 글자 나타나기			
8. 유사글자			
9. 주변의 글자 베껴쓰기			
10. 발명적 철자(음절)			
11. 이름 쓰기			
12. 관례적 글자 쓰기 : 단어 쓰기			
13. 관례적 글자 쓰기 : 문장 쓰기			

표 5-5 | 여러 가지 언어발달검사도구

검사도구명	측정영역	대 상	비 고
덴버 영유아발달검사(DDST : Denver Development Screening Test)	인성-사회성, 언어, 소근육운동, 대근육운동	생후 2주~6세	전반적 발달검사의 하위영역으로 언어발달을 검사함
피바디 그림어휘력 검사(PPVT-R : Peaboby Picture Vocabulary Test-Revised)	수용어휘력	2~8세	미국판(PPVT-R)은 성인까지 검사 가능함
구문 의미 이해력 검사	이해언어	4~9세	문장이해력 검사의 수정판임
취학 전 아동의 수용언어 및 표현언어 발달척도(PRES)	수용언어, 표현언어	2~6세	
영유아 언어발달 선별검사(SELSI)	수용언어, 표현언어	생후 5~36개월	언어장애의 조기선별을 위함
MacArthur-Bates Communicative Development Inventories-Korean(M-B CDIOK)	수용어휘력	9~36개월	한글판, 축약판 등이 개발됨
그림 자음 검사	조음장애 판별	만 3세 이상	
우리말 조음 · 음운 평가(U-TAP)	조음장애 판별	만 2세 이상	
한국언어발달검사(K-LDIC)	수용언어, 표현언어	0~30개월 미만	

출처 : 이순형 외(2010), 영유아 언어지도, p. 279.

생각해 보기

1. 각 언어발달이론을 대표하는 학자와 특징들을 적어보시오.

이 론	학 자	특 징
행동주의		
생득주의		
상호작용주의(인지적 · 사회적 상호작용주의)		

2. 의사소통능력이 발달된 유아의 특징을 이야기해 보시오.

3. 만 3세 이후 유아들에게 이루어지는 읽기의 특징에 대해 말해보고 성인의 역할에 대해 논의해 보시오.

4. 유아의 쓰기가 시작되는 단계에서 유아 자신의 이름이 갖는 의미에 대해 이야기해 보시오.

5. 유아의 언어발달에 도움을 주는 교사와 부모의 역할에 대해 이야기해 보시오.

CHAPTER·6

유아기 사회성발달

1. 사회성의 개념
2. 사회성발달의 특징
3. 유아사회교육
4. 사회성발달영역
5. 유아 사회발달을 위한 교사 및 부모의 역할
6. 사회성발달 측정도구

학습목표

- 유아사회교육의 의미와 중요성을 이해한다.
- 유아사회교육의 목표와 내용을 이해한다.
- 유아사회성발달의 영역의 의미와 그 지도법을 안다.

핵심개념

- 사회화
- 유아사회교육
- 친사회적 행동prosocial behavior
- 반사회적 행동antisocial behavior
- 변인 : 부모, 교사, 또래, 유아교육기관 경험, 지역사회, 대중매체
- 자아 개념, 자아존중감
- 감정이입
- 우정
- 도덕성
- 성 정체감, 성 동일시, 성 안정성, 성 항상성
- 우연적 공격성, 표현적 공격성, 도구적 공격성, 적대적 공격성

CHAPTER · 6

인간은 사회적 동물로서 역사가 기록되기 이전부터 사회를 이루어 살아왔고 이는 오늘날까지 지속되고 있다. 한 개인이 사회 속에서 타인과 더불어 행복하게 살아가기 위해서 선천적으로 타고난 긍정적 성향과 대인관계능력이 있다면 더할 나위 없이 좋겠지만, 어릴적부터 사회에 대한 이해와 타인과 더불어 사는 방법을 배우는 것 역시 필수적인 요소로 간주된다.

1. 사회성의 개념

1) 사회화와 사회교육의 의미

에사Essa는 사회화를 사회의 역할을 감당하는 일원이 되고 사회의 규칙과 가치를 배우는 수단으로 정의하였고, 사회화 과정을 촉진하는 것을 유아교육 프로그램의 중요한 기능으로 간주하였다(2011 : 392). 유아의 발달은 출생과 동시에 자신과 자신을 둘러싼 심리적 · 물리적 환경을 접하면서 점진적으로 자신에게 중요한 의미를 갖는 스스로의 세계를 만들어 가며 이루어진다. 유아사회교육은 유아들이 그들이 속한 사회와 환경들을 이해하면서 공동체의 일원으로서 훌륭하게 살아가도록 돕는 프로그램이다(조순옥 외, 2013 : 11). 이영자 · 유효순 · 이정욱은 유아사회교육에 사회의 책임감 있는 구성원으로 살아가는 데 필요한 지식, 태도 및 가치, 기술을 포함시켜 유아사회교육을 "유아가 바람직한 민주사회의 구성원으로서 살아가기 위해서 필요한 사회적 지식, 사회적 기술 및 가치와 태도의 형성을 보다 중점적으로 다루는 유아교육과정의 한 영역"이라고 정의하였다(2007 : 3). 학자들에 의해 공통적으로 강조되는 유아사회성발달의 개념은 자신 및 타인과 관련된 지식, 가치 및 태도, 행동을 포함한다(이영자 · 유효순 · 이정욱, 2007 : 3 ; 조순옥 외, 2013 : 15 ; Kostelnik et al., 2011 : 4 ; Squires & Bricker, 2007 : 32). 따라서 사회성 발달의 세부영역은 ① 성인, 또래, 형제들에게 반응하고 그들과의 상호작용을 시작함, ② 그들의 신체적 · 사회적 필요를 채움, ③ 협력적 · 사회적 활동에 참여, ④ 행동 조절과 갈등 해결, ⑤ 자신과 타인에 대해 알기, ⑥ 공감능력 보이기, ⑦ 자아 개념 및 자아존중감 개발하기 등을 포함한다(Squires & Bricker, 2007 : 32).

코스텔릭Kostelnik과 동료들은 사회적 유능성을 지닌 유아의 전형적인 특징을 다음과 같이 꼽았다. 사회적 가치 받아들이기, 개인적인 정체감 발달시키기, 대인관계기술 습득하기, 사회적 기대에 맞게 자기 조절하기, 계획하고 조직하고 결정하기, 문화적 유능성 발달시키기(2011 : 4). 상기한 특징을 지닌 사회적으로 유능한 유아는 그렇지 못한 유아보다 더 행복하다. 이들은 다른 사람들과 상호작용할 때 더 성공적이며, 보다 인기가 많고 삶에 대한 만족도 더 크다. 또한 유아의 사회적 관계는 학업 성취와 관계가 있어서, 긍정적인 사회적 관계를 맺는 유아가 학교에서 더 성공적으로 생활한다(Kostelnik et al., 2011 : 7).

▲ 친사회적 행동의 표상

출처 : http://www.keepeek.com/Digital-Asset-Management/oecd/social-issues-migration-health/doing-better-for-children_9789264059344-en#page1

유아기 사회적 행동은 친사회적 행동prosocial behavior과 반사회적 행동antisocial behavior으로 분류될 수 있다. 친사회적 행동은 협력적, 관용적, 우호적, 동정적 행동 등이 포함되며 이타행동, 도움행동, 긍정적 사회적 행동positive social behavior 등으로 명명되기도 한다. 친사회적 행동은 타인에게 관심을 갖는 건설적인 행동으로 정의되며 그 범주에 돕기, 나누기, 우정, 애착형성, 협동하기, 위로하기, 이타행동, 도덕적 행동 등이 포함된다. 반사회적 행동은 주로 사회적 유능감이 부족하여 소극적, 고립적, 비사교성이 특징이며 부정적인 사회적 행동negative social behavior으로 표현될 수 있다. 반사회적 행동에는 반항적 행동, 공격적 행동, 훔치기, 거짓말하기, 언어적 모욕 그리고 파괴행동 등이 포함된다(고정곤 외, 2011 : 37-38 ; 구광현 외, 2012 : 64).

2) 사회성발달에 영향을 주는 변인

유아는 타인과의 접촉과 다양한 경험을 통해서 사회구성원으로서의 지식, 생각, 기술, 행동 등을 배우게 되는데(김혜금 외, 2013 : 15 ; Daly, 2004 : 137), 사회성발달에 영향을 미치는 인적 변인 및 환경은 다음과 같다.

(1) 가 정

부모는 유아의 사회성발달에 가장 큰 영향을 주는 존재임에는 의심의 여지가 없다. 영유아기 부모-자녀 간 정서적 관계, 부모의 가치와 태도, 부모의 양육태도, 사회화 과정을 돕는 상호작용의 유형과 교수방법은 자녀의 사회성발달에 영향을 준다. 아울러 가족형태, 어머니의 취업 여부, 형제 수, 출생 순위, 가정 문화 등은 간접적으로 자녀의 사회성에 영향을 준다.

(2) 또 래

과거에 비해 영유아가 유아교육기관 경험을 일찍 시작하고 교육기관에서 오랜 시간을 지내게 됨에 따라 또래가 서로에게 미치는 영향이 더 커지게 되었다. 또래 집단은 수직적 구조가 아닌 대등한 관계로서 공통 관심사와 놀이를 중심으로 관계를 형성하며, 또래 간에 관찰과 모방, 상벌을 통해 성격, 사회적 행동, 태도 등에 영향을 주고받는다. 특별히 유아기에는 또래에의 동조성, 또래집단의 태도나 가치에 적응하려는 경향이 강하게 나타난다.

▲ 또래와 사회화

(3) 유아교육기관

유아교육기관은 유아에게 사회적 지식, 기술, 가치를 전달하며 가족으로부터 정서적으로 독립할 수 있도록 도움으로써 유아의 사회화를 도울 수 있다. 유아교육기관의 물리적 환경(교실의 크기, 밀집도, 자료의 수와 유형, 자료의 배열, 분위기 등), 교사와 어떠한 상호작용을 하고 무엇을 배우는지에 관한 유아교육경험, 유아교육 프로그램 유형 등은 유아의 사회성발달에 영향을 주는 유아교육기관 변인이다. 교육환경 자체가 어떤 행동이 바람직한지를 알려주고, 질 높은 환경은 불필요한 개입과 중재가 일어나지 않도록 유도할 수 있다.

(4) 교 사

교사의 지식과 지도능력, 성격, 성별, 교사의 기대는 유아의 사회화에 영향을 주는 교사 변인이다. 그중에서도 따뜻하고 지지적인 성향과 갈등이 유발된 상황에서 최선의 도움을 주어 바른 지도를 할 수 있는 교사의 능력은 중요한 변인이 될 것이다. 교사 자신의 사회성은 유아들에게 모델링이 되는 가장 중요한 교육매체가 된다. 유치원에서 만나는 다양한 인적 변인(원장, 타 학급 교사, 주방 아주머니와 버스기사 등)의 태도와 수용성 또한 유아의 사회성발달에 간접적인 영향력을 줄 것이다.

▲ 사회성발달의 초석인 교사의 사랑과 인정

(5) 지역사회

유아들이 자라나는 지역사회의 문화와 배경 또한 유아의 사회성발달에 영향을 준다. 지역에 사는 주민들의 구성연령, 사회경제적 지위, 직업, 지역의 특성아파트촌 대 상가촌, 도시 대 지방, 경제적 개발 정도, 교육 · 문화시설의 지원 정도, 부모들의 교육적 열의와 풍토 등은 자라나는 다음 세대들의 교육, 특별히 그들의 사회성발달에 영향을 미칠 수 있는 요인들이다. 유아들의 친사회적 행동이 잘 나타나는 문화권이 타인에 대한 배려, 나눔, 공동체성을 강조하는 농촌이었다는 연구결과는 지역사회 문화의 중요함을 지지한다.

(6) 대중매체 : 텔레비전, 컴퓨터, 스마트폰

유아들과 밀접한 대중매체로는 텔레비전, 컴퓨터, 스마트폰을 들 수 있는데, 유아들은 시각적으로는 빠른 화면의 변화와 반복, 화면의 커짐에, 그리고 청각적으로는 독특한 소리, 음악에 매력을 느끼고 장시간 미디어매체에 몰입한다. 수동적 시청, 주의집중과 사고력의 방해, 폭력에의 노출 및 공격성 증가, 프로그램 인물과 그의 언행에 대한 무분별한 모델링, 성역할 고정화, 특정 계층에 대한 고정관념 형성, 비실제성 등은 이들 매체 시청의 문제점으로 간주된다. 그러나 유아들은 영상매체의 이용을 통해 생활양식에 대한 폭넓은 지식을 얻고 일상생활에서 만나기 어려운 많은 역할 모델을 관찰하게 되는 장점도 있다. 따라서 부모와 함께 매체를 이용하면서 바람직한 지도를 통하여 개념형성과 사회성 발달에 도움을 받아야 할 필요가 있다.

유아의 사회화는 가족, 또래, 유아교육기관, 지역사회 등 근접한 영역 내에서 이루어지고, 텔레비전, 컴퓨터, 스마트폰 등의 매체를 통해서 친사회적 · 반사회적 행동을 배우게 된다. 부모와 교사는 유아의 사회화에 영향을 주는 변인들의 영향을 잘 알고 바른 지도와 대처를 해야 할 것이다.

2. 사회성발달의 특징

유아기는 인생의 출발점으로서 한 개체가 살아가는 데 필요한 기본적 기술과 발달을 보인다. 그중에서도 한 사회의 구성원으로 원만하게 살아가는 데 필요한 능력의 기초를 준비하는 것은 중요하다. 유아는 타인과의 접촉과 다양한 경험을 통해서 사회구성원으로서의 지식, 생각, 기술, 행동 등을 배우게 된다(김혜금 외, 2013 : 15 ; Daly, 200 : 137). 사회화는 반응의 패턴, 욕구 충족, 주고받음을 기초로 하는 영아기 부모-자녀관계에서 시작된다. 따라서 유아들이 교육기관에 올 때 그들은 이미 사회화 경험을 가지고 시작하게 된다(Essa, 2011 : 392). 2, 3세 유아들은 그 이전에 자신이 속한 사회에 대해 더 깊은 개념을 갖게 되는데, 이러한 발달에 힘입어 유아들의 이해력은 명백해지고 다양한 상황에 적용 가능하게 된다. 타인과 사회에 대한 유아들의 이해가 분명해짐에 따라, 타인에 대한 그들의 개념은 더욱 정교해진다(Daly, 2004 : 138-139). 3, 4세에 이르러 대부분의 또래들은 동질집단의 일부분이 된다. 이 작은 집단 속에서 나누기와 협력하기가 기대되며 유아들은 규칙과 가치를 배우게 된다. 유아들은 또래 그룹에 사회화되는 과정을 거치면서 또래 상호작용의 기술과 자신감을 얻고, 우정을 형성하며, 성 정체성을 개발하고, 인종과 문화에 대한 태도를 수용하며, 도덕과 가치관을 형성하고, 많은 반사회적 행동 또한 배운다(Essa, 2011 : 395). 3~6세 유아들은 공격적 충동의 조절에, 다른 사람을 돌봄에, 사회적으로 수용되기 위해 바람직하지 않은 행동을 저항하는 데 있어 커다란 진보를 보인다. 유아의 사회성발달은 사회화 과정, 애착, 인지발달, 기질에 의해 영향을 받는다(Daly, 2004 : 138-139).

3. 유아사회교육

1) 유아사회교육의 필요성

브론펜브레너Bronfenbrenner에 의하면 한 개체를 둘러싼 다양한 환경은 발달에 중요한 기능을 하는데, 특별히 가정, 학교, 매스미디어, 사회 등이 유아 사회성발달에 미치는 영향과 이와 연관된 유아사회교육의 필요성은 다음과 같다고 하였다.

첫째, 부모는 유아발달에 직접적 영향을 주나 가정의 사회화 기능이 점점 약화되고 있는 실정이다. 둘째, 영유아들의 유아교육기관을 이용하는 연령이 낮아지고 그 수가 증가하면서 유아교육기관에서의 사회화 기능이 강조되고 있다. 셋째, 매스미디어의 급격한 보급은 어려서부터 혼자서 기계와 노는 유아들을 양산하고 있으며 더 나아가 핸드폰 · 컴퓨터 중독으로까지 이어지고 있다. 넷째, 공동체 및 지역사회의 사회화 기능이 약화되고 있다. 다섯째, 여성, 노인, 아동의 권리에 대한 사회적 인식과 실천이 낮은 수준이다.

행복한 사회를 이루는 출발점은 유아기부터 사회교육을 통해 긍정적인 자아 개념을 형성하고 다른 사람을 배려하고 존중하며 더불어 살아가는 민주시민의 태도를 배우는 것이다(김혜금 외, 2013 : 15-19). 유아가 타인과 잘 어울리고 사회적 책임을 개발하는 것을 배우는 것은 삶의 행복에 긍정적 영향을 줄 것이고 사회적 기여도를 높이는 준비가 될 것이다. 즉, 타인을 향한 인식과 관심을 갖는 것과 관계를 맺는 기술을 돕는 시도는 유아의 미래를 준비하는 데 기여하는 것이다(Dowling, 2005 : 36).

2) 유아사회교육의 목표와 내용

유아사회교육 학자 중에서 미카엘리스(Michaelis, 1980)는 유아사회교육의 궁극적인 목적을 책임감 있는 민주시민의 양성으로 삼고 4가지의 목표를 강조하였다.

표 6-1 | 유아사회교육의 4가지 목표

목표영역	세부 목표
지식	• 역사 · 경제 · 사회 · 심리 등 사회 문화와 관련된 지식들 • 환경 · 에너지 · 남녀평등과 같은 환경 · 시사와 관련된 지식들 • 교통 · 통신 · 분배 · 소비 등과 같은 기능 · 수단에 관련된 지식들 • 가정 · 이웃 · 지역사회 · 국가 등의 대인관계에 관련된 지식들
사고과정	• 비판적 사고과정의 발달 • 논리적 사고과정의 발달 • 적용능력의 발달 • 창의적 사고과정의 발달 • 문제해결능력의 발달
기술	• 자신의 의사를 표현하고 설득할 수 있는 언어적 기술능력 • 집단에 참여하고 결정을 위한 대안들을 선정 개발할 수 있는 기술능력 • 자료를 해석하고 풀어 나갈 수 있는 해석기술능력 • 사회적 갈등해결 기술능력
민주적 태도 및 가치관 형성	• 긍정적인 태도 형성 • 올바른 정의 · 가치 기준 형성 • 민주사회 형성을 위한 행동 양식 형성

출처 : 조순옥 외(2013), pp. 12~13 재인용.

미카엘리스가 제시한 목표를 기준으로 유아사회교육의 내용은 사회성발달영역과 사회과학지식영역으로 구분할 수 있다. 두 영역에 해당되는 구체적인 내용은 표 6-2 와 같다.

표 6-2 | 사회성발달영역과 사회과학지식영역

사회성발달	사회과학지식
• 애착 • 자아 개념과 성 역할 • 정서적 경험 • 친사회적 행동 • 도덕성 • 가치관	• 지리 : 지구, 물리적 환경, 방향과 위치, 지역 · 사람 · 자원의 상호작용, 지도 읽기 • 역사 : 시간에 대한 이해, 변화, 과거, 생활의 연속성 • 경제 : 제한된 자원, 생산, 경제관념, 소비, 사회적 빈부 격차 • 다문화 : 상호 의존성 교육, 유사점 인식을 위한 교육, 다양성 인식을 위한 교육, 평화로운 갈등해결을 위한 교육 • 환경 : 주변환경 청결, 환경의 상호 의존성, 재활용 · 재사용, 심미감, 지구의 자원 보전 • 시민교육 : 규칙 수립과 준수, 기본 권리와 책임, 의무와 역할, 정치적 개념 교수

출처 : 조순옥 외(2013), pp. 14, 17~19.

유아사회교육에서 자신의 공동체에서 책임감 있는 일원이 되기 위해 사회적 개념, 가치 및 태도, 기술의 중요성을 강조한 바 있는 이영자 · 유효순 · 이정욱(2007)과 박찬옥 · 서동미 · 엄은나(2012)는 유아사회교육의 영역을 개념, 가치와 태도, 기술로 구분하여 그 내용을 표 6-3 과 같이 제시하였다.

표 6-3 | 유아사회교육영역

사회교육내용	구체적 내용
사회적 기술	• 자기 조절하기 • 의사소통과 협의 • 공유하기 • 협력하기 • 갈등해결하기 • 사회학습기술 : 지도 사용기술, 정보의 탐색 및 수집, 정보 조직, 해석, 반성적 사고
가치와 태도의 형성	• 보편적 가치와 태도 : 자신에 대한 긍정적인 태도 및 가치, 지식 · 학습에 대한 긍정적인 태도 및 가치, 민주적인 태도 및 가치 • 개별적 가치 : 음악, 옷, 종교적 믿음, 정치적 신념 등의 존중
기본적 개념의 형성	• 심리 · 사회 : 나, 가족, 지역사회 • 역사 : 시간, 변화, 지속성, 과거 • 지리 : 방향과 위치, 지도, 우리가 살고 있는 지역, 지리적 환경과 사람들의 대처방식, 다른 지역에 사는 사람들 간의 상호작용 • 경제 : 자원의 부족함, 생산과 소비, 돈의 기능 • 시민교육 : 기본권리, 규칙, 책임 • 국제적 이해(다문화) : 국가, 인종, 문화적 차이, 공통점 • 생태학 : 상호의존성, 환경보호

출처 : 박찬옥 · 서동미 · 엄은나(2012), p. 155 ; 이영자 · 유효순 · 이정욱(2007), pp. 10~22.

장혜순(2007)은 유아사회교육에서 다루어지는 내용을 자아와 사회적인 자아에 대한 개념, 애착발달, 성역할과 양성성, 친사회적 행동, 친구관계와 우정, 사회과학의 기본 개념, 죽음, 이혼, 폭력과 전쟁, 치명적인 질병과 장애, 정의적인 경험과 가치관 및 태도의 형성, 문제해결, 환경 및 안전에 대한 개념, 공중도덕과 예절교육, 다문화와 반편견, 경제 개념과 소비자교육으로 열거하였다. 이 중에서 사회과학의 기본 개념은 공공질서, 보존(자원, 재산), 경제학, 역사, 지리, 국제적 이해, 인류학, 사회학, 환경교육, 전통과 문화를 포함한다(132-174). 장혜순이 제시한 사회교육내용 중 죽음, 이혼, 폭력과 전쟁, 질병과 장애, 안전, 공중도덕 등은 타 학자들이 제시한 내용에는 포함되지 않은 독특한 내용들이다.

4. 사회성발달영역

이하에서는 유아기에 대표적으로 다루어지는 사회성발달영역을 다루어보고자 한다. 사회성발달영역에 포함되는 중요한 개념과 유아가 이러한 발달과업을 이루도록 어떻게 상호작용할 것인지를 살펴본다.

1) 긍정적 자아 개념

자아 개념은 자신의 신체, 능력, 관계, 특성 등을 기초로 자신이 누구인지를 인식함을 의미한다. 자기 자신에 대한 개념을 기초로 긍정적 또는 부정적 가치를 부여하는데, 자신에 대한 이러한 평가를 자아존중감이라고 부른다. 즉, 자신에 대한 인식을 갖는 인지적 측면이 자아 개념이고, 느낌과 평가의 감정적 측면이 자아존중감이다.

▲ 모든 발달의 기초가 되는 긍정적 자아 개념과 행복감

유아기는 생애발달과정 중 가장 역동적이고 급속한 발달이 일어나는 시기이며, 자아 개념의 기초가 만들어지는 시기이다. 생애 초기 자기 자신이 어떠한 사람이며 어떠한 믿음과 기대를 갖는가 하는 인식과 태도의 형성은 자아실현 및 대인관계의 기초로서 중요한 영향을 끼칠 것이다. 따라서 유아사회교육에서 긍정적 자아 개념과 자아존중감의 형성은 그 출발점으로 중요한 의의를 갖게 된다.

자아 개념과 자아존중감은 시기적으로는 유아기뿐 아니라 전 생애에 걸쳐 지속적인 영향을 미치고, 범위 면에서는 다른 모든 발달영역의 기초로서 행복한 생활, 건강한 정서, 대인관계, 학업 성취 및 능력 개발 등에 영향을 준다. 자아 개념은 자신의 신체, 행동, 사고가 타인과 다른 독립적인 존재라는 것을 인식함에서 시작된다. 두 돌 시기 유아는 자신과 타인이 서로 독립된 존재라는 것을 알게 되며 점차 자신을 객관화시켜 볼 수 있게 된다. 또한 타인과의 상호작용 가운데 타인이 나를 어떻게 인식하고 평가하는지를 지각하는 경험을 되풀이하면서 점차 자기 자신에 대한 개념적 표상을 형성하게 된다. 만 3세 이후로는 점차 자신과 타인 사이의 경계에 대한 분명한 인식이 이루어지는 시기인데, 이는 자기 소유물에 대한 권리를 주장하는 행동에서 확인될 수 있다. 3~4세에는 독립성이 개발되는 시기이므로 자신이 할 수 있는 새로운 일들에 주목하기도 하나, 아직까지는 자아가 덜 분화된 단계인 3~5세 유아는 자신을

▲ 자신의 작품을 자랑스럽게 생각하는 유아

성별, 나이 등의 범주에 따라 구분하며, 신체 특징, 소유물, 능력 등과 외현적 특성을 중심으로 자신을 진술하는 '범주적 자아'의 특성을 지닌다. 5~6세는 '나' 중심의 단계에서 '우리' 단계로 옮겨가면서 그룹의 필요와 관심을 알아가며, 자신의 필요와 감정을 표현할 언어적 능력이 개발된다. 6~8세경이 되어야 자신의 내적 특성에 기초한 또래들과의 비교가 나타나기 시작한다.

자아존중감이란 자신의 능력, 특성, 가치에 대한 판단을 의미하는 평가적 측면으로서 개인의 행동과 심리적 적응의 모든 측면에 영향을 미치기 때문에 자아의 가장 중요한 부분이라고 할 수 있다. 자아존중감은 학업, 부모와 또래와의 관계를 포함하는 사회적 자아존중감, 신체 및 운동능력, 외모에 대한 평가로 구성된다. 유아기 시기에는 연령이 높은 시기에 비해 자기 자신을 긍정적으로 보는 경향이 더 강하기에 자신의 실제 능력보다 더 높은 능력을 자신의 모습이라고 생각하고 행동한다. 그러나 학령기에 이르러서 자신을 또래와 비교하게 되면서 자신의 능력에 대해 객관적으로 평가하게 되기 때문에 자아존중감이 낮아지게 된다(박찬옥 · 서동미 · 엄은나, 2012 : 70-73).

유아의 자아 개념에 영향을 미치는 요인으로는 부모의 적절한 기대, 자녀의 요청 시 적절한 도움 제공하기, 부모의 긍정적 · 지지적인 정서적 반응, 교사의 인정, 또래와의 긍정적 상호작용과 인정, 높은 학업 성취도, 가정의 안정적인 사회 · 경제적 상황 등이다.

부모나 교사가 유아의 긍정적 자아 개념 형성을 도와줄 수 있는 방법은 다음과 같다.

- 유아의 존재 자체를 귀하게 여기고, 그의 언행에 경청하고 집중한다.
- 유아의 다양한 발달영역에서 격려와 즐거움을 보여 준다.
- 유아의 장점과 성공에 주목하라.
- 유아의 능력에 대한 신뢰를 보이라.
- 성공할 수 있는 경험을 제공한다.
- 유아들의 성취를 긍정적이지만 실제적인 방법으로 반영하라.

2) 감정이입능력

감정이입은 다른 사람의 입장에서 생각하거나 다른 사람의 감정, 사고, 입장을 느끼고 볼 수 있는 능력을 의미하며, 유아의 사회성발달, 특별히 친사회적 행동을 위한 중요한 기초이다. 유아 전기에는 다른 사람들의 슬픔과 고통에 대해 표정이나 위로의 행동으로 표현되지만, 언어의 발달과 함께 행동뿐 아니라 언어로도 감정이입을 함으로써 보다 발전된 형태를 취하게 된다.

호프만Hoffman에 의하면 감정이입은 네 단계를 거쳐 발달한다. 첫 단계는 생후 1년경에 나타나는 총체적 감정이입의 단계이다. 영아는 자신과 타인을 명확히 구별하지 못하므로 진정한 감정이입을 하지는 못한다. 타인이 울면 자신도 울지만 이는 원초적 기제로서 비자발적으로 나타나는 일종의 오염이다. 생후 2년경이 되면서 영아는 자신과 타인을 점차 구별하게 되어 자신이 아니라 타인이 불행하다는 것을 아나 자신도 불행하다고 간주한다. 자아 중심적 감정이입의 단계이다. 2~3세가 되면서 타인의 감정에 감정이입이 시작된다. 이제 유아들은 타인이 다른 감정을 갖고 있음을 알면서 그들에게 반응을 한다. 유아기 후기에 들어서면 타인의 삶에 대한 감정이입이 시작된다. 이 시기에 유아들은 타인의 감정이 일시적인 것이 아닌 일반적 삶의 경험을 나타내는 것이라는 것을 알게 된다. 따라서 타인에 대한 감정이입이 그들의 일반적 상황에 대한 지적 표상과 함께 나타난다(이영자 · 유효순 · 이정욱, 2007 : 88 재인용).

감정이입의 발달은 언어발달과 아울러 인지적 중심성을 벗어나 타인의 감정을 이해할 수 있는 인지능력의 발달에 영향을 받는다. 그러나 인지적 감정이입은 정서적 감정이입을 위한 필요조건이라고 할 수 있으나 충분조건은 되지 못한다. 감정 이입은 인지적 감정이입 외에 공감하려는 관심, 개인적인 고민 그리고 사회적 조망능력으로 구성되어 있다(장혜순, 2007 : 122). 감정이입은 또한 초기의 양육 경험에 따라 큰 영향을 받기도 한다. 예를 들어, 어머니가 다른 사람이 힘들어할 때 위로하고 도와주는 것을 관찰한 유아는 어머니의 행동을 모델링하여 어머니처럼 타인에게 행동하게 된다(김춘경 외, 2006 : 135-136). 그러므로 감정이입 개발을 위한 성인의 최선의 방법은 경청과 감정이입의 모델이 되어 주는 것이다. 다른 사람의 입장이 되어 보는 동극, 역할극 등이나 갈등상황에서 상대방 또는 제3자가 어떻게 느꼈을지에 대한 토론도 감정이입에 도움이 되는 활동이다.

3) 친사회적 행동

친사회적 행동이란 타인을 돕거나 도우려는 어떤 행위를 포함하는 폭넓은 개념을 의미한다. 맥캔레이Macanlay와 베르코위츠Berkowitz는 친사회적 행동을 외적인 보상의 기대 없이 타인을 돕기 위해 행하는 자발적 행동이라고 정의하였고, 리드Leed는 친사회적 행동에 3가지 구성요소를 행동 자체가 목적이 됨, 자발적으로 행함, 객관적인 인정을 받음으로 제안하였다(이경영, 2011 : 122-123 재인용). 종합해보면, 친사회적 행동이란 보상에 대한 기대 없이 자발적으로 행해지는 타인에게 이로움을 주는 행동으로 정의할 수 있다. 친사회적 행동의 구체적인 행동 유형으로는 도와주기, 나누어 주기, 협동하기, 동정심 보이기, 관용 베풀기, 위로하기, 격려하기 등이 포함된다. 친사회적 행동에 영향을 주는 요인은 부모의 양육태도, 또래와의 상호작용, 모델링의 경험, 사회문화적 배경, 대중매체의 시청, 연령, 성별 등을 들 수 있다.

친사회적 행동의 이점은 다음과 같다.

- 만족감을 얻는다.
- 유능함이 무엇인지 인식한다.
- 자신을 능력 있고 가치 있는 사람으로 지각하는 건강한 자아상을 갖게 된다.
- 다른 사람과의 사회적 관계를 맺게 해준다.
- 또래 사이에 인기가 높아진다.
- 도움을 받거나 협동을 할 기회가 증가한다.
- 긍정적인 집단 분위기를 만든다.
- 학업성취를 높인다(Kostelnik et al., 2011 : 496 ; 심숙영, 2013 : 36).

친사회적 행동을 가르치거나 개발하도록 돕는 원리들은 다음과 같다.

- **환경에 대한 배려를 한다** : 안정된 학급 분위기, 충분한 놀잇감과 놀이 공간, 적절한 교사 대 유아의 비율 등은 친사회적 행동에 필요하며 협동하거나 나누는 행동을 가르치기에 적합하다.
- **모델이 되어 준다** : 유아가 또래나 성인의 친사회적 행동을 관찰하면 이를 모방하여 유사한 행동을 보이게 된다.

▲ 친사회적 행동의 예 : 친밀한 신체적 접촉과 나눔

- **친사회적 행동에 대한 보상을 한다** : 유아들이 바람직한 행동에 대해 인정과 격려를 받게 되면 긍정적인 행동을 명료화시키는 계기가 된다.
- **귀납적 추론을 사용한 이야기 나누기를 실시한다** : 귀납적 추론은 타인의 감정에 대해 이해와 원인과 결과를 추론해 나가도록 돕는다.
- **친사회적 행동을 돕는 프로그램을 적용한다** : 교사는 의도적으로 협동이나 나누기 행동이 일어나는 활동을 프로그램에 반영할 수 있다. 예를 들어, 다른 사람의 역할을 대신해 보는 역할 놀이는 타인의 입장을 배려하고 상호작용의 기회를 높여 친사회적 행동발달에 도움이 된다.

4) 우 정

또래는 영유아의 사회화에 있어 중요한 기능을 한다. 또래관계를 통해 영유아는 자신과 타인에 대한 이해를 발달시키며, 바람직한 행동과 그렇지 않은 행동을 배운다. 또래관계의 반응을 통해 정서와 행동을 조절함을 배우는데, 조절을 잘 하는 유아일수록 인기아 또는 리더가 되는 경향이 있다. 또래 중에서도 쌍방 간에 친한 친구라고 생각하고 상호 호혜적인 관계를 맺는 경우를 우정이라고 부를 수 있다. 우정을 형성하게 되는 가장 중요한 요인은 유사성이다. 유사성은 친구 선택의 유일한 요소는 아니지만 가장 중요한 변인으로 작용한다. 연령의 유사성, 성의 유사성, 인종의 유사성, 흥미와 좋아하는 것의 유사성 등은 친구를 선택하고 유지하는 데 발견되는 공통적 요인이다.

▲ 유아들 사이의 우정 : 긍정적 정서의 공유

영유아기의 우정경험은 이후 사회성발달에 다음과 같이 영향을 미친다.

- 자기와 타인에 대한 이해에 도움이 된다.
- 정서적 지지를 통해 자아존중감 발달에 도움이 된다.
- 정서와 행동의 조절을 배운다.
- 사회적응능력의 발달을 돕는다(박찬옥 · 서동미 · 엄은나, 2012 : 109).

더 많은 영유아들이 가정 밖의 유아교육기관의 경험에 노출됨으로써 우정을 형성하는 일은 영유아에게 일상적인 일이 되어가고 있다. 가족관계는 유아들의 우정에 영향을 미치고 유아들의 우정은 부모들의 대인관계의 질을 반영한다. 부모-자녀 간의 애착, 부모의 양육형태, 부모의 관계형성, 가족의 확장된 사회적 환경을 포함하는 부모-자녀관계는 친구를 사귀고 유지하는 유아의 능력에 영향을 준다(Daly, 2004 : 152). 가족과의 경험 외에 또래와 상호작용을 하면서 놀이를 시작하고 지속하는 기술, 친구의 입장에서 바라보고 해석하는 조망수용능력, 갈등을 해결하는 능력 등은 우정을 형성하는 직접적인 요인으로 꼽힌다.

유아의 사회적 관계는 가족뿐 아니라 친구에 집중하고, 유아기 우정은 사회정서발달에 영향을 준다(Daly, 2004 : 153). 유아기의 우정은 익숙하지 않은 상황에서의 정서적 지원, 또래와 함께 놀 기회, 새로운 아이디어를 제안하고 따르고 시도하기, 타협하기 등의 실질적인 유익을 제공한다. 유아기로 접어들면서 확장된 언어능력, 인지능력, 사회정서능력을 토대로 친구를 사귀고 유지하는 능력이 개발된다. 영아기의 우정이 제한적이고 비연속적이었던 것에 반해, 유아기에는 보다 안정적인 관계로 발달되며 그룹 속에서 우정을 형성하는 경향이 생긴다. 이 시기의 유아들은 우정 대상 유아와의 친밀성과 사회적 상호작용의 일관성, 긍정적인 정서의 공유, 놀이에서의 상호적인 표현 등에 있어 영아기에 비해 한결 발전된 특성을 보인다(오채선 · 염지숙, 2004 ; 박찬옥 · 서동미 · 엄은나, 2012 : 110-111).

영유아의 우정발달을 돕도록 성인은 또래와의 놀이에 참여하고 유지하는 능력, 효과적인 의사소통능력, 친사회적 행동의 학습과 실천, 갈등상황의 문제해결능력 등을 개발하고 키우도록 도움을 주어야 할 것이다.

5) 성역할발달

인간을 분류하는 가장 기본적인 범주는 성별이다. 성역할은 한 개인이 남자 또는 여자로 특징지어질 수 있는 여러 특성, 행동 양식, 가치관, 성격 특성 등을 의미한다. 성역할은 일차적으로는 생물학적인 기준으로 구분되나 성역할행동은 사회와 문화의 기대와 규준에 의해 결정된다. 성역할발달에 영향을 미치는 요인으로는 생물학적 요인(염색체, 성호르몬), 사회 문화적 기대, 부모의 역할, 형제의 역할(형제의 수, 출생순위, 형제들과의 관계), 교사와 또래의 역할, 교육기관에서의 교육적 경험, 대중매체의 영향 등을 들 수 있다.

유아기 성역할 개념발달은 **표 6-4** 와 같이 이루어진다.

표 6-4 | 유아기의 성역할 개념발달

발달영역	발달 연령	내 용
성 정체감 · 성 동일시	0~2세, 2세 반	외모나 옷을 기준으로 자신과 타인의 성을 구분
성 안정성	2~4세	• 시간이 지나도 성이 변하지 않는 것을 이해 • 일생 동안 같은 성을 가짐을 이해
성 항상성	4~6, 7세	• 성은 바람, 외모, 활동에 상관없이 변하지 않음을 이해 • 보존 개념의 발달과 함께 형성

성역할 개념발달을 돕는 교사의 역할은 다음과 같다.

- 각각의 유아를 개인으로 존중한다.
- 성 정체성이 생물학적으로 결정된다는 것을 배우도록 돕는다.
- 자신의 타고난 성을 기쁘고 소중하게 여기는 마음을 갖도록 안내한다.
- 유아들과 성 정형화에 대해 토론한다.
- 학급에서의 역할과 책임에 모든 유아들이 참여하고 성차별이 없도록 계획한다.
- 놀이에 있어 남녀의 구분 없이 다양하게 선택하도록 격려한다.
- 다양한 역할을 감당하고 있는 남성과 여성에 관한 자료를 제공한다.
- 성 고정관념을 반영하지 않는 도서, 놀잇감, 활동을 선택한다(Essa, 2011 : 399-401).

6) 도덕성발달

헐록(Hurlock, 1978)은 도덕성을 "모든 생활영역에서 인간행동과 인간관계의 존재 형식에 관한 규율을 말하는데, 일반인들로 하여금 그 집단 내에서 용인된 바람직한 행동규범에 부합되게 행동하도록 이끄는 사고의 과정"이라고 정의하였다(이경영, 2011 : 142 재인용). 도덕성의 또 다른 정의는 "사회 규범을 이해하고 선악의 가치 기준에 따라 어떤 것이 좋은 것이고 나쁜 것인지를 판단하고 행동하고자 하는 심성"이다(유아교육사전, 1999). 두 가지 정의에 의하면 도덕성은 규범, 사고와 판단, 행동으로의 연결 등을 공통분모로 가진다. 심리학에서는 도덕성을 인지적 · 정의적 · 행동적 요소로 구분한다. 그러므로 도덕성은 도덕적인 판단력과 도덕적인 행동, 도덕적인 태도로 이루어진 정신적인 면과 행위적인 면을 포함한 규범의 총체로 정의할 수 있다(박찬옥 · 서동미 · 엄은나, 2012 : 134).

▲ 도덕성 발달의 상징

출처 : http://www.psychologytoday.com/blog/our-humanity-naturally/201205/obamas-evolving-morality-challenges-religious-absolutists

도덕성발달에 영향을 주는 요인은 다음과 같다.

(1) 부모의 양육태도

유아의 도덕성은 부모의 양육방식과 도덕적 판단 및 행동에 의해 영향을 받는다. 강압적이거나 일방적인 양육방법은 자녀에게 적대감이나 불안을 느끼게 하는 반면, 합리적인 의사소통이 가능한 부모는 도덕적 갈등상황의 분석 및 영향을 대화하고 추론하도록 돕는다.

(2) 또래와의 상호작용

또래는 평등한 상호작용을 하는 가운데 규칙을 정하는 데 참여하고 타인의 입장을 배려하며 다양한 놀이경험 가운데 도덕적 추론을 할 수 있는 기회를 가짐으로써 유아의 도덕적 기준과 행동에 영향을 준다.

(3) 성인과 또래의 모델링

반두라Bandura는 어린이에게 자신의 판단과는 다른 반대의 의견을 나타내는 어른의 행동을 모델로 관찰하게 하였다. 2주 후 어린이들은 모델이 지향하고 있는 가치관이나 판단의 방향으로 변화를 보여, 도덕성의 발달적 변화(결과론에서 동기론에의 변화)와 아울러 역행하는 발달적 변화(동기론에서 결과론으로의 변화)를 나타냈다(이경영, 2011 : 155). 이러한 실험의 결과는 모델링의 영향력을 보여 주는 것이다.

(4) 대중매체

유아는 대중매체에 나오는 다양한 역할을 관찰함으로써 그들의 가치와 정서적 반응, 새로운 행동 등을 학습하게 되며 이는 더 나아가 도덕적 판단이나 도덕적 행동으로까지 연결된다(박찬옥 · 서동미 · 엄은나, 2012 : 145).

콜버그Kohlberg가 제시한 도덕성발달의 단계는 표 6-5 와 같다.

표 6-5 | 도덕성발달의 단계

수 준	단 계	내 용
전인습적 수준 (pre-conventional level)	벌과 복종의 단계 (The punishment and obedience orientation)	• 처벌 면제, 권력에 대한 맹종 • 결과에 근거해 옳고 그름을 판단
	도구적 목적과 교환의 단계 (The instrumental relativist orientation)	• 자신의 필요 충족 여부가 옳고 그름을 결정 • 보상성 · 대가성을 중시
인습적 수준 (conventional level)	대인관계 조화/착한 아이 단계 (The interpersonal concordance or "good boy-nice girl" orientation)	• 선행은 타인을 기쁘게 하거나 돕고 인정받는 것 • "착하다"라는 타인의 인정 중요
	법과 질서 준수 (The "law and order" orientation)	• 권위, 정해진 규율, 사회적 질서의 유지를 지향 • 바른 행동은 의무 이행, 권위에 대한 존중 보이기, 사회적 질서 유지 등
후인습적 수준 (post-conventional level)	사회적 계약과 합법성의 단계 (The social-contract legalistic orientation)	옳은 행동은 사회에 의해 비판적으로 제고되고 동의된 일반적인 개인의 권리와 기준에 의해 결정
	보편적 윤리 원칙의 단계 (The universal ethical-principle orientation)	• 논리적 포괄성, 보편성, 일관성에 준하는 스스로의 윤리적 원칙에 따름 • 구체적 규율이 아닌 추상적이고 도덕적인 원칙 • 인간의 권리와 존엄성에 대한 정의, 상호성, 동등성의 원칙

또한 도덕성발달을 돕는 성인의 역할은 다음과 같다.

• 도덕성의 본질인 자율성이 보장되도록 유아의 선택을 존중한다.

- 일관성 있는 태도와 언행의 일치를 보인다.
- 도덕적 가치, 태도, 행동에 있어 모범을 보인다.
- 유아들의 도덕적 행위에 대한 관심과 격려, 칭찬을 제공한다.
- 유아의 발달단계와 능력에 맞는 기대를 요구한다.
- 유아들에게 규칙에 대한 이유를 간단하게 설명한다.
- 상황에 대한 추론 및 판단, 도덕적 감성, 문제해결능력발달에 도움이 되는 도덕적 갈등상황을 경험하는 토론과 역할 놀이를 제공한다.

7) 공격성

유아의 부적절한 사회적 문제행동으로는 때리기, 빼앗기, 훔치기, 뇌물 제공하기, 방해하는 행동, 망가뜨리는 행동, 활동에 참여하지 않는 행동 등이 있을 수 있으나, 본 장의 제한된 지면을 통해서는 유아기의 가장 흔한 부정적 행동인 공격성에 대해서 알아본다.

공격성은 어떤 상대에 대하여 적대적인 마음을 품거나 파괴적인 행동을 하는 것으로 정의되며, 피해자에게 미치는 부정적 영향이 가장 큰 부적절한 사회적 문제행동이므로 빠른 시간 내에 적절하게 다루어져야 한다. 공격성에 영향을 미치는 요인으로는 사회문화적 영향문화 간, 계층 간 차이, 가족의 영향, 양육태도부모가 자녀발달에 무관심, 애정 부족, 냉담, 거부, 자녀의 공격성에 대해 허용, 자녀의 활동과 친구 선택 등에 관리 소홀, 가정의 정서적 분위기화목하지 못한 가정의 자녀, 연령, 성차, 폭력적인 TV 프로그램 시청 등이 있다(정옥분, 2008 : 281-291). 정화자신을 괴롭힌 자나 욕구 좌절자에 대해 공격 표현, 처벌과 보복의 두려움, 학습된 공격억제공격불안, 공격충동이 생기면 불안해지는 심리상태, 전위자신을 괴롭힌 사람을 직접적으로 공격할 수 없을 시 대치된 표적에 대해서 공격 표현 등은 공격성의 감소에 영향을 주는 요인으로 알려져 있다(구광현 외, 2012 : 72-76).

공격성의 유형은 다음과 같이 구분된다.

- **우연적 공격성** : 유아는 놀이를 하면서 종종 아무 생각 없이 타인에게 해를 입힐 수 있는데, 이러한 행동을 우연한 공격성이라고 한다. 예를 들어, 친구의 손을 밟는 것, 놀이를 하다가 너무 세게 밀치는 것 등이다.
- **표현적 공격성** : 의도하지 않았지만 타인을 상해하거나 타인의 권리를 방해하는 신체적 행동을 통해 공격자가 즐거움을 얻는 것이다. 표현적 공격성은 공

격자의 분노, 좌절, 적대적 감정이 없는 것이 특징이며, 누군가에게 의도하지 않은 불행을 주는 것에서 비롯된 재미있고 탐색적인 신체적 행동이다. 예를 들어, 시연이가 머리를 잡아당기는 게 좋아서 웃으면서 수빈이의 머리를 잡아당기는 것이다.

- **도구적 공격성** : 자신이 원하는 것을 얻고 어떤 것을 지키기 위해 의도하지는 않았지만 누군가에게 해를 미치게 될 경우에, 이를 도구적 공격성이라고 한다. 예를 들어, 사탕을 빼앗다가 놀이친구를 쳐서 넘어지게 하는 것이다.
- **적대적 공격성** : 타인에게 신체적 또는 심리적 고통을 주려는 의도를 가진 고의적인 공격이다(Kostelnik et al., 2011 : 453-454).

공격성과 반사회적 행동의 지도방법은 다음과 같다.

- 공격성의 원인을 분석하여 사전에 예방한다.
- 공격행동을 유발하는 자극을 제거한다.
- 공격적 행동에 대한 보상을 제거한다.
- 공격적 행동에 반대되는 긍정적 행동을 유발하고 보상한다.
- 타임아웃 기법을 사용한다.
- 감정이입의 발달을 촉진시킨다(정옥분, 2008 : 283-297).

5. 유아 사회발달을 위한 교사 및 부모의 역할

위에서 살펴본 바와 같이, 유아의 사회성발달에 영향을 미치는 변인의 인적 변인에는 부모와 교사, 또래가 포함된다. 이하에서는 지도하는 교사 및 부모의 역할을 살펴보되, 유아의 사회적 기술을 도와줄 수 있는 전략들을 긍정적 사회적 행동과 바람직하지 않은 사회적 행동으로 구분하여 제시하고자 한다.

1) 바람직한 사회적 행동의 지도법

유아의 바람직한 사회적 행동의 발달을 돕기 위해 교사 및 부모는 다음과 같이 지도할 수 있다.

- 유아가 필요로 하는 애착과 관심을 넉넉하게 채우라.
- 유아가 안정감과 존중감을 느끼도록 공감, 따뜻함, 존중, 수용, 진정성을 보이라.
- 발달에 적합한 기대를 하라.
- 사회성의 모델이 되어 주라.
- 유아의 성공을 인정하라.
- 바람직한 행동에 대한 강화를 적절하게 사용하라.
- 연령이 높아지면서 보상이 아닌 내면화된 동기에서 가치체제를 행동으로 옮기도록 동기를 칭찬하고 대화하라.
- 타인의 입장에서 생각하고 행동하는 사회적 조망수용능력을 갖도록 도우라.
- 대중매체의 부정적 영향력을 최소화하도록 도우라.

▲ 유아의 해맑은 미소와 교사의 지원

▲ 교사의 반응과 지지는 사회성 발달의 기초

2) 부적절한 행동의 지도법

유아가 부적절한 행동을 조절하고 적절한 행동을 학습하도록 돕기 위해서는 긍정적인 예방법, 긍정적인 중재방법, 긍정적인 강화기술 등을 사용한다. 구체적인 지도법은 다음과 같다.

- 대부분 애정의 결핍으로 인한 관심 끌기가 목적일 수 있다. 애정의 탱크를 채워주되 대신 바람직하지 않은 행동은 무시하라.
- 자세한 관찰을 통해 부적절한 행동의 원인을 파악하라.
- 유아의 부정적인 감정을 바람직한 방법으로 표현하도록 도와주라.
- 대안활동으로 유아의 관심을 돌리게 하라.
- 갈등해결을 위한 문제해결법을 가르쳐 주거나 토론하라.
- 개인적인 메시지를 통해 교사의 기대를 전달하라.
- 부적절한 행동에 상응하는 긍정적 행동의 모델이 되어주라.
- 특별한 시간을 활용하라. 유아와 부모 또는 유아와 교사 단 둘의 데이트 시간을 통해 집중된 관심을 받은 유아는 변하게 될 것이다. 부모와 교사는 적은 시간의 투자가 문제행동을 크게 줄이게 됨을 목격하게 된다(지성애 · 김미경, 2007 : 31-33 ; Essa, 2010 : 42-48).

3) 유아사회교육 교수전략

유아의 사회성발달을 돕고 촉진시킬 수 있는 다양한 교수방법이 있는데, 그중 대표적인 방법은 다음과 같다.

① 자기표현

유아들이 느낌과 생각을 자유로이 표현하면서 긍정적인 자아 개념 및 자신감을 가질 수 있게 된다.

② 설 명

설명은 사회생활의 개념, 즉 예절, 윤리, 도덕, 질서 등을 가르칠 때 사용하는 방법의 하나로 유아가 일반적 원리를 이해한 후에 이 원리를 구체적 사례에 적용하여 개념의 구조를 형성해 나가는 방법이다.

③ 집단 토의

토의는 자신의 입장을 효과적으로 전달하고 타인의 입장을 고려하면서 서로의 생각을 공유하도록 도울 수 있는 효과적인 방법이다. 교사에게는 유아들의 관심이 있는 주제와 상황을 제시하고 유아들의 감정을 읽고 가치를 분석하며 문제해결책을 이끌어 내는 전략을 활용하고 유아들의 의견을 종합, 정리함이 요구된다.

④ 문제해결

일상생활에서 일어난 문제를 분석하고 대안을 제기해 문제를 해결해 보는 과정으로 이는 민주시민교육의 기초가 되며 합리적 사고와 책임감 있는 행동의 발달에 도움이 된다. 유아들은 타협, 양보, 제안 등의 사회적 기술을 배울 수 있다.

⑤ 모델링

모델링은 사회적으로 바람직한 행동을 보이고 모방하도록 하는 사회교육의 대표적 방법 중의 하나이다.

⑥ 역할극

역할 놀이 또는 극화 놀이를 통해서 다양한 역할을 경험하면서 감정이입 또는 협동기술 등을 배우고 문제해결력을 높일 수 있다.

6. 사회성발달 측정도구

1) 외국의 사회성 관련 척도

표 6-6 은 외국에서 개발된 사회성과 관련된 측정도구의 소개이다.

표 6-6 | 외국에서 개발된 사회성 측정도구

평가도구명	적용 연령	평가영역	출 처
Infant-Toddler Social and Emotional Assessment(ITSEA)	12~36개월	사회적 유능성, 외면적 문제행동, 내면적 문제행동, 조절문제	• Carter, Briggs-Gowan, Jones, & Little(2003) • Briggs-Gowan et al.(2004)
Ages and Stages Questionnaires: Social Emotional (ASQ : SE)	4~60개월	의사소통, 대근육, 소근육, 문제해결, 개인-사회영역	• Squires, Bricker, & wombly(2002) • 허계형(2009)

평가도구명	적용 연령	평가영역	출 처
Child Behavior Checklist Revised (CHC)	1.5~5세	정서적 반응, 불안/우울, 신체화, 위축, 수면문제, 주의문제, 공격문제	• Achenbach & Rescorla(2000) • 오경자 · 김영아(2009)
Development Assessment of Young Children(DAYC)	0~6세	인지, 사회정서, 적응행동, 의사소통, 신체발달	Voress & Maddox(1998)
Social Skills Raring Systems(SSRS)	3~6세	사회적 기술, 문제행동, 학문적 능력	Gresham & Elliott(1998)
Social Emotional Growth Chart	0~42개월	감각처리, 기능적 정서	Greenspan(2004)
Social Competence and Behavior Evaluation(SCBE)	30~78개월	정서적 반응, 또래와의 사회적 상호작용, 성인과의 사회적 상호작용	• Lafreniere & Dumas(2003) • 안라리(2005)
Preschool Behavior Checklist(PBCL)	3~5세	대 · 소변, 기질, 공포, 걱정, 기분, 기타 특수문제	McGuire & Richman(1986)
Devereux Early Childhood Assessment Clinical Form (DECA-C)	2~5세	우울, 위축, 정서통제문제, 주의집중문제, 공격성	Lebuffe & Naglieri(2003)

출처 : 심숙영(2013), pp. 52~53.

2) 국내 개발 · 번안된 사회성 관련 척도

표 6-7 은 국내에서 개발되거나, 외국에서 개발되고 국내에서 번안 수정된 측정도구 중에 2000년 이후에 발간된 것을 소개한다.

표 6-7 | 국내에서 번안 수정된 측정도구

평가도구명	적용 연령	평가영역	기 타
영유아 사회정서행동 진단평가척도	12~36개월	사회정서성, 사회적 관계, 내면적 문제행동, 외면적 문제행동, 수면 · 식사문제행동	• 개발자 : 심숙영(2012) • 4점 평정척도 • 자유놀이상황에서 관찰, 평가
유아사회지능 평가도구	유아	사회적 지식, 사회적 민감성, 사회적 표현성, 사회적 유연성	• 개발자 : 박낭자(2005) • 4점 평정척도 • 신뢰도 : .82

평가도구명	적용 연령	평가영역	기 타
유아의 사회적 능력 평가도구	유아	사회적 활동성, 과민성, 안정성, 비협조성, 협조성	• 원개발자 : Peace, Cease, & Crase(1979) • 번안 수정 : 장현주(2007) • 교사관찰, 5점 평정척도 • 신뢰도 : .87
취학 전 아동용 사회적 기술 평정척도(SSRS)	유아	협력성, 자기통제, 주장성	• 개발자 : Gresham & Elliot(1990) • 번안 수정 : 서미옥(2004) • 3점 평정척도 • 신뢰도 : .93
유아문제행동 평정척도	유아	주의집중, 공격성, 정서적 문제 행동	• 개발자 : 이경자 · 홍강의 · 이혜련(1997) • 수정 보완 : 홍주원(2008) • 신뢰도 : .83~.86 • 3점 평정척도
부모용 유아 공격성 및 문제행동척도	유아	내면화 행동, 수면문제, 외현화 행동, 기타 문제	• 개발자 : Achenbach & Rescorla(2000) • 번안 수정 : 오경자 • 99개 문항 • 신뢰도 : .75~.88 • 5점 평정척도
사회행동 목록	유아	사회적 조절, 사회적 도움 요구, 규칙과 교사 거역하기, 적대/협박, 협동기술	• 개발자 : Bronson(1985) • 번안 수정 : 지성애(2004) • 5분간 15초 단위로 평가 • 신뢰도 : .94
친사회적 행동 평가척도(PBSYC)	유아	지도성, 도움 주기, 의사소통, 주도적 배려, 접근 시도, 나누기, 감정이입 및 조절	• 개발자 : 김영옥(2003) • 신뢰도 : .81 • 5점 평정척도
또래 유능성검사	유아	주도성, 공유하기, 친구 사귀기, 갈등해결하기	• 개발자 : 오숙현(2004), 이혜원(2005), Walker, Berthelsen & Irving(2000) • 번안 수정 : 박정란(2008) • 신뢰도 : .97 • 5점 평정척도
또래 유능성척도	유아	사교성, 친사회성, 주도성	• 개발자 : 박주희 · 이은혜(2001) • 신뢰도 : .90~.94 • 5점 평정척도
유아 문제행동 나무그림검사	3~6세	품행문제, 정서적 문제, 사회적 관계의 문제, 집중하여 건설적으로 놀이하는 능력, 발버둥치며 떼쓰기, 언어, 습관, 대소변 문제	• 개발자 : McGuire & Richman(1988) • 번안 수정 : 박연경 · 황혜정(2001) • 신뢰도 : .83 • 3점 평정척도

평가도구명	적용 연령	평가영역	기 타
유아용 문제행동진단 검사	유아	외현적, 내면적, 혼합형 문제행동	• 개발자 : 황혜정 · 윤명희 · 강성빈(2002) • 신뢰도 : .97 • 3점 평정척도
유아의 문제행동진단을 위한 부모용 · 교사용 검사	유아		• 개발자 : 황혜정(2005) • 부모용 125문항, 교사용 120문항 • 신뢰도 : 부모용 .97; 교사용 .96

출처 : 심숙영(2013), pp. 56~61 ; 황해익 외(2012a), pp. 109~111 ; 황해익 외(2012b), pp. 13~93.

3) 사회성 측정도구 소개

(1) 부모용 유아 공격성 및 문제행동척도

위에 제시된 다양한 측정도구 중에서 아첸바하와 레스콜라(Achenbach & Rescorla, 2000)가 개발하고 오경자가 번안하여 표준화 중인 1.5~5세 부모용 유아 공격성 및 문제행동척도(Child Behavior Checklist)의 내용을 소개한다. 이 측정도구는 내면화 행동정서불안정, 불안/우울, 신체화, 위축, 수면문제, 외현화 행동주의문제, 공격적 행동, 기타문제의 하위요인으로 구성되며 5점 평정척도를 사용한다. 검사결과의 점수가 높을수록 유아의 문제행동과 공격성 문제의 정도가 심함을 의미한다.

표 6-8 | 부모용 유아 공격성 및 문제행동척도

유아 이름 : ____________ 유아 연령 : ____________

아래에는 유아의 행동에 대한 여러 가지 항목들이 있습니다. 각 항목을 잘 읽어가면서 현재 및 지난 2개월 동안에 유아를 관찰하신 행동에 대해 어머님께서 유아에게 그런 일이 있던 횟수와 그 정도를 고려하여 각 항목에 체크해 주시기 바랍니다.

문 항	전혀 그렇지 않다	그렇지 않다	잘 모르겠다	그렇다	매우 그렇다
1. 몸이 쑤시고 아프다(의학적으로 유발된 것이 아님 : 복통이나 두통을 포함하지 않음).	1	2	3	4	5

문 항	전혀 그렇지 않다	그렇지 않다	잘 모르겠다	그렇다	매우 그렇다
2. 나이에 비해 너무 어리게 행동한다.	1	2	3	4	5
3. 새로운 일을 해보는 것을 겁낸다.	1	2	3	4	5
4. 다른 사람과의 눈맞춤을 피한다.	1	2	3	4	5
5. 집중력이 없고, 어떤 일에 오래 주의를 기울이지 못한다.	1	2	3	4	5
6. 가만히 앉아 있지 못하고 안절부절 못하며 지나치게 많이 움직인다.	1	2	3	4	5
7. 물건이 제자리에 있지 않으면 참지 못한다.	1	2	3	4	5
8. 기다리는 것을 참지 못하고, 모든 것을 당장 원한다.	1	2	3	4	5
9. 먹을 수 없는 물건 등을 씹는다.	1	2	3	4	5
10. 너무 어른들에게 의지하고 매달리는 경향이 있다.	1	2	3	4	5
11. 끊임없이 도움을 구한다.	1	2	3	4	5
12. 변비가 있거나, 변을 잘 보지 못한다(아프지 않을 때에도).	1	2	3	4	5
13. 잘 운다.	1	2	3	4	5
14. 동물을 잔인하게 다룬다.	1	2	3	4	5
15. 반항적이다.	1	2	3	4	5
16. 요구가 즉시 충족되어야 한다.	1	2	3	4	5
17. 자기 물건을 부순다.	1	2	3	4	5
18. 가족이나 다른 아이의 물건을 부순다.	1	2	3	4	5
19. 설사를 한다.	1	2	3	4	5
20. 말을 안 듣는다.	1	2	3	4	5
21. 일상적인 생활의 변화에 당황한다.	1	2	3	4	5
22. 혼자 잠을 자지 않으려 한다.	1	2	3	4	5
23. 사람들이 말을 걸어도 대꾸하지 않는다.	1	2	3	4	5
24. 잘 먹지 않는다. (구체적 내용 :)	1	2	3	4	5
25. 다른 사람들과 잘 어울려 지내지 못한다.	1	2	3	4	5
26. 재미있게 노는 방법을 모른다. 애늙은이처럼 행동한다.	1	2	3	4	5
27. 나쁜 일을 저지르고도 아무렇지 않게 생각한다.	1	2	3	4	5
28. 집 밖으로 나가는 것을 원치 않는다.	1	2	3	4	5
29. 쉽게 좌절한다.	1	2	3	4	5

문 항	전혀 그렇지 않다	그렇지 않다	잘 모르겠다	그렇다	매우 그렇다
30. 샘을 잘 낸다.	1	2	3	4	5
31. 먹어서 안 될 것(흙, 종이 등)을 먹거나 마신다. (구체적 내용 :)	1	2	3	4	5
32. 어떤 동물이나 상황, 장소를 두려워한다. (구체적 내용 :)	1	2	3	4	5
33. 쉽게 감정이 상한다.	1	2	3	4	5
34. 잘 다치거나, 사고를 잘 낸다.	1	2	3	4	5
35. 자주 싸운다.	1	2	3	4	5
36. 모든 일에 대해 참견한다.	1	2	3	4	5
37. 부모로부터 떨어지면, 심하게 혼란스러워한다.	1	2	3	4	5
38. 잠드는 데 어려움을 보인다.	1	2	3	4	5
39. 두통이 있다(의학적 원인 없이).	1	2	3	4	5
40. 다른 사람들을 때린다.	1	2	3	4	5
41. 숨을 멈춘다.	1	2	3	4	5
42. 이유 없이 동물이나 사람에게 상처를 입힌다.	1	2	3	4	5
43. 충분한 이유 없이 불행해 보인다.	1	2	3	4	5
44. 화난 기분이다.	1	2	3	4	5
45. 메스껍다(의학적으로 유발된 것이 아님).	1	2	3	4	5
46. 안절부절 못한다.	1	2	3	4	5
47. 신경질적이고, 예민하거나, 긴장되어 있다.	1	2	3	4	5
48. 악몽을 꾼다.	1	2	3	4	5
49. 음식을 지나치게 많이 먹는다.	1	2	3	4	5
50. 매우 피곤해 한다.	1	2	3	4	5
51. 적절하지 않은 이유로 당황한다.	1	2	3	4	5
52. 변을 보기가 고통스럽다(의학적 원인 없이).	1	2	3	4	5
53. 신체적으로 남을 공격한다.	1	2	3	4	5
54. 코를 후비거나 피부 또는 다른 신체 부위를 뜯는다. (구체적 내용 :)	1	2	3	4	5
55. 지나치게 자신의 성기를 가지고 논다.	1	2	3	4	5
56. 운동신경이 둔하고 움직임이 어색하다.	1	2	3	4	5

문 항	전혀 그렇지 않다	그렇지 않다	잘 모르겠다	그렇다	매우 그렇다
57. 눈에 이상이 있다(의학적인 원인 없이).	1	2	3	4	5
58. 체벌로도 행동이 개선되지 않는다.	1	2	3	4	5
59. 한 가지 활동에서 다른 활동으로 쉽게 관심이 옮겨 간다.	1	2	3	4	5
60. 발진이나 기타 피부 질환이 있다(의학적인 원인 없이).	1	2	3	4	5
61. 먹는 것을 거부한다.	1	2	3	4	5
62. 활동적인 게임을 하며 노는 것을 거부한다.	1	2	3	4	5
63. 반복적으로 머리나 신체를 흔든다.	1	2	3	4	5
64. 밤에 자러 가는 것을 저항한다.	1	2	3	4	5
65. 배변훈련에 저항한다. (구체적 내용 :)	1	2	3	4	5
66. 고함을 지른다.	1	2	3	4	5
67. 자의식이 지나치고 쉽게 무안해한다.	1	2	3	4	5
68. 이기적이거나 나누려고 하지 않는다.	1	2	3	4	5
69. 사람들에 대하여 거의 흥미를 보이지 않는다.	1	2	3	4	5
70. 주변 사물에 대해 거의 흥미를 보이지 않는다.	1	2	3	4	5
71. 다치는 것을 두려워하지 않는다.	1	2	3	4	5
72. 수줍거나 소심하다.	1	2	3	4	5
73. 보통 아이들보다 낮 또는 밤 동안 잠을 적게 잔다. (구체적 내용 :)	1	2	3	4	5
74. 대변을 가지고 뭉개거나 장난친다.	1	2	3	4	5
75. 발음이나 언어의 문제가 있다. (구체적 내용 :)	1	2	3	4	5
76. 멍하니 허공을 응시하거나 마음을 빼앗긴 것처럼 보인다.	1	2	3	4	5
77. 배앓이 혹은 복통이 있다(의학적인 원인 없이).	1	2	3	4	5
78. 슬픔과 기쁨 사이의 변화가 급격하다.	1	2	3	4	5
79. 비정상적인 이상한 행동을 한다. (구체적 내용 :)	1	2	3	4	5
80. 고집이 세고 시무룩해지거나 성질을 부린다.	1	2	3	4	5
81. 감정이나 기분이 갑자기 변하곤 한다.	1	2	3	4	5
82. 자주 뾰로통해진다.	1	2	3	4	5
83. 잠자면서 말을 하거나 비명을 지른다.	1	2	3	4	5

문 항	전혀 그렇지 않다	그렇지 않다	잘 모르겠다	그렇다	매우 그렇다
84. 성미가 급하고 제 뜻대로 안 되면 데굴데굴 구른다.	1	2	3	4	5
85. 청결, 정돈에 대해서 지나치게 신경을 쓴다.	1	2	3	4	5
86. 지나치게 두려워하거나, 불안해한다.	1	2	3	4	5
87. 협동적이지 못하다.	1	2	3	4	5
88. 비활동적이고 행동이 느리며 기운이 없다.	1	2	3	4	5
89. 불행하다고 생각하거나 슬퍼하고 우울해한다.	1	2	3	4	5
90. 유난히 소란스럽다.	1	2	3	4	5
91. 낯선 사람들이나 상황들에 불편해한다. (구체적 내용 :)	1	2	3	4	5
92. 구토를 한다(의학적 원인 없이).	1	2	3	4	5
93. 밤에 자다가 자주 깬다.	1	2	3	4	5
94. 길을 잃어버린다.	1	2	3	4	5
95. 과도한 관심을 원한다.	1	2	3	4	5
96. 징징 우는 소리를 한다.	1	2	3	4	5
97. 위축되어 남들과 어울리지 않으려고 한다.	1	2	3	4	5
98. 걱정이 많다.	1	2	3	4	5

99. 위에 적힌 문제 이외에 아동이 보이는 문제가 있다면 아래에 적어 주시기 바랍니다.

____

출처 : 황해익 외(2012b), pp. 41~46.

(2) 친사회적 행동평가척도

표 6-9 는 김영옥(2003)이 개발한 친사회적 행동평가척도PBSYC이다. 지도성, 도움 주기, 의사소통, 주도적 배려, 접근 시도하기, 나누기, 감정이입 및 조절의 7개의 하위요인으로 구성되어 있으며, 총 문항 수는 42문항이다. 5점 척도를 사용하였으며 점수가 높을수록 사회성이 높은 것으로 해석한다. 검사는 검사자가 자유 놀이 상황에 있는 유아들을 2주 정도 관찰한 후 문항에 따라 평정한 결과를 검사지에 기록하는 방식이다.

표 6-9 | 친사회적 행동평가척도(PBSYC)

하위영역	번호	내 용	매우 그렇지 않다	별로 그렇지 않다	보통 이다	대체로 그렇다	매우 그렇다
지도성	1	화난 행동 자제하기	1	2	3	4	5
	2	책임감 가지고 행동하기	1	2	3	4	5
	3	갈등상황에서 정직하게 행동하기	1	2	3	4	5
	4	만족 지연하기	1	2	3	4	5
	5	놀이나 공간에 대해 자긍심 나타내기	1	2	3	4	5
	6	또래의 좋은 행동(말) 칭찬하기	1	2	3	4	5
	7	어려움에 처한 또래 격려하기	1	2	3	4	5
	8	미안함/고마움 표현하기	1	2	3	4	5
도움 주기	9	또래에게 놀잇감, 물건, 기회 주기	1	2	3	4	5
	10	또래의 과제 돕기	1	2	3	4	5
	11	또래의 어려운 상황(사회적 상황)을 인식하고 돌보기	1	2	3	4	5
	12	함께 놀이하기	1	2	3	4	5
	13	공동 놀이하기	1	2	3	4	5
	14	공동과제 해결하기	1	2	3	4	5
	15	교실의 허드렛일(힘들고 하기 싫은 일) 참여하기	1	2	3	4	5
	16	또래의 어려움에 관심 갖기	1	2	3	4	5
	17	또래의 말(약속) 믿고 행동하기	1	2	3	4	5
의사소통	18	놀이집단에 참여의사 나타내기	1	2	3	4	5
	19	또래와 상호 의사소통하기	1	2	3	4	5
	20	다툼 없이 함께 놀이하기	1	2	3	4	5
	21	또래와 놀이에 대해 대화하기	1	2	3	4	5
	22	또래의 의견을 수용하고 함께 놀기	1	2	3	4	5
	23	또래의 놀이나 행동에 관심 가지고 말하기	1	2	3	4	5
	24	도움 요구하기	1	2	3	4	5
주도적 배려	25	또래에게 기회, 물건 배려하기	1	2	3	4	5
	26	양보하기	1	2	3	4	5
	27	또래의 감정 위로하기	1	2	3	4	5
	28	놀이규칙이나 생활 예의 지키기	1	2	3	4	5
	29	놀이정보 제공하기(놀이에 대한 자신의 의견 제안하기)	1	2	3	4	5
	30	화해하기	1	2	3	4	5

하위 영역	번호	내 용	매우 그렇지 않다	별로 그렇지 않다	보통 이다	대체로 그렇다	매우 그렇다
접근 시도	31	또래에게 미소 보이기	1	2	3	4	5
	32	놀이의사를 보이는 신체적 접촉하기	1	2	3	4	5
	33	또래에 대한 좋은 느낌 표현하기	1	2	3	4	5
	34	또래에게 친절하게 대하기	1	2	3	4	5
	35	친밀하게 부르기	1	2	3	4	5
나누기	36	장소 나누기	1	2	3	4	5
	37	기회 나누기	1	2	3	4	5
	38	소유물 나누기	1	2	3	4	5
감정이입 및 조절	39	또래의 정서에 관심 나타내기	1	2	3	4	5
	40	또래의 감정(생각)에 공감하기	1	2	3	4	5
	41	또래에게 우호적으로 접근하기	1	2	3	4	5
	42	격한 감정을 가라앉혀 나타내기	1	2	3	4	5

출처 : 황해익 외(2012b), pp. 56~58.

사람들과 어울림을 잘하는 것은 한 개인의 일과 삶에 있어서 장점이 된다. 이는 삶의 속도가 개인적 접촉의 시간을 쉽게 허락하지 않는 현 세대에 더욱 결정적이다(Dowling, 2005 : 21). 사회성발달은 유아가 개성 있는 개체로서 구별되는 동시에 타인에게 수용되고 어울리는 커다란 사회로의 통합을 의미하기에 양면성을 지닌 과정이며(Daly, 2004 : 137, 158), 사회성발달은 많은 영역들을 포함하는 포괄적인 과업이다. 사회성이 잘 발달된 유아의 현재와 미래의 삶은 그렇지 못한 유아와 비교했을 때 행복하고 만족함이 있을 것이다. 따라서 유아에게 영향을 주는 성인들의 우선순위는 사회성발달이 되어야 할 것이다. 또한 유아에게 중요한 타인들의 관심과 교육적 투자가 스스로 편안하고 남과 더불어 행복한 유아로 자라도록 도울 것으로 기대해 본다.

생각해 보기

1–2. 아래의 표현이 맞으면 ○, 틀리면 ×를 표시하고, ×일 경우 ________에서 수정하세요.

1. 3~5세 유아가 자신을 연령, 성별 또는 신체 특징, 소유물, 능력 등의 외현적 특성을 중심으로 묘사하는 것을 범주적 자아라고 부른다. (   )

2. 공격성의 분류 중, 자신이 원하는 것을 얻기 위해 의도하지는 않았지만 누군가에게 해를 미치게 될 경우를 표현적 공격성이라고 한다. (   )

3. 여러분의 학급에 종종 거짓말을 하는 유아가 있다고 가정하고 그 유아를 지도하기 위해 어떠한 지도법을 사용할 것인지 계획해 보시오.

CHAPTER·7

유아기 정서발달

1. 정서의 개념 및 이론적 기초
2. 유아기 정서발달의 특징
3. 유아 정서발달을 위한 교사 및 부모의 역할
4. 정서장애
5. 정서발달 측정도구

학습목표

- 정서의 의미와 특징을 이해하고, 정서에 대한 이론적 관점을 설명할 수 있다.
- 정서지능에 관해 이해하고 정서지능 평가도구를 활용할 수 있다.
- 유아기 정서이해력과 정서어휘력에 대해 이해하고 설명할 수 있다.
- 유아기에 경험할 수 있는 만족지연능력, 감정이입, 정서조절의 개념을 설명할 수 있다.
- 유아기 정서학습의 특징과 정서발달의 차이를 설명할 수 있다.
- 유아의 정서발달을 위한 교사 및 부모역할에 대해 이해하고 활용할 수 있다.
- 유아기 정서장애를 불안장애, 내면아이, 반응성 애착장애 차원에서 이해하고 설명할 수 있다.

핵심개념

- 정서의 분화
- 정서의 특징
- 정서의 이론적 기초
- 정서지능
- 정서이해력
- 정서어휘력
- 만족지연능력
- 감정이입
- 정서조절
- 정서발달을 위한 교사 및 부모역할
- 정서장애
- 유아 정서지능검사

CHAPTER · 7

유아기는 가정을 포함한 수많은 환경과의 접촉을 통해서 다양한 정서를 경험하게 되고 이러한 경험을 통해서 자신의 감정과 타인의 감정에 대처하는 방법을 배울 수 있다. 이 장에서는 정서의 개념 및 이론적 기초를 우선 살펴보고 유아기를 중심으로 한 정서발달의 특징과 건강한 정서발달을 위해 교사 및 부모가 수행해야 할 역할에 대해 정리한다. 그리고 유아기에 경험할 수 있는 정서장애를 몇 가지 차원에서 확인하고 정서발달 평가도구의 실 예를 살펴본다.

1. 정서의 개념 및 이론적 기초

정서는 유아가 하는 모든 것과 관련되어 있고, 유아기 발달에 중요한 영향을 미친다. 정서란 무엇을 의미하는지와 그 특징을 살펴보고 정서에 대한 이론적인 관점을 비교해 보고, 정서지능에 관해 정리해보고자 한다.

1) 정서의 정의와 분화

(1) 정서의 정의

정서란 여러 종류의 욕구와 결부된 경험으로, 사람의 마음에 일어나는 여러 가지 감정 또는 감정을 불러일으키는 기분이나 심리적인 분위기를 의미한다. 인류 모든 문화권의 사람들은 정서를 경험한다. 정서의 상태는 여러 요인에 의해 차이가 있기는 하지만 1차적인 정서라고 볼 수 있는 기쁘거나 슬프거나 분노를 느끼거나 놀라거나 무언가에 흥미를 느끼거나 두려워하거나 혐오스러워하는 등의 정서는 인간에게 공통적으로 경험되고 표현되는 특징이 있다. 유아는 이러한 인간의 보편적인 정서를 매일 경험하면서 생활해 나간다.

각 정서는 중추신경과 뇌로 신호를 전달하는 내적 사건이나 외적 사건에 의해서 일어난다. 이러한 신호의 결과로 사람들은 각성하고, 생리적 변화가 일어난다. 심장은 더 빨리 뛰고, 손바닥은 축축해지며, 목이 바짝 타기도 하는데, 이러한 것이 정서의 신체적인 측면이다. 이러한 감각적 변화는 얼굴표정이나 목소리, 자세, 몸의 움직임에서 관찰할 수 있다. 미소를 짓거나 얼굴을 찡그리거나 웃음을 짓는 것은 느낌에 대한 가시적인 표현으로 정서의 표현적인 측면에 해당한다. 이러한 표현을 통해 사람들은 어떤 일이 일어나는지를 해석한다. 이때 해석은 그 상황의 맥락이나 목표, 과거경험에 의해 영향을 받는다(Kagan, 1997). 모든 것을 고려하여 사람은 자신이 행복하거나 슬프거나 분노나 두려움을 어느 정도 경험하는지를 판단하는데, 이러한 측면이 바로 정서의 인지적인 측면이다(박경자 · 김송이 · 권연희 역, 2005).

정서는 유아의 생존에 도움을 주는데, 자신의 주 양육자와 애착을 형성하는 것이나 무서운 벌레를 피하는 것은 인지적인 이해보다 정서적인 반응이 보다 앞서는 상황이다. 이 경우 정서는 유아가 무슨 일이 일어났는지에 대해 생각하지 않고 서도 본능적으로 반응하여 특정 방향으로 움직이게 한다(Ekman & Davidson, 1990). 유아가 생각할 기회를 가질 때, 정서는 유아의 현재 상태에 관한 정보를 알려 준다. 이러한 정서의 역할을 통해 유아는 현재 정서상태를 유지하거나 변화하기 위해서 어떤 행동을 하게 된다(Frijda, 2000). 예를 들어, 신뢰감, 즐거움과 같은 감정은 유아에게 심리적인 안정감을 제공한다.

(2) 정서의 분화

출생 직후 신생아의 정서는 미분화 상태에 있지만 성장함에 따라 감정의 분화가 일어나는데, 일반적으로 유아기에 일어나는 감정분화는 다음과 같다.

① 분 노

분노는 신체적으로 불편함을 느낄 때 또는 하고 싶은 것을 제재받아 자신의 욕구가 좌절될 때 일어나기 쉽다. 분노를 표현하는 정도는 가정에서의 사회화 과정에 따라 다르다. 영아기에는 분노가 아주 빈번하게 일어나지만 유아기부터는 사회적응력의 발달에 따라 점차 줄어드는 경향이 있다. 이 시기 표출되는 분노의 감정을 주변 사람들이 사랑과 수용으로 대하지 않고 무관심하거나 비판적으로 반응하면 이후에 더 큰 분노와 공격적 성향이 나타나기 쉽다.

② 애 정

애정은 인간관계를 통해 경험되는 상호적인 것으로 자신이 사랑스럽고 자신의 사랑을 타인들이 가치 있게 여긴다는 것을 깨닫게 해주는 긍정적인 정서다. 약

▲ 아빠와 애정을 느끼는 유아

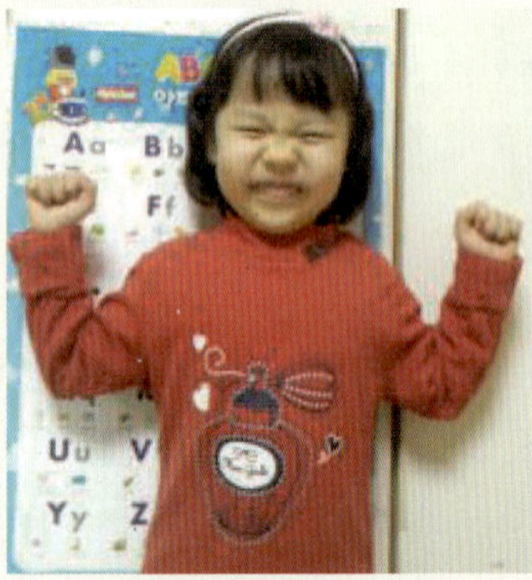

▲ 분노를 표현하는 유아

3세경이 되면 엄마를 기쁘게 해주는 것으로 애정을 표현하며, 4세에는 특히 부모를 자기 것으로 독점하려 하고 애정을 강하게 표현하려 한다. 애정의 상호작용에는 균형이 이루어져야 한다. 부모의 거부반응은 유아의 애정발달을 저해하며 부모 외의 타인에게서 애정을 찾게 되는 결과를 초래한다. 심하면 모든 감정을 내면화하고 외부로 표현하지 않는 외로운 아이로 성장할 수 있다.

③ 질 투

애정을 상실했거나 두려워하는 정서를 질투라고 한다. 지금까지 자기에게만 기울어져 있던 관심과 애정이 다른 사람에게 이동할 때, 자신이 고립되어 있음을 느끼고, 안정감의 근원이 되어 온 부모를 독차지하려는 감정이 위협을 받게 되면서 유아기에 흔히 생겨난다. 가장 일반적인 예로 동생이 생긴 유아는 자신이 부모 관심의 중심 대상이었는데, 동생에게로 옮겨간다는 것을 인식하고 심한 질투감을 갖게 된다. 동생이 미워 몰래 꼬집는다거나 스스로 퇴행행동을 보이기 쉽다. 이 시기 유아교육기관에 가게 됨으로써 선생님이 부모처럼 자기만 예뻐해 주지 않고 다른 아이들과 똑같이 대한다는 것을 느낄 때 역시 질투심이 유발된다.

▲ 동생에 대한 질투심을 느끼는 유아

▲ 즐거움으로 가득한 유아

④ 기 쁨

기쁨은 만족이라는 말로도 표현할 수 있는데, 무언가 자신이 원하는 일을 성취했을 때 표현되는 정서이다. 기쁜 일이 많을수록 명랑하고, 표정이 밝으며, 매사에 적극적이고, 안정적인 태도를 보일 수 있으므로 기쁨은 바람직한 대인관계와 후기 발달에 도움을 주는 중요한 조건이 된다.

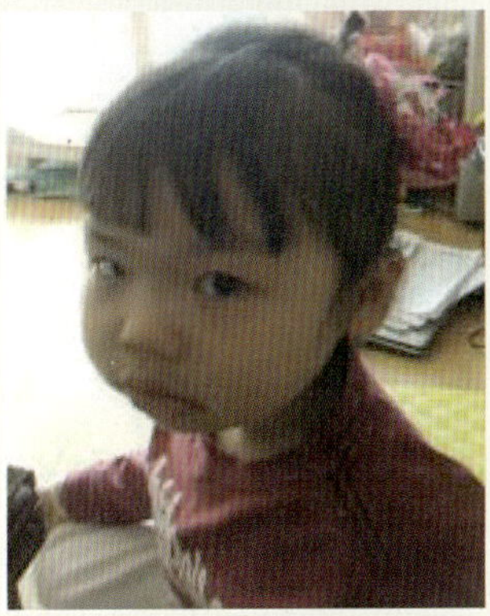

▲ 낯선 상황에서 두려움을 보이는 유아

⑤ 두려움

두려움은 위험에 처했을 때 그 대상으로부터 피하려는 반응이다. 유아에게는 신체적이며 즉각적인 불쾌자극이 두려움의 원인이 되는데, 예를 들어 이상한 물건,

표 7-1 | 기본 정서와 이에 상응하는 정서군

기 쁨	분 노	슬 픔	두려움
행복감	좌절	낙담	조심성
환희	질투	불행	불안
흐뭇함	혐오	고뇌	의심
만족	성가심	비탄	우려
즐거움	격노	실망	당황
고무됨	지겨움	수치심	괴로움
자긍심	저항	죄책감	공포

출처 : 박경자 · 김송이 · 권연희 · 김지현 역(2009), 영유아의 사회정서발달과 교육.

예상치 못한 소음, 생각하지 못한 일들, 고통스러운 상황, 낯선 사람 등이 해당한다. 인간이 성장함에 따라 두려움의 원인이 되는 것은 다양화되고 변화해 가는 특징이 있다.

플루치크(Plutchik, 1980)는 정서를 3차원 모형으로 분류하였는데, **그림 7-1** 과 같다.

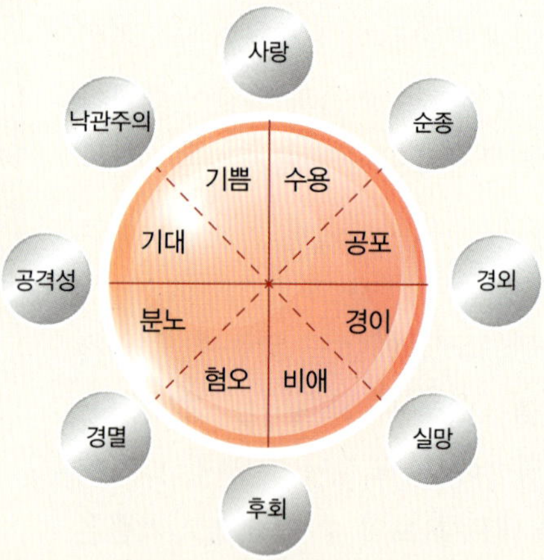

| 그림 7-1 | 플루치크의 정서에 대한 3차원 모형

출처 : 강위영 외(1999) 재인용.

2) 정서의 특징

정서는 다른 발달과 구분되는 여러 가지 특징을 가지고 있는데, 대표적인 특징은 다음과 같다.

첫째, 정서는 무의도적으로 생성된다. 정서는 특정한 사건이나 경험에 의해 형성되는데, 의도적으로 만들기보다는 무의도적인 측면이 강하다.

둘째, 뚜렷한 보편적인 신호universal signal가 존재한다. 분노, 공포, 슬픔, 혐오 등과 같은 특정 정서에는 보편적인 신호가 나타나는데, 즐거움이나 만족감, 자긍심과 같은 긍정적인 정서는 음성신호에는 차이가 있지만, 모두 특정한 형태의 웃음이라는 하나의 신호를 공유한다(Ekman, Davidson & Friesen, 1990).

셋째, 정서는 빠르게 형성된다. 정서는 무엇이 일어났는지를 이성적으로 지각하기도 전에 아주 빠르게 형성된다.

넷째, 정서는 비교적 지속시간이 짧다. 정서는 빠르게 형성되지만 오래 지속되지 않고 변화한다.

다섯째, 정서는 인간만이 가지고 있는 특징이 아니라 다른 영장류에서도 찾아볼 수 있다.

여섯째, 정서반응에는 자극에 대한 자동적 평가기제automatic appraisal mechanism가 작동한다. 일반적으로 상당히 빠른 속도로 지각도 못한 상태에서 자동적 평가기제가 작동한다고 볼 수 있다(정옥분 · 정순화 · 임정하, 2007).

일곱째, 동일한 상황에서 느끼는 정서는 인간마다 유사한 특징이 있다. 경험에 의한 개인적인 차이나 문화적인 차이로 인해 특정 정서를 유발하는 변수는 차이가 있지만 비슷한 상황에서 표현되는 정서는 공통적이다.

여덟째, 정서에는 생리적인 반응이 동반된다. 특정한 정서에는 그와 관련된 자율신경계의 변화가 동반된다.

3) 정서의 이론적 기초

정서는 생애 초기인 영아기에는 분화가 덜 된 상태에서 본능적으로 형성되지만 점차 분화되는 과정을 거쳐 정서발달을 가져온다. 이러한 과정 속에서 주요하게 작용하는 것이 무엇인가에 대한 입장에 따라 이론적 관점이 구분될 수 있다.

(1) 생물학적 관점

생물학적 관점에서는 인간의 정서는 출생 시부터 존재하고 보편적으로 인간에게 나타나는 생물학적으로 프로그램화된 것이라는 이론을 주장한다. 출생 시부터 호기심이나 혐오감 등이 존재하고, 화, 놀람, 슬픔은 약 3~4개월에, 공포는 약 5~7개월에, 수줍음과 수치심은 6~8개월에 나타나지만 죄책감이나 모욕감 등은 2세 전에는 나타나지 않는다고 본다. 이것은 정서발달이 성숙에 의해 이루어진다고 보는 것이다. 예를 들어, 유아가 기분이 좋을 때 미소를 짓고, 화날 때 얼굴을 찡그리는 것은 유전인자 속에 이미 그러한 표현능력이 있다는 것이다.

(2) 사회학습적 관점

사회학습적 관점에서 정서는 인간의 경험이나 학습을 통해 발달 양상이 달라질 수 있음을 주장한다. 유아가 생활해 오면서 겪게 되는 자극의 유무, 조건형성, 유아에 대한 주변인들의 태도나 방법에 따라 개별적으로 다른 정서가 표출될 수 있다는 것이다. 예를 들어, 처음에는 쥐를 무서워하지 않던 유아가 큰소리 나는 비명과 함께 결합되어 쥐를 보게 되면 공포심을 갖게 된다. 부모로부터 애정을 느끼지 못하게 되면 이후에도 애정이 싹트지 않을 수 있다. 주로 슬픈 표정을 하는 아버지와 함께 있으면 그러한 표정을 모방하게 된 유아도 역시나 슬픈 표정을 지속한다.

(3) 인지발달적 관점

인지발달적 관점에서는 인간은 인지활동을 통해 정서상태가 산출된다고 주장한다. 즉, 정서발달은 생물학적 성숙에 기인하기보다 인지발달의 결과로 본다. 정서란 대상이나 사건이 좋거나 혹은 나쁜 것으로 평가될 때 그것에 대해 느끼는 경향성을 의미하는데, 이때 평가란 기억과 상상에 의한 것이며 상황에 대처하는 행동의 계획으로 작용한다. 예를 들면, 새로운 대상을 주었을 경우 과거에 그와 비슷한 대상을 경험했던 정서를 기억하여 좋은 것으로 평가될 때 접근하고 나쁜 것으로 평가될 때 피하는 특징을 보인다.

4) 정서지능

정서는 인간이 태어나면서부터 일생 동안 성장하는 데 중요한 역할을 하며 다른 발달에도 많은 영향을 준다. 특별히 유아기에는 또래와 교사 등과의 관계에서 적합한 정서표현이 이루어진다. 이때의 정서는 유아가 자신이 속한 환경에 적응하고 행복한 삶을 살아가기 위해 중요한 역할을 한다. 자신의 감정을 적절히 조절하며 다른 사람의 감정을 읽고 그에 대처할 수 있는 사람은 정서지능이 높다고 평가된다. 정서지능은 생물학적으로 저절로 드러나기보다는 많은 경험과 교육의 결과로서 형성될 수 있다. 그렇기 때문에 정서지능이 높은 사람으로 성장하기 위해서는 정서가 급격히 발달하는 유아기에 다양한 정서적 경험을 연습하는 것이 필요하다(조경옥, 2004). 정서지능에 대한 개념을 정의한 샐로비와 메이어(Salovey & Mayer, 1996)는 정서지능을 지적 능력이 정서와 독립된 요인이 될 수 없음을 강조하여 이를 사회지능의 하위요소로 보고 자신과 타인의 정서를 점검하고 차이를 변별하며 생각하고 행동하는데, 이를 정보로 이용할 줄 아는 능력이라고 하였다. 따라서 정서지능은 정서라는 정보를 이성적으로 처리하는 능력으로 인간이 생활하면서 직면하는 다양한 상황에 능숙하게 대처하고 사회생활에서의 적응을 결정하는 중요한 요소라고 할 수 있다(김은자 · 유미숙, 2004).

골먼(Goleman, 1995)은 샐로비와 메이어의 정서지능 개념을 기초로 정서지능이란 좌절상황에서도 개인을 동기화시키고 자신을 지켜낼 수 있으며 충동이나 통제, 스트레스로 인해 합리적인 사고를 억누르지 않으며 타인의 행동에 대해 동감할 수 있고 희망을 버리지 않는 능력이라고 보았다. 이를 다섯 가지로 나누었는데, 자기 정서 인식, 타인 정서 인식, 자기 동기화, 자기조절, 대인관계기술 등이다.

샐로비와 메이어(1996)는 정서지능에 대한 영역을 4가지 단계로 나누었는데, 다음과 같다. 첫째, 정서의 인식과 표현의 단계로 단순한 능력들을 나타낸다. 정서의 지각은 개인의 정서를 얼마나 정확히 파악하였는가와 관련되며, 유아는 자신과 타인의 정서상태를 파악하는 것을 익히게 된다. 둘째, 정서에 의한 사고 촉진의 단계로 정서가 지능에 영향을 미칠 수 있다고 본다. 셋째, 정서적 지식의 활용 단계는 정서를 이해하고 정보를 담고 있는 지식을 활용하는 능력과 관련이 있다. 유아가 성장하면서 복잡하고 상반된 정서의 공존을 이해하고 인간관계에 활용하는 것이다. 넷째, 정서의 반영적 조절에서는 정서적 · 지적 성장의 향상을 위해 의식적으로 정서를 조절하는 능력과 관련이 있다. 구체적인 구성요소는 **표 7-2** 와 같다.

표 7-2 | 정서지능 구성요소

영 역	수 준
정서의 인식과 표현	수준 1 : 자신의 정서를 정확하게 인식하는 수준 2 : 타인의 정서를 이해하는 수준 3 : 정서를 정확히 표현하고 정서와 관련된 욕구를 표현하는 수준 4 : 표현된 정서 구별
정서에 의한 사고 촉진	수준 1 : 정서를 사용하여 중요한 정보에 집중함으로써 사고의 우선순위 결정 수준 2 : 생생한 정서를 불러일으키는 것과 관련된 판단, 기억 수준 3 : 정서를 효율적으로 세련된 정서와 사고에 도움을 줄 수 있도록 활용하는 수준 4 : 정서상태에 따라 다른 문제해결 접근
정서적 지식의 활용	수준 1 : 정서 간의 관계를 이해하고 명명 수준 2 : 정서가 전달하는 의미 이해 수준 3 : 복잡하고 복합적인 정서를 이해하여 활용하는 수준 4 : 정서의 전환에 대한 변화 양상 추론
정서의 반영적 조절	수준 1 : 정서에 대해 개방적으로 수용하는 수준 2 : 정서의 유익성과 실용성을 반영하여 정서를 지속시키거나 그 정서에서 벗어나기 수준 3 : 자신과 타인의 관계 속에서 정서를 반영적으로 점검하는 수준 4 : 정서가 전달하는 정보를 축소, 과장, 왜곡하지 않고 자신과 타인에 대한 정서를 관리, 조절

출처 : Salovey & Mayer(1996).

2. 유아기 정서발달의 특징

유아의 정서발달은 건강하고 전인적인 발달을 위해서 필수적인 요인이며 또래 간 인기도나 타인과의 상호작용을 포함한 유아의 적응에 긍정적인 영향을 미친다. 유아기 정서발달에 해당되는 구체적인 내용을 살펴보고자 한다.

1) 정서이해능력

(1) 정서이해력

정서를 이해한다는 것은 정서가 유발되는 상황을 아는 것, 정서의 원인이 되는 내적 상태와 내적 상태의 변화, 외적 사건과 행동을 아는 것, 정서가 신체에 미치는 영향과 동기적으로 어떤 기능을 하는지를 아는 것, 정서 유발로 인한 외적 행동과 표현을 아는 것 등을 의미한다(김정애, 2000). 정서이해력은 유아가 자신의 정서를 조절하는 데 중요한 역할을 하며, 또래관계와 문제해결과 관련된 사회적 유능감 형성 및 학습과 관련된 기본 능력이 된다. 즉, 자신의 정서를 이해하고 조절하는 능력이 뛰어난 유아는 정신적으로 건강하고, 집단생활에 잘 적응하며, 적극적으로 행동하기 때문에 또래와의 관계에서도 인기가 높다(송미영, 2004).

다양한 정서적 상황에서 자신과 타인에게 일어나는 감정을 인식하고, 이해하는 경험을 갖게 됨에 따라 유아는 두 가지 이상의 정서를 혼합하여 복합정서를 발달시켜 나간다. 이는 한 가지 상황에 한 가지 감정만 나타나는 것이 아니라 두 가지 이상의 감정이 작용하여 나타날 수 있음을 유아가 인식한다는 것이다. 인지 및 언어발달이 이루어지는 유아기가 되어서야 자신의 정서를 이해하는 것이 가능해지는데, 교육을 통해서도 증진될 수 있다. 유아기에 적합한 정서이해의 개념으로는 다음과 같다(송미영, 2004).

- 누구에게나 감정은 있다.
- 감정을 일으키는 상황은 다양하다.
- 감정은 내가 느끼는 것과 타인이 느끼는 것을 서로 잘 전달해 준다.
- 감정을 나타내는 표현방법에는 여러 가지가 있다.
- 내가 느끼는 것과 타인이 느끼는 것은 다를 수가 있다.
- 내가 느끼는 것과 타인이 느끼는 것을 바꾸기 위한 일을 해볼 수 있다.

(2) 정서어휘력

다양한 정서상태를 구분하고 자신 및 다른 사람의 정서를 올바르게 지각하기 위해서는 먼저 각 정서를 나타내는 어휘를 알아야 하며 정서어휘에 대한 지식이 높을수록 풍부한 정서경험을 할 수 있다(Joseph & Strain, 2003). 이러한 측면에서 보면 정서어휘력과 정서이해력은 함께 발달한다고 볼 수 있다. 인간의 기본정서에 있어서 1세 영아들도 양육자의 어투나 표정뿐 아니라 특정 정서를 유발하는 상황이 명백하다면 그 상황을 통해 상대방의 정서를 이해하며(Denham & Couchoud, 1990), 2~3세경에는 친숙한 상황과 그로부터 유발되는 정서를 연결시켜 인지할 수 있는데, 한 예로 케이크하면 생일이 떠오르고 기쁜 감정을 경험한다(남궁정, 2010). 정서와 관련된 어휘 역시 18~20개월경에 처음으로 산출되기 시작하여 2~3세경 빠르게 증가한다(Kalat & Shiota, 2006). 이 시기 유아는 자주 자신과 주변 사람의 정서에 대해 말한다. 그렇지만 유아가 '화난' 혹은 '슬픈' 같은 단어를 사용한다고 하여 그 정서가 의미하는 내적인 느낌을 반드시 이해한다고 볼 수는 없다. 예를 들어, 유아는 찡그린 얼굴을 단순히 '화난'이라고 이름 붙일 수 있다는 것이다.

2) 만족지연능력

(1) 만족지연능력의 개념

만족지연능력은 장기적인 목표달성을 위해 순간의 충동적인 욕구나 행동을 자제하며 즐거움과 만족을 지연시키는 선택을 하고 그 지연에 따른 좌절을 바람직한 보상을 기다리며 자발적으로 인내할 수 있는 자기통제능력이다(김양선, 2009). 미래의 성취를 위해 즉각적인 욕구나 충동을 자제하는 능력은 자신의 잠재력을 충분히 발휘하는 한 사람의 성인으로 성장하는 과정에 있어서 중요한 의미를 지닌다. 성취에 대한 기대에서 뿐만 아니라 수많은 유해한 자극과 유혹, 불안하고 위험한 환경 안에서 자라는 유아들에게 스스로의 충동을 조절하고 미래지향적이며 성취지향적인 가치관을 내재화시킨다는 것은 바람직한 교육목표가 될 수 있다.

일상에서 유아의 만족지연능력은 즉각적인 욕구충족을 택할 것인지 또는 이를 지연시켜 보다 큰 만족을 얻을 것인지를 결정하는 지연선택에서부터 시작된다(이수정, 2013). 유아가 만족지연을 하게 되면 다음 단계는 보다 큰 만족이 올 때까지 참고 견디는 인내가 중요한 역할을 하게 된다. 만족지연능력이 유아의 발달특성 중의 하나로서 중요한 가치를 갖는 이유는 충동을 억제하는 것을 배우지 못하면 다른 사람의 권리를 침해하거나 규칙을 위반할 수 있고 다른 사람과의 마찰이 잦아지며 장기적인 목표달성에 요구되는 인내심을 갖지 못하게 되기 때문이다(정옥분, 2008).

(2) 만족지연능력의 발달

유아의 만족지연능력은 비교적 어린 시기부터 나타나기 시작하며 지속적인 사회화의 과정을 겪으면서 점차적으로 강화되어 가는데, 만 2~3세 사이에 급격한 발달이 일어나고 만 5세 이후에 보다 안정적이 되며 아동 중기에 이르기까지 연령과 더불어 서서히 발달한다(송명자, 1995). 미셸(Mischel, 1974)은 만족을 지연시키는 능력의 발달은 다음의 세 요인의 영향을 받는다고 주장하였다. 첫째 요인은 즉각적인 만족을 지연시킨 후에 올 보다 큰 만족에 대한 신뢰이다. 만일 유아에게 약속한 만족이 주어지지 않을 때 아동의 지연만족에 대한 신뢰는 사라질 것이며 만족지연 경향은 감소될 것이다. 둘째 요인은 만족의 상대적 가치이다. 유아의 관점에서 즉각만족과 지연만족의 크기를 비교해서 기다릴 만한 가치가 있다고 판단할 때 지연만족을 택하게 될 것이다. 따라서 지연만족의 보상은 크고 명백할수록 유아의 만족지연능력을 기르는 데 도움이 된다. 셋째 요인은 지연기간이다. 지연기간은 유아에게 적절하게 짧아야 하며 지연기간이 길면 길수록 만족지연능력은 감소한다.

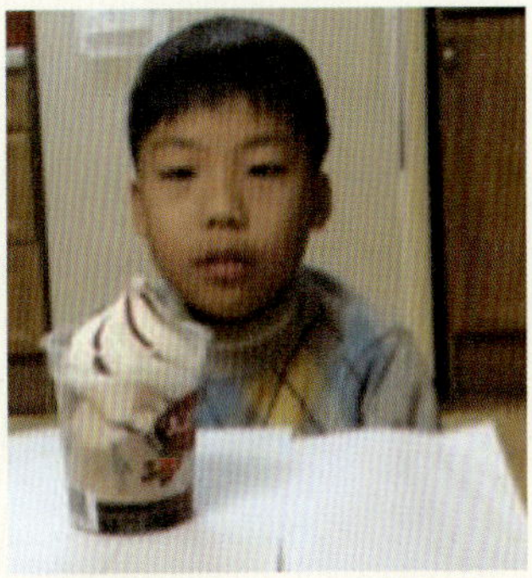

▲ 아이스크림보다 더 큰 만족을 기다리는 유아

만족지연능력은 크게 변화하지 않고 지속적인 것으로 알려져 있다. 최근의 연구에서 유아기에 만족지연실험에 참가한 유아들을 10년 후에 추적하여 스트레스에 대처하는 능력과 학업성공도, 사회적 유능성, 자기신뢰도 등을 재진단한 결과 이 연구에서 만족지연능력이 높았던 유아는 청년 초기에 보다 높은 학업 및 사회적 적응능력을 보였다. 이러한 결과는 유아기의 만족지연능력이 하나의 성향적 특성으로 유아의 성공적인 적응과 행복에 장기적이며 지속적인 영향을 미치고 있음을 반영한다(Mischel, Shoda & Peake, 1988).

3) 감정이입

(1) 감정이입의 개념

감정이입이란 한 사람이 타인과 부분적이고 감정적으로 동일시하고 동시에 그로

▲ 동화 속 주인공에게 감정이입을 하는 유아

▲ 배고픈 햄스터에게 감정이입을 하는 유아

부터 거리를 지킬 수 있으면서 이 두 위치를 넘나들 수 있는 능력이다(한국유아교육학회, 1999). 아이젠버그, 벤첼과 해리스(Eisenberg, Wentzel & Harris, 1987)는 감정이입을 두 가지 관점으로 보았는데, 다른 사람의 정서적 · 인지적 상태나 조망을 인지적 역할수용을 통하여 이해하는 능력으로 보는 것과 정서적 역할수용을 통하여 다른 사람의 정서적 상태를 인식하고 공유하는 능력으로 보는 것이다. 장옥남(2004)은 행복, 기쁨, 슬픔, 외로움, 괴로움, 분노, 고통과 같은 타인의 정서를 이해하는 능력으로 타인의 정서상태나 상황을 이해하고 타인의 입장이 되어 그의 정서나 감정을 느껴봄으로써 상대의 처지를 이해하는 능력이라고 보았다.

(2) 감정이입의 발달

호프만(Hoffman, 1984)은 인지적 요소와 정의적 요소를 통합하여 감정이입의 발달 수준을 제시했는데, 총체적 감정이입단계, 자기중심적 감정이입단계, 타인의 감정에 대한 감정이입단계, 타인의 일반적 곤경에 대한 감정이입단계 등 모두 4가지 단계이다. 구체적인 내용은 **표 7-3** 과 같다.

표 7-3 | 감정이입단계

감정이입의 발달단계	특 징
총체적 감정이입단계	• 가장 낮은 인지 수준 • 생후 1년까지 대상영속성 개념을 획득하기 전으로 보이는 것에 기초한 타고난 무의식적 반응 • 자신의 상황에 맞는 정서적 상태보다는 타인의 정서적 상태를 타율적으로 경험할 수 있음
자기중심적 감정이입단계	• 대상영속성 개념의 획득, 자신과 다른 사람을 구별 • 다른 사람이 고통을 받고 있다는 것을 느낄 때 감정이입적 고통을 처음으로 경험 • 자신의 내적 상태와 다른 사람의 내적 상태를 완전히 구별하지 못함
타인의 감정에 대한 감정이입단계	• 자신이 알고 있는 세계와 실제 세계가 다를 수 있다는 것, 다른 사람의 감정과 자신의 감정이 구분된다는 것을 알게 됨 • 타인의 정서를 이해하고자 할 때 신중하고 시험적이며 세심한 주의를 기울여 다른 사람의 감정을 현실적으로 지각 • 언어발달과 더불어 얼굴표정, 신체적 표현 및 감정의 상징적 단서로부터 의미를 이끌어 내어 실망, 분노와 같은 복잡한 정서뿐 아니라 반대되는 정서에도 감정이입을 함
타인의 일반적 곤경에 대한 감정이입단계	• 아동 후기가 되면 자신과 다른 사람이 각각 별개의 역사와 정체감을 가진 계속적인 존재라는 개념이 생기기 때문에 다른 사람이 당면한 상황을 넘어선 감정을 가진다는 것을 인식하기 시작 • 사람들을 어떤 기준에 의해 범주화하는 능력이 생겨, 가난한 사람, 지체아 등과 같은 어떤 계층에 있는 사람들의 일반적인 곤경에 대해서도 감정이입을 함

출처 : Salovey & Mayer(1996).

4) 정서조절

정서조절은 자신의 목표를 성취하기 위해 정서적 흥분을 억제, 증진, 지속, 조정하는 능력을 말한다(Hinnant & O'brien, 2007). 브레너와 샐러비(Brenner & Salovey, 1997)에 따르면 정서조절은 한 개인의 생각과 행동이 올바르게 유지될 수 있도록 안내하며 개인의 목표를 성취할 수 있도록 도움을 주는 것이며, 정서조절능력이 자극적인 상황에서 생기는 자신의 정서적인 반응을 자신 스스로 적절한 방식으로 변화할 수 있는 능력이라고 말한다.

또한 정서조절능력은 분노, 슬픔, 우울 등의 정서를 이겨낼 수 있는 능력이며, 이러한 부정적 정서를 다루지 못하고 그대로 표현할 경우 생길 수 있는 결과를 스스로 예측할 수 있는 능력으로 자신의 정서를 인식하고 정서적 반응을 조절하는 개인의 능력을 나타낸다. 따라서 개인의 정서조절능력이 발달되기 위해서는 먼저 자신의 정서를 정확히 인식할 수 있는 능력이 발달되어야 한다. 그리고 자신이 인식한 정서를 상황에 맞도록 적절하게 조절할 수 있는 능력이 있어야 한다.

정서조절능력 발달을 위해서는 자신의 정서를 인식하고 조절하는 것뿐만 아니라 타인의 정서를 잘 파악하고 다룰 수 있어야 한다. 타인의 정서조절능력이란 다른 사람과의 인간관계를 원만하게 유지하는 능력으로 대인관계능력이라고 할 수 있다(Goleman, 1995). 타인의 정서조절능력은 또래 사이에서의 인기, 지도능력과 또래와 원만한 인간관계를 유지하는 능력의 기초를 이룬다(한영민, 2009). 이러한 능력은 사회적 기술이며 인간이 삶에서 맺는 인간관계의 질을 높여 주고 타인과의 관계를 돈독하게 해주는 등 인간 삶에서 유용하게 사용되는 기술이다. 유아의 정서조절능력 발달은 부모의 정서조절양식과 정서표현의 영향을 받으며, 공격성과 같은 유아의 사회적 행동과 관련된다.

5) 유아기 정서적 과업

인간은 전 생애에 걸쳐 여러 가지 정서적 과업을 수행해 간다. 에릭슨(Erickson, 1963)은 인간이 8개의 정서적 단계를 거치며 발달하는데, 이 중 유아기가 약 2단계에 걸쳐 있다고 본다. 각 단계는 중심이 되는 정서적 과업과 긍정적 · 부정적 정서로 특징지워지는데, 과업은 두 개의 대조되는 정서 간에 발생하는 갈등을 해결하는 것이다. 각 단계에서 긍정적인 곳에 비중이 있을 때 긍정적인 정서발달을 한다고 볼 수 있다. 유아기에 해당되는 단계는 다음과 같다.

(1) 자율성 대 수치심

자율적인 유아는 스스로 할 수 있는 것을 하며 자신의 생각을 지속하면서도 타인의 도움을 받을 수 있음을 알지만, 자율적이지 못한 유아는 세상이나 자신을 통제하는 자기능력을 의심하게 되고 타인에게 지나치게 의존하는 경향이 있다. 수치심과 회의감을 발달시킨 유아는 주위를 탐색하거나 혼자서 사물을 조작해보거나 의사결정할 기회가 상대적으로 적다. 이러한 유아가 탐색하거나 독립적으로 행동하려면 대개 주변으로부터 조롱, 지나친 비판, 저항, 신체적인 통제 등을 받게 된다. 반면에 자율성을 발달시킨 유아는 많은 선택권을 가지며, 성취감을 많이 경험하고, 행동을 규제받을 때는 주위로부터 분명하고 긍정적인 메시지를 받는다. 이 단계를 성공적으로 경험한 유아는 자신과 연관된 일에 대해 스스로 결정하며, 스스로 완수할 수 있다는 유능감을 획득한다. 이 단계의 최적의 결과는 '나는 결정을 할 수 있고, 어떤 일도 나 혼자서 할 수 있어'라는 것을 확인하는 것이다(Kostelnik, Whiren, Soderman, Stein & Gregory, 2002).

(2) 주도성 대 죄책감

주도성은 약 4~5세경의 유아들이 경험하는 것으로 이 단계의 정서적 갈등은 자신의 능력이 건설적으로 나아가고 타인에게 의미 있게 여겨지는지, 아니면 자신의 능력이 비생산적으로 사용되고 타인에게 차단되는지에 대한 것이다. 유아의 노력이 자신이나 부모의 기대에 못 미칠 경우 죄책감을 발달시키게 된다. 이때 생각과 행동이 동일하다고 여기기 때문에 나쁜 생각을 하고 있는 것에서 죄책감을 느낀다. 예를 들어, 교사가 유아에게 정리를 잘 못한다고 훈계하고, 활동을 제대로 마무리하지 못한다고 비난하며, 친구들에 비해 과제를 잘 못한다고 이야기하고, 언어사용이 부적절하다고 평가할 때 유아는 죄책감을 발달시키게 된다. 반면, 주도성을 발달시킨 유아의 경우 자신의 능력을 확인하면서 즐거워하고, 책임감을 갖고 자신의 능력을 건설적으로 사용하는 방법을 찾는다. 또래와 더 잘 협력하며 도움도 잘 받아들이고, 올바른 행동에 대한 생각을 발달시키면서 자신이 원하는 것을 할 수 있다는 것을 학습한다. 이 단계의 최적의 결과는 '나는 할 수 있고, 나는 성공할 수 있어'라는 것에 대한 확신이다(Kostelnik, Whiren, Soderman, Stein & Gregory, 2002).

유아기의 정서학습

- 사람들은 모두 감정이 있다 : 나는 오늘 기분이 좋다. 내 친구 선희도 기분이 좋고 내 동생도 행복해 한다. 우리 선생님은 어떤 때에는 흥분하거나 기분이 좋고, 또 어떤 때에는 짜증을 내거나 화도 내신다.
- 정서는 다양한 상황에서 다르게 유발된다 : 내가 좋아하는 장난감을 가지고 놀 때, 친구들과 맛있는 간식을 먹을 때, 생일선물을 받을 때는 나는 참 기쁘다. 또 엄마에게 혼나거나 동생이 내 장난감을 망가뜨렸을 때는 많이 속상하고 슬프기도 하다.
- 정서를 표현하는 방법은 한 가지가 아니라 다양하다 : 나는 화났을 때 소리를 지르거나 큰 소리로 노래를 부르기도 한다.
- 다른 사람들은 나와 똑같은 감정을 느끼지 않을 수도 있다 : 뮤지컬 연극을 보러 갔을 때 불이 꺼지자 나는 흥분되고 짜릿했지만 옆 친구는 무서워서 울었다.
- 내 감정이 다른 사람의 감정에 영향을 줄 수 있다 : 엄마가 화나셨을 때 내가 동생을 돌보아주고 친절하게 웃어주면, 동생도 엄마도 기분이 좋아진다.

6) 정서발달의 차이

(1) 정서표현의 성차

보편적으로 여성이 남성보다 정서표현이 더 많으며 타인의 정서에 민감하다고 보는데, 유아기의 여아는 교사나 또래와의 대화에서 정서와 관련된 대화를 더 많이 사용한다. 또한 여아는 남아보다 타인이 어떤 느낌을 갖고 있는지에 대해 더 잘 이해하며, 이런 경향은 10대까지도 지속된다. 정서표현의 성차에 대해 많은 학자들은 성차는 대부분 태어나면서부터 가르쳐지고 모델링을 통한 학습이 이루어진다고 하였다. 대개 부모는 아들보다 딸에게 더 표현적인 얼굴표정을 보이고, 대화할 때도 딸에게 더 많은 감정 관련 어휘를 자주 사용하며, 다양한 정서를 표현하도록 자극을 준다. 이처럼 부모를 포함한 사회환경은 정서표현의 성차에 중요한 영향을 미친다.

(2) 정서발달의 문화적 차이

유아는 정서표현과 관련하여 자신이 속해 있는 문화의 독특한 표현규칙을 배워야 한다. 이 규칙은 정서를 어떻게 표현하고 특정 상황에서 어떠한 정서가 수용되고 어떤 것은 수용되지 않는지에 관한 것이다. 예를 들어, 유럽계 미국 가족에서 꾸중을 들을 때, 아동은 존중을 나타내기 위해 눈을 계속 마주보고, 양심의 가책을 나타내기 위해 진지한 표정을 지어야 한다. 하지만 멕시코계 아동은 존중을 나타내기 위해 눈을 내려야 한다. 중국 아동은 윗사람에게 야단맞을 때 사과의 표현으로 웃어야 한다. 한국 아동은 무표정을 발달시킴으로써 정서표현을 통제하도록 배우는 반면, 케냐 아동은 어렸을 때에는 울음이 긍정적인 행동이라고 배운다(Lynch & Hanson, 1998). 미국의 경우 어린 아동은 자신의 정서를 그대로 표현하지만, 점점 나이가 들어가면서 타인의 감정을 위해서 특정 정서, 특히 부정적인 정서를 위장하는 것을 배운다. 예를 들어, 아동은 선물을 받고 기뻐하는데, 자신이 원했던 것이 아니더라도 실망감을 표현하지 않도록 배운다(Shaffer, 2000).

유아는 가정과 지역사회에서 타인을 관찰하고 상호작용함으로써 이러한 표현의 차이를 배운다. 처음에는 부정적인 반응을 피하거나 타인으로부터 인정받기 위해 표현규칙을 따른다. 그 후 점차 표현규칙을 자신의 자연스런 규칙으로 받아들인다. 적절한 표현방식을 숙달한 유아는 또래와 교사 모두에게 더 인기 있으며 사회적으로도 더 유능하다(Goleman, 1995). 유아기 동안 부모와 교사는 정서표현의 사회화에서 중심적인 역할을 한다. 유아가 모방하는 모델이 되거나, 정서적 상황에서 적절한 반응을 해주고, 직접 가르치기도 한다.

3. 유아 정서발달을 위한 교사 및 부모의 역할

1) 유아의 정서에 부적절하게 반응함으로 인한 어려움

유아에게 정서적인 측면에서 많은 영향을 미치는 교사나 부모는 본인들이 의식하지 못한 상황에서 때로는 부적절한 행동을 보여 유아의 정서에 비효과적이거나 해로움을 가져다 주는데, 이러한 행동을 몇 가지 차원에서 정리해 볼 수 있다(Kostelnik, Whiren, Soderman & Gregory, 2009).

첫째, 유아의 정서를 무시하는 것이다. 때때로 교사는 유아의 정서를 무시하면 그 정서가 사라질 것이라고 여기지만 그 정서는 그대로 남아 있으면서 적절하게 대처하는 방법을 모른 채, 유아는 자신이 느끼는 감정이 중요하지 않다는 생각을 하게 된다. 이것은 긍정적인 자아존중감의 형성에 도움이 되지 못하며 이후 대인 관계 면에서도 좋지 않은 영향을 줄 수 있다.

둘째, 유아에게 정서적 상황에 대해 거짓말하는 것이다. 부모나 교사는 유아를 보호하거나 안심시키기 위해 상황에 따라 거짓말로 아이를 달래보려 하는데, 이로 인한 거짓말은 순간적인 위기는 모면할 수 있지만 후에 직면할 상황에 대해 준비하지 못하게 하고, 성인에 대한 신뢰를 무너뜨리게 할 수 있다.

셋째, 유아의 정서를 부인하는 것이다. 성인들은 다양한 방법으로 유아의 정서를 부인한다. 예를 들어, "걱정하지 마.", "겁내면 안 돼."와 같은 말로 유아가 특정한 감정을 표현하는 데 좌절하게 만든다. 또한 "코피가 나요."라고 울면서 말하는 아이에게 "금방 멈춰, 죽지는 않아."라고 반응하면서 유아가 표현하는 정서의 중요성을 소홀히 여기기도 한다. 이처럼 유아의 정서를 부인할 때 교사가 전달하는 의미는 유아에게는 자신의 정서가 잘못된 것이고 그런 경험을 하는 자신이 나쁘다고 여기게 한다.

넷째, 유아에게 수치심을 느끼게 하는 것이다. 울고 있는 유아에게 성인이 "아기처럼 우는구나, 겁쟁이처럼 이만한 일에 우는구나."와 같이 반응하는 것은 유아의 사기를 꺾이게 만들고 수치심을 느끼게 한다. 이로 인해 유아는 자신에 대해서 의심하게 되고 열등감을 느끼고 위축되며, 자신에 대해 긍정적으로 인식하는 것을 방해한다.

유아의 정서에 반응할 때 피해야 할 것

- 모두 알고 있다는 듯이 말하는 것 : "너는 틀림없이 슬플 거야", "네가 슬프다는 것을 알아" 이러한 말은 마치 모든 것을 알고 있다는 것처럼 들리고, 유아가 교사의 잘못된 반영을 수정하지 못하게 만든다. 정서적인 반영은 잠정적이고 수정 가능해야 하므로 이러한 말을 단호하게 사용하는 것은 금물이다.
- 유아를 비난하는 것 : 고집이 센, 심술궂은, 욕심이 많은, 거짓말쟁이, 싸움쟁이 등과 같은 말은 유아의 정서에 대한 정확한 해석이라기보다 유아의 행동에 대한 부모나 교사의 평가에 기초한 비난의 용어이기 때문에 사용해서는 안 된다. 예를 들어, 어떤 한 가지 방식으로 무언가를 하고자 하는 유아를 단호하다고 느낄 수는 있지만 완고한 것을 의미하는 '고집이 세다'고 말해서는 안 된다. 유아가 진정으로 전달하고자 하는 것이 무엇인지 관찰하고 무비판적으로 반영을 다시 진술해야 한다.
- 자기감정에 대해 말하도록 강요하는 것 : 교사는 관심이 있다는 것을 나타내기 위해 짜증

나거나 싫다는 유아의 신호를 무시하면서 유아에게 정서상태를 계속 질문하고 대답하기를 강요한다. "왜 그렇게 기분이 나쁘니?"라고 반복해서 물어보는 것은 유아의 대답할 능력을 넘어서는 것이며, 유아에게 스트레스를 주게 된다. 많은 유아는 이러한 질문을 관심이라기보다 참견으로 여길 수 있다. 실수를 줄이기 위한 좋은 방법은 말할 준비가 되어 있지 않다는 것을 드러내는 유아의 행동에 주의를 기울이는 것이다. 만약 유아가 교사를 외면한다든지, 했던 말을 취소한다든지, 모호한 대답을 하거나 중얼거린다든지, 모른다고 말할 때 그 자체를 존중해야 한다.

- 유아의 정서를 너무 빨리 분산시키려고 하는 것 : 유아가 특별한 상황에서 자기감정에 푹 빠져 있을 때, 교사는 이러한 감정을 희석시키거나 수정해 주어야 한다고 여길 수 있다. 그래서 흥분을 가라앉히거나 더 편안한 정서상태로 유아를 바꾸려 한다. 유아를 달래거나 분노를 기분 좋은 감정으로 바꾸려 하거나 빠져 있는 감정에서 주의를 돌리거나 분산시키려 하는데, 이러한 방법은 적절하지 않은 것이다. 유아는 자신의 태도를 갑자기 바꾸지 않으면 교사가 자신을 인정하지 않을 것이라고 생각하게 되어 자신의 진짜 감정을 건설적으로 다룰 수 있는 방법을 배우지 못하게 된다. 유아가 자기감정이 무엇인지를 인식한 후에 대처 전략을 생각하도록 하는 것이 더 적절한 방법이다.

2) 유아의 정서에 적절히 반응하는 기술

유아에게 의미 있는 성인인 부모나 가족, 교사는 이들의 정서에 적절히 반응하는 기술을 습득하고 생활 속에서 활용할 수 있어야 한다. 다음은 코스텔릭, 화이렌, 소더만과 그레고리(Kostelnik, Whiren, Soderman & Gregory, 2009)가 제안한 '아동의 정서발달을 도와주는 기술'을 정리한 것이다.

(1) 정서적 반영 사용하기

- 말하기 전에 유아를 주의 깊게 관찰한다.
- 유아가 보이는 여러 가지 정서에 민감하게 반응한다.
- 유아가 경험하는 정서를 무비판적으로 평가한다.
- 관찰한 정서를 유아에게 이야기할 때는 짧은 문장으로 말한다.
- 다양한 감정 단어를 사용한다.
- 유아의 정서를 받아들일 수 없더라도 이해한다.
- 부적절한 반영은 수정한다.

(2) 정서적 반영에 대한 일반적인 의문사항

- 정서를 반영하면 유아가 수정할까?
- 유아가 알고 있는지 확실하지 않은 감정과 관련된 어휘는 어떻게 소개해야 할까?
- 유아의 감정을 직접적으로 물어보지 않고 정서적 반영을 하는 이유는 무엇인가?
- 정서적 반영을 한 후에도 유아가 여전히 말하지 않는다면 어떻게 해야 하는가?
- 유아가 어떻게 느끼고 있는지 알 수 없다면 어떻게 해야 하는가?

(3) 정서이해 및 정서에 관한 의사소통기술 향상시키기

- 정서에 관한 토론을 진행하기 위해 이야기, 책, 노래를 이용한다.
- 교사 자신의 감정에 관해 말하면서 시범을 보여 준다.
- 유아가 타인에게 언제 자신의 정서를 말해야 하는지 알 수 있도록 도와준다.
- 유아가 자신의 정서에 대하여 말할 수 있도록 다양한 각본을 제시해 준다.
- 행동 단서를 통해서 타인의 정서를 이해할 수 있도록 돕는다.
- 타인의 정서를 유발하는 상황 단서에 주의를 기울이도록 한다.
- 유아가 혼합된 정서를 구분하도록 도와준다.
- 정서에 관해서 남아, 여아 모두와 이야기를 나눈다.
- 유아와 가족이 표현하는 정서표현의 문화적 차이에 대해 알려고 노력한다.

(4) 강렬한 정서에 대처하도록 도와주기

- 유아의 강렬한 정서는 인정하지만 파괴적인 행동은 못하게 한다.
- 슬퍼하거나 두려워하는 유아는 위로해 준다.
- 유아가 강렬한 정서를 더 잘 조절할 수 있도록 사건을 다시 해석해 준다.
- 새로운 상황에서 유아는 불안하여 강렬한 반응을 할 수 있음을 예상한다.
- 유아가 두려워하는 상황에 서서히 점차적으로 접근하도록 한다.
- 유아가 사용할 수 있는 정서조절전략을 가르쳐 준다.
- 유아에게 긍정적인 정서인 기쁨, 행복감, 유머를 표현할 기회를 많이 제공한다.

(5) 가족과 정서에 관해 의사소통하기

- 유아가 유아교육기관에서 보이는 정서에 대해 부모에게 알려준다.

- 부모에게서 유아의 가정 내 정서생활에 대한 정보를 얻는다.
- 부모가 유아의 전형적인 정서발달을 잘 이해할 수 있도록 도와준다.
- 부모가 표현하는 정서에 주의를 기울인다.
- 부모의 정서가 교사를 불편하게 하더라도 부모의 정서를 수용한다.
- 부모가 교사나 유아교육기관에 대해 화를 낼 때 방어적인 반응을 자제한다.

4. 정서장애

유아의 정서능력은 타인과 상호작용하며, 관계를 형성하는 데 중요한 능력이다. 이러한 능력이 성공적으로 발달하지 못하면 유아기의 생활뿐 아니라 인생 전반에 걸쳐 위기에 처할 가능성이 높다. 유아기에 경험할 수 있는 정서장애를 몇 가지 차원에서 살펴보고자 한다.

1) 불안장애

불안감은 정상적인 사람들도 가끔씩 경험하는 것으로 그 정도가 심하지 않으면 문제가 되지 않는다. 그러나 그 정도가 심각할 경우에는 부적응으로 보고 불안장애로 진단한다. 불안증상은 주로 나쁜 일이 일어날 것 같은 두려움과 초조감이 주요 증상으로 나타나지만, 가슴이 답답하고 숨이 가파르며 심장이 두근거리는 등 신체증상이 함께 나타나기도 한다. 불안장애와 비슷한 용어로 공포장애가 있다. 공포장애는 어떤 사람이나 사물 및 상황에 대해 타당한 이유 없이 두려움을 느끼는 것이다. 유아가 겪는 두려움의 대상은 일반적으로 어둠, 개 등과 같은데, 악몽, 소심함, 공포심 등을 만성적으로 경험하는 경우가 있어 정상적인 불안과 과잉불안을 구분할 수 있다. 만성적인 과잉불안을 보이는 유아는 새로운 상황에 불안해 하고 과잉반응을 하며 부정적인 생각을 하는 특징이 있다.

유아기에 겪는 불안장애 중 분리불안장애는 유아가 가정이나 부모와 떨어졌을 때 느끼는 과도한 불안을 의미한다. 이러한 유아는 부모와 함께 있기를 원하며, 때로는 두통, 복통, 구토 등의 신체적인 증상을 동반한다. 분리불안장애는 유아가 생활상의 심각한 스트레스를 경험한 후 나타나는 경우가 많은데, 부모의 죽음이나 이혼, 이사, 키우던 동물의 죽음 등이 원인이 되기도 한다.

분리불안장애로 분류되는 것은 다음 증상 중 3가지 이상을 지속적으로 보이는 경우다(정옥분, 2006).

- 애착대상과 분리되거나 분리가 예상될 때 반복적으로 심한 불안을 느낀다.
- 애착대상을 잃거나 애착대상에게 해로운 일이 일어날 거라고 심하게 걱정한다.
- 운 나쁜 사고가 생겨 애착대상과 분리될 거라는 비현실적이고 지속적인 걱정을 한다.
- 분리에 대한 불안으로 유치원에 가기 싫어한다.
- 혼자 있거나 애착대상 없이 지내는 것을 과도하게 거부한다.
- 애착대상이 가까이 있지 않으면 잠자기를 거부한다.
- 분리와 연관되는 악몽을 반복적으로 꾼다.
- 애착대상으로부터의 분리가 예상될 때 두통, 복통, 구토 등의 신체증상을 호소한다.

2) 내면아이

유아는 자신의 욕구를 충족시키기 위해 외부 세계의 도움을 필요로 하는 의존적 존재이며, 본능적으로 외부 세계로부터 자신의 욕구를 충족시킬 수 있다는 긍정적인 생각을 가지고 있다. 동시에 이러한 욕구가 좌절되었을 경우 고통으로부터 회복할 수 있는 쾌활한 특성을 지니며, 자유롭게 움직이고자 하는 욕구와 사랑받고자 하는 욕구가 있다. 그러나 이러한 욕구가 성장과정에서 지속적으로 억압되거나 왜곡된 경우 해결되지 않은 자아상태의 욕구가 성인이 된 시점에서도 영향을 미치게 되는데, 이를 내면아이inner child라고 한다(Bradshaw, 1990). 정서적으로 결핍된 경우 이러한 경향은 자신의 정신적인 성숙을 방해하고 이후 성인이 되어서도 그 사람의 인생을 지배한다는 것이다.

인생에서 가장 중요한 힘은 정서이며 이는 인간을 움직이게 하는 연료와도 같은 것이다. 이러한 정신적인 에너지가 자신의 욕구충족을 위해 올바른 방향으로 표현되지 못하고 신체 내부로 표출되면, 심각한 신체증상이 나타나기도 하지만 상처가 많은 내면아이로 남게 되는 것이다. 내면아이는 자신이 귀한 존재이며 언제든지 보살핌을 받을 수 있다는 확신을 갖지 못하는 데서 생기는 것으로(정옥분 · 정순화 · 임정하, 2007). 부모의 애정을 상실하지 않기 위해 지나치게 자신의 감정을 억제하고 상대방의 요구에만 맞추어 나가는 순응적인 자아상태가 지나치게 지배적인 것에서 비롯되는 정서적인 문제로 볼 수 있다. 그렇기 때문에 내면아이를 치유한다는 것은 어린이 자아상태의 충족되지 못한 욕구들을 표현하도록 도와주는 것이다.

3) 반응성 애착장애

반응성 애착장애란 선천적인 문제가 있는 것이 아니라 양육환경의 문제로 생긴 장애이다. 부모가 아이를 학대하거나 방임하는 등 양육자와 애착형성이 제대로 되지 못해서 생기는 증상이다. 이러한 장애가 생기는 원인은 다양한데, 양육자의 부적절한 보살핌이 원인일 수 있다. 예를 들면, 엄마의 산후우울증, 출산 후 산모의 장기입원, 부모가 정신지체인 경우, 부모로서의 양육기술 부족, 10대 부모 등에서 나타날 수 있다. 그리고 아이 자신의 문제에서 기인할 수 있는데, 미숙아, 저체중아, 타고난 기질, 유대관계 형성의 결함, 발달장애, 시청각장애의 문제가 해당된다. 주 양육자의 잦은 교체 또한 반응성 애착장애를 유발할 수 있는데, 반복적인 장기 입원이나 부모의 부재, 어린이집 교사의 잦은 변동 등이 해당된다.

반응성 애착장애의 구체적인 특징은 다음과 같다(채경선 · 김주아, 2007).

- 5세 이전에 나타나는 부적절한 대인관계 패턴으로 타인과의 접촉을 두려워하고 회피하는 양상, 또는 낯선 사람을 포함하여 누구에게나 과도한 친밀감을 표현하는 반응이다.
- 장기간 입원, 극심한 빈곤, 부모의 무경험 등 특정 상황이 병적 보살핌의 유발요소가 되기도 한다.
- 발달지체, 유아기 또는 영아 초기의 급식장애, 이식증이나 배설장애와 연관되기도 한다.

5. 정서발달 측정도구

1) 정서지능

김경희(1998)가 개발한 교사용 유아정서지능검사를 소개하면 표 7-4, 표 7-5 와 같다.

표 7-4 | 정서지능요인과 문항의 의미

정서 지능 요인	문항 수	긍정 문항 번호	부정 문항 번호	높은 점수의 의미
자기정서 인식 및 표현	9	1, 2, 3, 4, 5, 6, 7, 9	8	자신이 느끼는 정서를 인식하고 이를 상황에 맞게 적절히 표현한다.
자기감정조절 및 충동 억제	9	14	11,12,13,15,16, 17, 20, 21	자신의 감정을 조절할 수 있으며 충동을 억제할 수 있다.
자기정서 이용	12	22, 23, 24, 25, 26, 27, 28, 29, 30, 31	18, 19	자율적이며 성취를 이루기 위해 스스로 동기화하고 인내심을 갖는다.
타인정서 인식 및 배려	10	32, 33, 35, 36, 37, 38, 39, 44, 48	34	타인의 정서를 인식하고 그에 따라 배려할 수 있다.
교사와 또래와의 관계	10	10, 40, 41, 42, 43, 45, 46, 47, 49, 50		교사와 또래와의 원만하고 바람직한 관계를 맺는다.

사용 및 채점방법

- 교사가 유아에 대해 관찰한 후 제시된 질문지에 따라 유아의 행동 일치도 측정
- 긍정문항 : 90% 이상 일치하면 5점, 70% 이상 일치하면 4점, 50% 일치하면 3점, 30% 정도 일치하면 2점, 10% 정도 일치하면 1점으로 채점
- 부정문항 : 90% 이상 일치하면 1점, 70% 이상 일치하면 2점, 50% 일치하면 3점, 30% 정도 일치하면 4점, 10% 정도 일치하면 5점으로 역채점

표 7-5 | 교사용 유아 정서지능 평정척도

1. 유치원 이름 : ____________
2. 유아 이름 : ____________
3. 성별 : 남 / 여
4. 생년월일 : ____________
5. 평정자 : ____________
6. 작성일 : ____________

	90% / 70% / 50% / 30% / 10% 5 / 4 / 3 / 2 / 1	
1. 감정을 나타내는 말과 얼굴표정이 일치한다.	90% 70% 50% 30% 10% 5 4 3 2 1	감정을 나타내는 말과 얼굴 표정이 일치하지 않는다.
2. 좋아하는 것과 싫어하는 것에 대한 구분이 분명하다.	90% 70% 50% 30% 10% 5 4 3 2 1	좋아하는 것과 싫어하는 것에 대한 구분이 분명하지 않다.
3. 자신의 감정이나 행동의 이유를 설명한다.	90% 70% 50% 30% 10% 5 4 3 2 1	자신의 감정이나 행동의 이유를 설명하지 못한다.
4. 친구와 싸울 때의 느낌과 야단맞을 때의 느낌을 구분한다.	90% 70% 50% 30% 10% 5 4 3 2 1	친구와 싸울 때의 느낌과 야단맞을 때의 느낌을 구분하지 못한다.
5. 유아의 얼굴표정을 보면 기분을 알 수 있다.	90% 70% 50% 30% 10% 5 4 3 2 1	유아의 얼굴을 보고는 기분을 알 수 없다.
6. 자신의 감정을 말할 수 있다.	90% 70% 50% 30% 10% 5 4 3 2 1	자신의 감정을 말할 수 없다.
7. 슬픈 일이 있을 때 다른 사람에게 자신의 감정을 표현한다.	90% 70% 50% 30% 10% 5 4 3 2 1	슬픈 일이 있어도 감정표현이 어색하거나 무표정하다.
8. 상황에 맞는 감정을 표현하지 못한다.	90% 70% 50% 30% 10% 5 4 3 2 1	상황에 맞는 감정을 표현한다.
9. 기쁜 일이 있는 경우 다른 사람에게 자기감정을 표현한다.	90% 70% 50% 30% 10% 5 4 3 2 1	기쁜 일이 있어도 감정표현이 어색하거나 무표정하다.
10. 유아의 얼굴 표정이 풍부하다.	90% 70% 50% 30% 10% 5 4 3 2 1	유아의 얼굴에 표정이 없다.
11. 유아가 화가 나서 활동이나 놀이를 못하는 경우가 종종 있다.	90% 70% 50% 30% 10% 5 4 3 2 1	유아가 화가 나서 활동이나 놀이를 못하는 경우는 거의 없다.
12. 감정이나 기분이 수시로 변한다.	90% 70% 50% 30% 10% 5 4 3 2 1	감정의 변화가 안정되어 있다.
13. 유아의 다음 행동을 예측할 수 없다.	90% 70% 50% 30% 10% 5 4 3 2 1	유아의 다음 행동을 예측할 수 있다.
14. 유아가 자신의 격한 감정을 스스로 억제하려 한다.	90% 70% 50% 30% 10% 5 4 3 2 1	유아가 격한 감정을 스스로 억제하지 못한다.

문항	척도	
15. 기분이 나빠지면 화풀이를 행동으로 한다.	90% 70% 50% 30% 10% 5 4 3 2 1	기분이 나빠져도 화풀이를 행동으로 하지 않는다.
16. 자신이 원하는 바를 할 수 없는 경우, 소리치며 울거나 데굴데굴 구른다.	90% 70% 50% 30% 10% 5 4 3 2 1	자신이 원하는 바를 할 수 없는 경우에도 소리치며 울지 않고 몸을 구르지 않는다.
17. 집단활동을 할 때 자기 차례를 기다리지 못한다.	90% 70% 50% 30% 10% 5 4 3 2 1	집단활동을 할 때 자기 차례를 지키려고 기다린다.
18. 한 가지 일에 오래 집중 못하고 쉽게 주의가 흐트러진다.	90% 70% 50% 30% 10% 5 4 3 2 1	주위의 소리에 상관없이 오랫동안 한 활동을 지속한다.
19. 이 일, 저 일 시작만 하고 끝맺음을 못한다.	90% 70% 50% 30% 10% 5 4 3 2 1	시작한 일은 잘 마무리 짓고 다음 활동으로 넘어간다.
20. 꼭 해야 하는 일이라도 하기 싫으면 하지 않는다.	90% 70% 50% 30% 10% 5 4 3 2 1	꼭 해야 하는 일이라면 하기 싫은 일이라도 한다.
21. 하고 싶어 하는 일도 해서는 안 된다고 하면 하지 않는다.	90% 70% 50% 30% 10% 5 4 3 2 1	해서는 안 되는 일도 자신이 하고 싶은 대로 해버린다.
22. 옷 개기, 정리하기 등 쉬운 일은 다른 사람의 도움 없이 혼자 한다.	90% 70% 50% 30% 10% 5 4 3 2 1	쉬운 일도 도움을 받아야 한다.
23. 실패하더라고 여러 번 시도한다.	90% 70% 50% 30% 10% 5 4 3 2 1	일이 잘 안 되는 경우 쉽게 그만둔다.
24. 유아가 자신의 일을 계획한대로 실천한다.	90% 70% 50% 30% 10% 5 4 3 2 1	유아가 자신의 일을 계획한대로 실천하지 못한다.
25. 교사의 격려가 없이도 스스로 과제를 완성한다.	90% 70% 50% 30% 10% 5 4 3 2 1	교사의 격려 없이는 과제를 완성하지 못한다.
26. 자기가 한 일에 대해서 자부심을 갖는다.	90% 70% 50% 30% 10% 5 4 3 2 1	자기가 한 일에 대해 자부심이 없다.
27. "혼자 할 수 있어요"라는 말을 더 많이 한다.	90% 70% 50% 30% 10% 5 4 3 2 1	"혼자는 못해요"라는 말을 더 많이 한다.
28. 당장의 작은 결과나 성취보다는 더 큰 결과를 위해 기다릴 줄 안다.	90% 70% 50% 30% 10% 5 4 3 2 1	기다리지 못하고 당장의 작은 결과에 만족한다.
29. 자신의 능력에 맞는 기대를 한다.	90% 70% 50% 30% 10% 5 4 3 2 1	자신의 능력보다 너무 높거나 낮은 기대를 한다.
30. 작업활동에서 시간이 걸리더라도 잘 하고자 노력한다.	90% 70% 50% 30% 10% 5 4 3 2 1	작업활동에서 잘 하려 노력하기보다 서둘러 끝내려 한다.
31. 과제의 완성에 관심을 갖고 이를 위해 노력한다.	90% 70% 50% 30% 10% 5 4 3 2 1	과제의 완성에 관심이 없으며 노력하지 않는다.
32. 놀이를 할 때 친구에게 협조적이다.	90% 70% 50% 30% 10% 5 4 3 2 1	놀이를 할 때 친구를 방해한다.

33. 친구들의 감정 표현에 적절히 반응한다.	90% 70% 50% 30% 10% 5 4 3 2 1	친구들의 감정 표현에 반응하지 못한다.
34. 다른 사람들의 감정을 무시한다.	90% 70% 50% 30% 10% 5 4 3 2 1	다른 사람의 감정을 존중한다.
35. 친구가 다쳤거나 울고 있으면 관심을 보인다.	90% 70% 50% 30% 10% 5 4 3 2 1	친구가 다쳤거나 울고 있어도 무심하게 지나간다.
36. 도움이 필요한 친구에게 도움을 준다.	90% 70% 50% 30% 10% 5 4 3 2 1	도움이 필요한 친구가 있어도 도와주지 않는다.
37. 친구가 청하면 자신이 가지고 놀던 장난감을 양보한다.	90% 70% 50% 30% 10% 5 4 3 2 1	친구가 청하여도 장난감을 혼자만 가지고 논다.
38. 다른 사람을 고려하여 자신이 하고 싶은 일도 참는다.	90% 70% 50% 30% 10% 5 4 3 2 1	다른 사람에 관계치 않고 자신이 하고 싶은 대로 한다.
39. 놀이 규칙을 정할 때 다른 사람의 의견을 듣는다.	90% 70% 50% 30% 10% 5 4 3 2 1	놀이 규칙을 정할 때 다른 사람의 의견을 들으려하지 않는다.
40. 교사에게 친근감을 보이며 좋아한다.	90% 70% 50% 30% 10% 5 4 3 2 1	교사 앞에서 어색해 하고 피한다.
41. 교사의 칭찬을 받으려고 노력한다.	90% 70% 50% 30% 10% 5 4 3 2 1	교사의 칭찬에 관심이 없다.
42. 교사가 하는 일에 관심을 표한다.	90% 70% 50% 30% 10% 5 4 3 2 1	교사의 일에 무관심하다.
43. 교사에게 먼저 말을 거는 등 교사와의 관계에서 적극적이다.	90% 70% 50% 30% 10% 5 4 3 2 1	교사와의 관계에서 소극적이다.
44. 교사의 지시를 잘 따른다.	90% 70% 50% 30% 10% 5 4 3 2 1	교사가 여러 번 지시를 해도 잘 따르지 않는다.
45. 친하게 지내는 친구가 있다.	90% 70% 50% 30% 10% 5 4 3 2 1	친하게 어울리는 친구가 없다.
46. 진행되고 있는 놀이에 쉽게 참여한다.	90% 70% 50% 30% 10% 5 4 3 2 1	진행되고 있는 놀이에 쉽게 참여하지 못한다.
47. 새로운 친구하고도 쉽게 어울린다.	90% 70% 50% 30% 10% 5 4 3 2 1	새로운 친구와 쉽게 어울리지 못한다.
48. 화가 났을 때 말로 문제를 해결한다.	90% 70% 50% 30% 10% 5 4 3 2 1	화가 났을 때 말보다 공격적인 행동을 먼저 사용한다.
49. 다른 친구들이 좋아한다.	90% 70% 50% 30% 10% 5 4 3 2 1	다른 친구들이 좋아하지 않는다.
50. 혼자 있는 경우보다는 친구와 함께 놀이를 하는 경우가 많다.	90% 70% 50% 30% 10% 5 4 3 2 1	친구와 함께 놀이를 하는 경우보다는 혼자 있는 경우가 많다.

2) 정서능력

우수경(2002)이 개발한 교사/부모용 유아 정서능력검사를 소개하면 표 7-6 과 같다.

사용 및 채점방법

- 부모가 유아에 대해 관찰한 후 제시된 질문지에 따라 유아의 행동 일치도를 측정한다.
- 총 39문항으로 4점 척도로 구성되어 있다. 점수가 높을수록 정서능력이 높음을 의미한다.
- 점수배점

  전혀 사용하지 않는다 : 1점　　매우 드물게 사용한다 : 2점

  자주 사용하는 편이다 : 3점　　항상 사용하는 편이다 : 4점

표 7-6 | 부모용 유아정서능력 평정척도

번 호	문 항	전혀 사용하지 않는다	매우 드물게 사용한다	자주 사용하는 편이다	항상 사용하는 편이다
1	기쁜 일이 있을 때 그 감정을 적절히 표현한다.				
2	자랑하고 싶을 때 다른 사람의 관심을 적절히 끌고 표현한다.				
3	활동을 잘하는 친구에게 부러움을 적절히 표현한다.				
4	걱정스럽거나 슬픈 일이 있을 때 그 감정을 적절히 표현한다.				
5	부끄러움을 느낄 때 그 감정을 적절히 표현한다.				
6	화가 났을 때 그 감정이나 이유를 적절히 표현한다.				
7	정든 사람과 헤어질 때 슬픈 감정을 적절히 표현한다.				
8	또래의 폭력이나 방해활동에 대해 분노나 고통을 적절히 표현한다.				
9	기쁠 때 자신의 기쁜 감정을 안다.				
10	슬플 때 자신의 슬픈 감정을 안다.				
11	화날 때 자신의 화난 감정을 안다.				
12	기쁠 때와 슬플 때를 구분할 수 있다.				
13	계획한 활동을 끝냈을 때 기분이 좋아진다는 것을 안다.				
14	실수나 잘못을 했을 때 부끄러운 마음이 드는 것을 안다.				
15	친구를 화나게 했을 때 미안한 마음이 드는 것을 안다.				

번 호	문 항	전혀 사용하지 않는다	매우 드물게 사용한다	자주 사용하는 편이다	항상 사용하는 편이다
16	다른 사람의 얼굴을 보고 그 사람의 기분을 안다.				
17	다른 사람의 목소리나 말투를 듣고 그 사람의 기분을 안다.				
18	다른 사람이 좋아할 활동과 싫어할 활동을 구분할 수 있다.				
19	자신이 친구를 방해했을 때, 화난 기분을 안다.				
20	정리정돈을 잘하면 선생님이 기뻐한다는 것을 안다.				
21	슬퍼하고 있는 친구의 슬픈 기분을 안다.				
22	어머니가 화가 나 있을 때, 화난 기분을 안다.				
23	화가 나서 우는 친구를 위로한다.				
24	친구가 다른 아이에게 장난감을 빼앗겼을 때, 속상해 한다.				
25	어려움을 겪고 있는 친구를 보면 염려하거나 안타까워한다.				
26	친구가 넘어져서 다쳤을 때, 안타까워한다.				
27	슬퍼하는 친구가 있으면, 같이 슬퍼한다.				
28	친구에게 기쁜 일이 생겼을 때 함께 기뻐한다.				
29	게임이나 활동을 할 때 자기 순서가 될 때까지 참고 기다린다.				
30	친구들과 게임을 할 때 자기가 지고 있는 상황이라도 규칙을 지킨다.				
31	게임에서 졌을 때, 화내지 않고 결과를 수용한다.				
32	활동이 잘 안 될 때 "속상해요"와 같은 말을 한다.				
33	화가 났을 때 "화났어", "기분 나빠" 등의 말을 한다.				
34	슬픈 일이 있을 때 "슬퍼요", "속상해" 등의 말을 한다.				
35	기쁜 일이 있을 때 "기뻐요", "즐거워요" 등의 말을 한다.				
36	실수를 했을 때 "창피해요" 같은 말을 한다.				
37	친구가 놀리면 "기분 나빠", "화 나" 등의 말을 한다.				
38	작품이 망가지면 "속상해요"와 같은 말을 한다.				
39	싫증이 났을 때 "심심해요"와 같은 말을 한다.				

생각해 보기

※ 맞으면 ○ 틀리면 ×하시오.

1. 유아의 감정을 모두 알고 있다는 듯이 말하는 것은 성인이 유아의 정서에 적절히 반응하는 것이다.
( )

2. '슬픔', '즐거움' 등 정서와 관련된 어휘는 2~3세경 빠르게 증가한다. ( )

※ 알맞은 말을 넣으시오.

3. 샐로비와 메이어(1996)가 정리한 정서지능의 4가지 영역을 나열해 보시오.
( ), ( ), ( ), ( )

4. 유아기에 겪는 불안장애 중 ( )는 유아가 가정이나 부모와 떨어져 느끼는 과도한 불안을 의미한다.

PART 3

각 발달영역과 누리과정과의 연계

우리나라 정부는 지난 2012년 7월 10일 유아단계에서 양질의 교육 · 보육을 제공하기 위해 3~5세 유아를 대상으로 운영되는 교육과정인 '누리과정'을 고시하였다(교육과학기술부 외, 2012). 누리는 세상을 뜻하는 순우리말로 국가가 책임지는 교육 · 보육을 통해 유아들이 유치원과 어린이집에서 행복한 세상을 열어가고, 생활 속에서 꿈과 희망을 마음껏 누리도록 하겠다는 의미를 담고 있다(안정민, 2012). 따라서 누리과정은 현재 유치원과 어린이집으로 이원화되어 있는 교육 · 보육과정을 통합하여 유아기 단계에서 교육의 질을 제고하고 생애 초기 출발점 평등을 보장하는 데 그 의의를 두고 3~5세 유아를 대상으로 2013년부터 유치원과 어린이집의 공통교육과정으로 운영되고 있다. 또한 누리과정은 저출산의 문제를 해결하기 위한 대책의 하나로서 우리나라 3~5세 유아교육이 전면적인 공적 체제로 전환되어 유아 학비와 · 보육료 지원정책뿐만 아니라 유치원과 어린이집에서 함께 사용할 일원화된 공통 교육과정이 제정 · 시행되었다는 점에서 큰 의의가 있다.

누리과정이 제정되는 데 중요한 역할을 한 것은 OECD의 권고이다. 우리나라 유아교육은 교육부의 유치원교육과정과 보건복지부의 어린이집 보육과정으로 이원화되어 있었다. 3~5세의 경우 같은 연령의 유아를 대상으로 하는 기관임에도 불구하고 관할하는 부서가 다르다는 이유로 인해 비효율성 및 비형평성에 대한 논란이 제기되었다. 가입 국가 중 유아교육과 보육의 정책 이원화로 인해 교육과정과 교원의 질 관리가 상대적으로 낮은 국가라는 평가를 받았다. 유아교육과 보육의 협력적이고 통합적인 운영이 필요하다는 OECD(2012)의 권고에 의해 3~5세 공통 교육과정인 누리과정이 국가 차원에서 개발 · 고시되었다(교육과학기술부 · 보건복지부, 2012 ; 임미정, 2013).

누리과정은 국가 수준 공통교육과정으로 정부는 만 5세 유아교육 · 보육에 대한 국가의 책임을 강화하기 위해 2011년 '5세 누리과정'을 고시한 후, 2012년 3월부터 '5세 누리과정'을 유치원과 어린이집의 5세 유아를 대상으로 적용하였다. 1년 동안의 공통과정을 실시한 후, 2013년에는 3세와 4세 유아까지 누리과정을 확대 실시하였다(교육과학기술부 · 보건복지부, 2013).

또한 누리과정은 유치원 교육과정과 어린이집 표준보육과정 중 만 3~5세 유아에게 필요한 기본능력과 소양을 기를 수 있는 공통내용을 선정하여 제정되었다. 누리과정은 기본생활습관과 창의, 인성 지도를 강조하되 이를 별도의 영역으로 구분하지 않고 누리과정 전 영역에서 강조하였다.

국가 수준의 교육과정이란 학교에서 '왜, 무엇을, 어떻게, 어느 수준과 범위로 가르치고 평가하느냐'를 문서화한 일종의 교육설계도이다(교육과학기술부, 2009). 국가 수준의 교육과정은 '학교에서 무엇을 가르쳐야 할 것인가'에 대한 국가와 사회의 합의물이기 때문에 누리과정에서도 사회적 요구와 시대적 담론이 담겨져 있다.

구체적으로 3~5세 누리과정의 구성 방향을 살펴보면 다음과 같다.

1. 질서, 배려, 협력 등 기본생활습관과 바른 인성을 기르는 데 중점을 두어 구성한다.
2. 자율성과 창의성을 기르는 데 중점을 두고, 전인발달을 이루도록 구성한다.
3. 사람과 자연을 존중하고, 우리 문화를 이해하는 데 중점을 두어 구성한다.
4. 만 3~5세 유아의 발달 특성을 고려하여 연령별로 구성한다.
5. 신체운동 · 건강, 의사소통, 사회관계, 예술경험, 자연탐구의 5개 영역을 중심으로 구성한다.
6. 초등학교 교육과정과 0~2세 표준보육과정과의 연계성을 고려하여 구성한다.

여기에서는 각 발달영역과 누리과정과의 관계를 살펴보고자 한다.

CHAPTER·8

신체 · 언어발달과 누리과정과의 연계

1. 신체발달
2. 언어발달

학습목표

- 누리과정에 대한 전반적인 개요를 안다.
- 유아신체발달이 누리과정의 신체운동 · 건강영역과의 연계성을 살펴본다.
- 신체발달과 관련된 교육과정(2007 개정 유치원교육과정, 표준보육과정, 누리과정)을 비교분석할 수 있다.
- 유아언어발달이 누리과정의 의사소통영역과의 연계성을 살펴본다.
- 언어발달과 관련된 교육과정(2007 개정 유치원교육과정, 표준보육과정, 누리과정)을 비교분석할 수 있다.

핵심개념

- 2007 개정 유치원교육과정의 건강생활
- 표준보육과정의 기본생활 · 신체운동
- 누리과정의 신체운동 · 건강
- 2007 개정 유치원교육과정의 언어발달
- 표준보육과정의 의사소통
- 누리과정의 의사소통

신체 · 언어발달과 누리과정과의 연계에서는 누리과정에 반영된 신체 · 언어발달과 이와 관련된 교육과정의 비교를 하였다.

누리과정과 2007 개정 유치원교육과정 그리고 표준보육과정에서 신체발달과 언어발달에 관련된 내용의 비교가 이루어졌다.

1. 신체발달

교육과정의 제정은 유아의 발달과 밀접한 관련이 있으므로 유아의 신체발달이 누리과정에 어떻게 연계되어 있는지를 살펴보고자 한다.

1) 누리과정에 반영된 신체발달

유아의 전인적인 발달을 위한 신체발달의 중요성은 누리과정영역 중 신체운동·건강영역에서 찾아볼 수 있다. 최근 사회의 변화나 가족생활환경의 변화로 인해 유아기의 기본운동능력과 기초체력 향상의 중요성이 부각되고 있으며, 유아의 건강한 생활습관이 강조되는 가운데 유치원교육과정의 건강생활영역과 표준보육과정의 기본생활영역, 신체운동영역이 누리과정 신체운동·건강영역으로 구성되었다. 유아의 신체발달과 더불어 유아기에 습득된 운동능력은 이후의 운동습관이나 태도에 영향을 주게 되고 신체 및 운동능력의 발달은 인지발달 및 사회·정서발달과도 밀접한 관련이 있으므로 유아기 신체 및 운동발달은 중요하다. 영아기와 더불어 계속적인 성장과 발달을 이루는 유아의 신체발달은 기초 체력이 증가하고 유아의 신체조절능력과 이동운동, 비이동운동을 통해 운동능력에 많은 영향을 미치므로 유아의 기본운동능력을 형성하고 건강한 생활을 할 수 있는 기본생활습관과 태도를 기르기 위한 영역으로 누리과정의 신체운동·건강이 구성되었음을 알 수 있다. 누리과정에 반영된 신체발달은 '기본운동능력과 건강하고 안전한 생활습관을 기른다'는 목표를 통해 알 수 있는데, 유아가 일상생활에서 자신의 신체를 긍정적으로 인식하고 즐겁게 신체활동에 참여함으로써 기초 체력과 기본운동능력을 기르고 건강하고 안전하게 생활할 수 있는 태도를 기르는 것을 목표로 하고 있다. 이를 위한 내용으로 유아가 감각기관을 활용하여 사물과 주변 세계를 인식하고 신체 각 부분의 특성을 이해하고 움직이는 활동을 통해 자신의 신체적 특성을 이해하고 활용할 수 있도록 하는 것과 유아가 다양한 자세와 움직임을 통해 신체 균형과 여러 가지 움직임 요소를 경험해 봄으로써 신체 조절력과 균형감, 민첩성을 키울 수 있는 내용이 포함되었다. 또한 최근 유아들의 면역력을 증진시키고 또래 간의 협동심, 리더십을 배울 뿐 아니라 움직임을 좋아하는 유아의 욕구를 마음껏 충족시킬 수 있는 바깥놀이 활동의 중요성이 강조되어 유아의 발달 정도와 능력에 적합한 운동기회를 제공하고 즐겁게 신체활동에 참여하는 내용이 포함되어 있다.

또한 유아의 건강한 생활습관을 통해 유아가 일상생활에서 위생적인 생활방식과 바른 식생활, 규칙적인 수면과 휴식, 질병을 예방할 수 있는 능력을 기르기 위한 내용이 포함되어 있고 다양한 안전사고에 대처할 수 있는 능력과 태도를 기르는 내용이 포함되어 있다.

2) 신체발달과 관련된 교육과정 비교

누리과정은 기존의 2007 개정 유치원교육과정과 2차 표준보육과정의 내용과 내용범주는 다소 다르게 구성되어 있었으나 실제 세부내용은 유사하다고 볼 수 있다.

표 8-1 | 신체발달과 관련된 교육과정 비교

구 분	영 역	내용 범주	내 용
2007 개정 유치원 교육과정	건강 생활	나의 몸 인식하기	• 감각기관을 활용하기 • 나의 몸을 인식하고 움직이기
		나의 몸 움직이기	• 이동하며 움직이기 • 제자리에서 움직이기 • 도구 및 놀이시설을 활용하기 • 바깥에서 신체활동하기
		건강하게 생활하기	• 몸과 주변을 깨끗이 하기 • 바른 식생활하기 • 질병 예방하기 • 즐겁게 생활하기
		안전하게 생활하기	• 나와 다른 사람의 몸을 소중히 하기 • 안전하게 놀이하기 • 교통안전 규칙 지키기 • 위험한 상황을 알고 대처하기 • 환경오염이나 재난에 대비하기
표준보육과정	기본 생활	건강한 생활	• 몸과 주변을 깨끗이 하기 • 바른 식생활하기 • 건강한 일상생활하기 • 질병 예방하기

구 분	영 역	내용 범주	내 용
표준보육과정	기본생활	안전한 생활	• 안전하게 놀이하기 • 교통안전 규칙 지키기 • 비상 시 적절히 대처하기
	신체운동	감각과 신체인식	• 감각능력 기르기 • 감각기관 활용하기 • 신체를 인식하고 움직이기
		신체조절과 기본운동	• 신체조절하기 • 이동하며 운동하기 • 제자리에서 운동하기
		신체활동참여	• 자발적으로 신체활동에 참여하기 • 바깥에서 신체활동하기 • 기구를 이용하여 신체활동하기
누리과정	신체운동·건강	신체인식하기	• 감각능력 기르고 활용하기 • 신체를 인식하고 움직이기
		신체조절과 기본 운동하기	• 신체조절하기 • 기본 운동하기
		신체활동에 참여하기	• 자발적으로 신체활동에 참여하기 • 바깥에서 신체활동하기 • 기구를 이용하여 신체활동하기
		건강하게 생활하기	• 몸과 주변을 깨끗이 하기 • 바른 식생활하기 • 건강한 일상생활하기 • 질병 예방하기
		안전하게 생활하기	• 안전하게 놀이하기 • 교통안전 규칙 지키기 • 비상 시 적절히 대처하기

표 8-1 을 중심으로 더 강조된 내용을 알아보면, 2007 개정 유치원교육과정의 건강생활영역의 긍정적 자아 개념과 일상생활에 필요한 기초체력 기르기, 유아의 심신을 조화롭게 발달시키기 위한 영역으로 '나의 몸 인식하기'는 표준보육과정 신체운동영역의 '감각과 신체인식하기'와 유사하다. 또한 누리과정의 감각능력과 감각기관의 활용능력 기르기, 다양한 신체의 움직임을 통하여 자신의 신체를 긍정적으로 인식하도록 하는 '신체인식하기'와 유사하다.

2007 개정 유치원교육과정의 '나의 몸 움직이기'는 누리과정에서 '신체조절과 기

본운동하기', '신체활동에 참여하기'로 나뉘어졌다. 최근 유아기의 기본운동능력과 기초체력 향상의 중요성이 부각되면서 유아가 자신의 신체를 조절하고 균형을 유지하며 이동운동, 제자리 운동, 조작운동 등 일상생활에 필요한 기본운동능력과 기초체력을 기르는 데 필요한 내용이 포함되었다. '신체활동에 참여하기'에서는 최근 유아들이 일상생활에서 다양한 스트레스 상황에 직면하게 되는데, 이러한 때 신체활동을 통해 유아의 불안전한 신체적 · 심리적 상태를 벗어날 수 있도록 하는 내용과 유아가 신체활동에 흥미를 가지고 참여하며 즐거움을 가질 수 있도록 하는 내용이 강조되었음을 알 수 있다. 또한 '신체활동 참여하기'에서 신체활동에 자발적이고 지속적으로 참여하며 자신과 다른 사람의 운동능력의 차이를 인식하고 존중하는 태도를 길러주는 자발적으로 신체활동에 참여하기 내용이 추가되었다. 1, 2차 표준보육과정에서는 기본생활영역과 신체운동영역에서 신체발달과 연관된 내용을 다루었으나 누리과정에서는 두 영역을 신체운동 · 건강영역으로 구분하였으며 기본생활영역의 건강한 생활, 안전한 생활이 건강하게 생활하기, 안전하게 생활하기의 내용범주로 옮겨왔다. 감각능력 기르기와 감각기관 활용하기는 감각능력 기르고 활용하기로, 이동하며 운동하기와 제자리에서 운동하기는 기본운동하기로 내용은 같으나 용어의 변경이 있었음을 알 수 있다.

2. 언어발달

1) 누리과정에 반영된 언어발달

2012년에 제정된 누리과정은 만 3~5세 유아의 심신의 건강과 조화로운 발달을 도와 민주시민의 기초를 형성하는 것을 목적으로 한다. 이러한 목적을 달성하기 위해서 유아의 언어발달과 관련되어 제시한 목표는 '유아가 일상생활에 필요한 의사소통능력과 바른 언어사용습관을 기른다'이다. 즉, 누리과정은 유아가 듣고 말하는 것을 즐기고 상황에 맞는 언어를 익혀 일상생활에 필요한 의사소통능력과 바른 언어를 사용하는 습관을 기르는 것을 목표로 한다.

언어발달이 급속히 일어나는 유아기에 다양한 놀이와 사회적 상호작용을 통해 끊임없이 언어능력을 습득하고 연습하도록 함으로써 자기중심적 언어에서 탈피하여 다른 사람의 말을 잘 듣고 이해한 다음 자신의 의견을 말할 수 있는 의사소통 능력을 기를 수 있도록 기회를 제공해야 한다.

또한 유아는 다른 사람의 언어를 모방하는 경향이 있으므로 성인이 정확한 발음과 언어표현의 모범을 보여 바른 언어사용 습관을 기를 수 있도록 하며, 유아들이 자유롭게 자신의 생각이나 느낌을 표현할 수 있는 환경을 제공하여 균형 있는 언어발달이 이루어질 수 있도록 해야 한다.

2) 언어발달과 관련된 교육과정 비교

유치원교육과정은 2007 개정 유치원교육과정까지 5개 생활영역으로 구분하여 언어발달과 관련된 교육영역을 언어발달영역으로 명시해 왔다. 반면에 표준보육과정은 5개 영역에서 언어발달과 관련된 영역을 의사소통영역으로 명시해 왔다. 특히, 2012년에 제정된 유치원, 어린이집 통합교육과정인 누리과정에서는 언어발달영역을 의사소통영역으로 명시하였다. 이는 발달영역별로 구분하는 구시대적 방식보다는 최근의 인터넷 및 게임 등의 발달로 인한 원활한 소통 부재와 같은 사회현상 및 세계화 시대에 발맞추어 인간 개인의 언어발달에만 국한하는 것이 아니라 사회 및 관계 속에서의 의사소통과 커뮤니케이션을 중요하게 보는 관점을 반영한 것으로 보인다. 언어발달과 관련하여 2007 개정 유치원교육과정, 표준보육과정, 그리고 누리과정의 내용을 비교하면 표 8-2 와 같다.

표 8-2 | 언어발달과 관련된 교육과정 비교

구 분	영 역	내용범주	내 용
2007 개정 유치원교육과정	언어 발달영역	듣기	낱말과 문장을 듣고 이해하기
			이야기 듣고 이해하기
			문학작품 즐겨 듣기
			바른 태도로 듣기
		말하기	낱말과 문장으로 말하기
			생각이나 느낌 말하기

구 분	영 역	내용범주	내 용
2007 개정 유치원교육과정	언어 발달영역	말하기	이야기 지어 말하기
			바른 태도로 말하기
		읽기	읽기에 관심 가지기
			책에 관심 가지기
		쓰기	쓰기에 관심 가지기
			쓰기 도구 사용하기
표준보육과정	의사소통 영역	듣기	어휘의 발음 경청하기
			낱말과 문장을 듣고 이해하기
			동요, 동시, 동화 듣기
			바른 태도로 듣기
		말하기	바르게 발음하여 말하기
			낱말과 문장으로 말하기
			자신의 느낌, 생각, 경험 말하기
			상황에 맞는 언어 사용하기
			바른 태도로 말하기
		읽기	읽기에 흥미 가지기
			동요, 동시, 동화 읽기
			읽어 주는 글 이해하기
			그림책 읽기를 즐기기
		쓰기	낱말과 문장으로 쓰기에 흥미 가지기
			자신의 느낌, 생각, 경험 쓰기에 흥미 가지기
			쓰기 도구 및 매체 사용하기
			말과 글의 관계 알기
누리과정	의사소통 영역	듣기	낱말과 문장 듣고 이해하기
			이야기 듣고 이해하기
			동요, 동시, 동화 듣고 이해하기
			바른 태도로 듣기
		말하기	낱말과 문장으로 말하기
			느낌, 생각, 경험 말하기
			상황에 맞게 바른 태도로 말하기
		읽기	읽기에 흥미 가지기
			책 읽기에 관심 가지기
		쓰기	쓰기에 관심 가지기
			쓰기 도구 사용하기

의사소통능력은 유아가 일상생활에서 말과 글의 의미 있는 경험을 통해서 자신의 느낌과 생각, 경험을 타인에게 표현하는 것을 즐기며, 타인이 말과 글로 전달하는 의미를 바르게 이해하는 능력과 태도를 기르게 하는 것이다. 개정 유치원교육과정, 표준보육과정, 누리과정 모두 듣기, 말하기, 읽기, 쓰기의 네 가지 내용범주로서 각 범주는 서로 연속해서 일어나는 행동이거나 내용도 밀접히 연관되어 있다. 유아가 듣기 위해서는 말하는 사람이 있어야 하고, 말하는 순서를 지켜 말을 해야 한다. 또한 대부분의 유아들은 말하면서 쓰거나, 다른 사람이 읽는 것을 듣고 즉시 자신의 생각을 말하거나 질문을 하기도 한다.

누리과정에서 제시한 '듣기'는 일상생활에서 낱말과 문장을 듣고 이해하기, 좀 더 긴 구조를 지닌 이야기를 듣고 이해하기, 이야기 중에서 형식을 지니고 있는 동요, 동시, 동화를 듣고 이해하기, 그리고 다른 사람의 이야기를 주의 깊게 듣는 바른 태도를 형성하는 데에 중점을 두었다. 반면에 개정 유치원교육과정에서는 '듣기' 범주에서 문학작품을 즐겨 듣기를 내용으로 삼았고, 표준보육과정에서는 어휘의 발음 경청하기를 듣기 내용으로 강조하였다.

누리과정의 '말하기' 범주에는 일상생활에서 다양한 낱말과 문장으로 말하고, 자신의 느낌과 생각, 경험을 말하거나 이야기를 지어서 말하며, 듣는 사람의 느낌과 생각을 고려하여 상황에 맞게 바르게 말하는 태도를 기르는 데 중점을 두고 있다. 반면에 개정 유치원교육과정에서는 '말하기' 범주에서 생각이나 느낌 말하기로 국한되었고 경험 말하기가 포함되지 않았으며 바른 태도로 말하기에서도 상황에 맞게 말하기는 포함되지 않았다. 표준보육과정에서는 바르게 발음하여 말하기 내용이 첨가되어 있다.

누리과정과 개정 유치원교육과정의 '읽기'는 주변에서 자주 접하게 되는 친숙한 글자를 찾아보고 자주 보았던 글의 내용에 관심을 가지고 책 읽기를 즐기도록 하는 데 중점을 두고 있다. 반면에 표준보육과정에서는 읽기에 흥미 가지기, 동요 · 동시 · 동화 읽기, 읽어 주는 글 이해하기, 그림책 읽기를 즐기기 등 4개의 세부내용을 제시하였다.

누리과정과 개정 유치원교육과정의 '쓰기'는 자기 이름을 쓰는 데 관심을 보이고, 말이나 생각이 글로 나타낼 수 있음을 알아 글자와 비슷한 형태 등으로 표현해 보는 데 중점을 두었다. 또한 만 4, 5세는 쓰기 도구를 사용해 보는 경험을 하도록 강조하였다. 반면에 표준보육과정은 낱말과 문장으로 쓰기에 흥미 가지기, 자신의 느낌, 생각, 경험 쓰기에 흥미 가지기, 쓰기 도구 및 매체 사용하기, 말과 글의 관계 알기 등 4개의 세부내용을 제시하였다.

생각해 보기

1. 유아의 신체발달이 누리과정에 어떻게 반영되어 있는가?

2. 유아의 신체발달과 관련된 교육과정(2007 개정 유치원교육과정과 표준보육과정, 누리과정)을 서로 비교하여 살펴보면 어떠한 차이점이 있는가?

3. 유아의 언어발달이 누리과정에 어떻게 반영되어 있는가?

4. 유아의 언어발달과 관련된 교육과정(2007 개정 유치원교육과정과 표준보육과정, 누리과정)을 서로 비교하여 살펴보면 어떠한 차이점이 있는가?

CHAPTER · 9

사회성·정서·인지발달과 누리과정과의 연계

1. 사회성발달
2. 정서발달
3. 인지발달

학습목표

- 유아 사회성발달이 누리과정의 사회적 관계영역과의 연계성을 살펴본다.
- 사회성발달과 관련된 교육과정(2007 개정 유치원교육과정, 표준보육과정, 누리과정)을 비교분석할 수 있다.
- 유아 정서발달이 누리과정의 예술경험영역과의 연계성을 살펴본다.
- 정서발달과 관련된 교육과정(2007 개정 유치원교육과정, 표준보육과정, 누리과정)을 비교분석할 수 있다.
- 유아 인지발달이 누리과정의 자연탐구영역과의 연계성을 살펴본다.
- 인지발달과 관련된 교육과정(2007 개정 유치원교육과정, 표준보육과정, 누리과정)을 비교분석할 수 있다.

핵심개념

- 2007 개정 유치원교육과정의 사회생활
- 표준보육과정의 사회적 관계
- 누리과정의 사회적 관계
- 2007 개정 유치원교육과정의 표현생활
- 표준보육과정의 예술경험
- 누리과정의 예술경험
- 2007 개정 유치원교육과정의 탐구생활
- 표준보육과정의 자연탐구
- 누리과정의 자연탐구

CHAPTER · 9

사회성 · 정서 · 인지발달과 누리과정과의 연계를 위해 사회성 · 정서 · 인지발달이 누리과정에 어떻게 반영되어 있는가를 살펴보았다. 또한 사회성 · 정서 · 인지발달 각각이 누리과정과 2007 개정 유치원교육과정 그리고 표준보육과정에는 어떠한 내용으로 어떻게 표현되어 있는지를 비교하여 그 차이점과 공통점을 인식하도록 하였다.

1. 사회성발달

1) 누리과정에 반영된 사회성발달

유아가 급속히 변화하고 다원화되어 가는 우리 사회의 구성원으로 잘 적응하기 위해서는 사회성발달이 중요하다. 사회성발달과 누리과정의 관련 부분을 살펴본다면, 누리과정의 사회관계영역에서 찾아볼 수 있다. 누리과정의 사회관계영역은 유아가 자신을 알고 소중하게 여기며 가족, 또래와 함께 원만하게 지내는 방법뿐만 아니라 공동체에서 함께 살아가는 방법을 익히고 사회에 관심을 가지며 적응해 나갈 수 있는 기초능력과 인성을 기르기 위한 영역이다. 사회관계영역은 '나를 알고 존중하기', '나와 다른 사람의 감정 알고 조절하기', '가족을 소중히 여기기', '다른 사람과 더불어 생활하기', '사회에 관심 갖기'의 다섯 가지 내용 범주로 구성되어 있다.

유아의 사회성발달에 가장 기초가 되는 내용은 기본생활습관이며, 이는 사회라는 공동체 안에서 건강하고 행복한 구성원으로 살아가기 위해서는 유아기부터 길러져야 하는 발달내용이다. 누리과정에서도 기본생활습관은 주요 구성 방향과 목표로 다루고 있어 사회관계영역뿐만 아니라 모든 영역에서 통합적으로 다루어지고 있다. 특히, 유아기부터 질서, 배려, 협력 등 실천 위주의 기본생활습관은 유아교육기관, 가정 등 모든 공간과 시간 속에서 통합적인 과정으로 이루어져야 함을 강조하고 있다.

누리과정 사회관계 내용범주 중 '나를 알고 존중하기', '가족을 소중히 여기기', '다른 사람과 더불어 생활하기'는 자신의 일을 스스로 하고, 다른 사람을 배려하며, 사회적 가치를 알고 지키므로 규칙을 준수하도록 하여 공동체 구성원이 공유하는 행위의 기준과 도덕적 가치를 내면화하여 유아의 기본생활습관과 올바른 인성이 발달하도록 하는 내용을 다루고 있다.

유아기의 사회성발달 중 자율성은 앞으로 유아가 사회구성원으로 적응하고 전인적인 발달을 위해 아주 중요한 요소이다. 누리과정의 사회관계 내용범주 중 '나를 알고 존중하기', '나와 다른 사람의 감정 알고 조절하기'는 유아가 어렸을 때부터 하고 싶은 일을 스스로 선택하여 실천해 보는 가운데 자기 자신을 통제하거나 조절하여 자율성을 형성하도록 하는 내용을 다루고 있다.

또한 사회관계 내용범주 중 '다른 사람과 더불어 생활하기'는 친구와 사이좋게 지내기를 통해 유아와 또래와의 관계형성을 통해 사회성이 성장해 나갈 수 있도록 하는 내용을 다루고 있다.

이렇듯 누리과정은 유아의 사회성발달에 필요한 인성 관련 내용, 사람 간 관계의 필요성, 사람 간의 관계 범위, 사람과의 관계 존중 의미까지 다루고 있음을 알 수 있다.

2) 사회성발달과 관련된 교육과정 비교

2007 개정 유치원교육과정(교육과학기술부, 2007)과 표준보육과정(보건복지부, 2007) 및 누리과정(교육과학기술부 · 보건복지부, 2012)의 내용범주와 내용을 비교하면 표 9-1 과 같다.

표 9-1 | 사회성발달과 관련된 교육과정 비교

구 분	영 역	내용범주	내 용
2007 개정 유치원 교육과정	사회생활	나를 알고 사랑하기	• 나를 소중하게 여기기 • 나의 일 스스로 하기 • 나의 감정 알고 조절하기
		가족과 함께 생활하기	• 가족과 화목하게 지내기 • 가족과 협력하기
		이웃과 더불어 생활하기	• 예절 바르게 생활하기 • 다른 사람을 이해하고 존중하기 • 질서와 규칙 지키기 • 두레의 소중함을 알고 협력하기
		사회현상에 관심 가지기	• 주변 지역에 관심 가지기 • 경제생활에 관심 가지기 • 우리나라와 우리 전통문화에 관심 가지기 • 다양한 문화에 관심 가지기
표준 보육과정	사회관계	자기 존중	• 자신의 소중함을 알기 • 자신감과 독립심 기르기 • 성정체감 형성하기
		정서인식과 조절*	• 자신과 다른 사람의 다양한 정서를 인식하고 표현하기 • 자신의 정서를 조절하고 활용하기

구 분	영 역	내용범주	내 용
표준 보육과정	사회관계	사회적 관계	• 가족과 화목하게 지내기 • 또래와 사이좋게 지내기 • 공동체 정신 기르기
		사회적 지식	• 지역사회에 관심 가지고 이해하기 • 우리나라에 관심 가지고 이해하기 • 세계와 여러 문화에 관심 가지기 • 경제생활에 관심 가지고 이해하기
누리과정	사회관계	나를 알고 존중하기	• 나를 알고, 소중히 여기기 • 나의 일 스스로 하기
		나와 다른 사람의 감정 알고 조절하기*	• 나와 다른 사람의 감정 알고 표현하기 • 나의 감정 조절하기
		가족을 소중히 여기기	• 가족과 화목하게 지내기 • 가족과 협력하기
		다른 사람과 더불어 생활하기	• 친구와 사이좋게 지내기 • 공동체에서 화목하게 지내기 • 사회적 가치를 알고 지키기
		사회에 관심 가지기	• 지역사회에 관심 가지고 이해하기 • 우리나라에 관심 가지고 이해하기 • 세계와 여러 문화에 관심 가지기

* 표준보육과정의 정서인식과 조절, 누리과정의 나와 다른 사람의 감정 알고 조절하기는 정서발달에서 다루기로 한다.

사회성발달과 관련하여 2007 개정 유치원교육과정은 '사회생활'이라는 용어를, 표준보육과정과 누리과정은 '사회관계'라는 영역과 관련된 용어를 사용한다. 누리과정의 사회관계영역 가운데 '가족을 소중히 여기기' 내용범주가 개정 교육과정에서는 '가족과 함께 생활하기'로 표현되었고 그 내용은 '가족과 화목하게 지내기', '가족과 협력하기'로 동일하다. 반면, 표준보육과정의 내용범주에는 가족에 관한 내용이 없고 '사회적 관계' 내의 하위내용으로 '가족과 화목하게 지내기'가 있다. 2007 개정 유치원교육과정의 '이웃과 더불어 생활하기'는 다른 사람과 어떻게 더불어 생활할 것인가(예절 바르게 생활하기, 다른 사람을 이해하고 존중하기, 질서와 규칙 지키기, 두레의 소중함을 알고 협력하기)를 다루는 반면, 표준보육과정의 사회적 관계(가족과 화목하게 지내기, 또래와 사이좋게 지내기, 공동체 정신 기르기)와 누리과정의 다른 사람과 더불어 생활하기(친구와 사이좋게 지내기, 공동체에서 화목하게 지내기, 사회적 가치를 알고 지키기)는 누구와 관계를 잘 맺을 것인가에 더 초점을 맞추고 있다.

표준보육과정의 '사회적 관계' 내의 '또래와 사이좋게 지내기'와 누리과정의 '다른 사람과 더불어 생활하기' 내의 '친구와 사이좋게 지내기'가 2007 개정 유치원교육과정에서는 제시되지 않았다. 대신 '두레의 소중함을 알고 협력하기' 하위내용 안에(친구와 함께 활동에 참여해 본다 : I 수준, 친구의 의견을 존중하며 집단활동에 참여한다 : II 수준) 포함되어 있다. 표준보육과정의 '자기 존중'에는 '자신감과 독립심 기르기'와 '성정체감 형성하기'가 그 내용으로 포함되어 있는데, 다른 교육과정에는 없는 내용이다. 2007 개정 유치원교육과정의 '두레의 소중함을 알고 협력하기'도 다른 교육과정에는 없는 내용이다. 그러나 하위내용을 살펴보면, '친구의 의견을 존중하며 집단활동에 참여하기', '다른 사람과 협력하기', '물건을 나누어 쓰고 양보하기'로 다른 교육과정에서의 '공동체'에 상응하는 것으로 보인다. 반면, 다른 교육과정에 있는 경제생활에 관한 내용이 누리과정에서는 제시되어 있지 않다. 경제생활에 관한 내용인 '다양한 직업에 관심을 갖는다', '물건을 살 때 돈이 필요함을 안다', '일상생활에서 돈의 쓰임에 대해 안다'가 '지역사회에 관심 갖고 이해하기'의 세부내용으로 제시되어 있다.

누리과정의 세부내용에는 다른 교육과정에 비해 '관심을 갖는다'는 표현이 다음과 같이 많다. '나에 대해 관심을 갖는다', '나와 다른 사람의 차이에 관심을 갖는다', '다른 사람의 감정에 관심을 갖는다', '우리 동네 사람들에 관심을 갖는다', '우리 동네 사람들이 하는 일에 관심을 갖는다', '다양한 직업에 관심을 갖는다', '우리나라를 상징하는 것에 관심을 갖는다', '우리나라의 전통, 역사, 문화에 관심을 갖는다', '세계 여러 나라에 대해 관심을 갖는다', '다양한 인종과 문화에 관심을 갖는다' 등이다. 이는 누리과정의 구성이 관심을 가짐에서 출발하여 그 다음 수준의 내용으로 나아감을 반영하는 것으로, 현시대 사람들의 생각이 이기주의에 치우쳐 있음을 고려한 것이라고 볼 수 있다.

2. 정서발달

1) 누리과정에 반영된 정서발달

누리과정에 반영된 정서발달은 사회관계영역과 예술경험영역으로 나누어 살펴볼 수 있다.

(1) 사회관계영역에 반영된 정서발달

우리사회는 첨단 통신망과 교통의 발달을 비롯한 과학기술의 발달로 전 세계가 하나의 생활권이 되어 엄청난 속도로 새로운 지식이 창출되고 부를 축적하게 되었다. 그러나 그 역기능으로 인간성 상실의 문제가 대두되면서 인간성 회복의 중요성과 사람과 사람의 관계 중심의 가치관이 부각되고 있다. 이러한 측면이 반영된 사회관계영역에서는 유아가 자신에 대해 알고 존중감을 가지며, 자신과 다른 사람의 감정을 인식하고 자신의 감정을 적절히 조절하는 능력을 획득할 수 있도록 한다. 즉, 사회관계영역은 유아가 자신을 알고 소중하게 생각하며, 주변 세계에 관심을 가지고 적응해 나갈 수 있는 기초능력과 인성을 기르기 위한 영역이다.

표준보육과정에 제시된 '나와 다른 사람의 감정 알기'와 누리과정에 제시된 '나와 다른 사람의 감정 알고 조절하기'는 유아가 자신과 타인의 감정이 어떠한지 인식하며, 자신의 감정을 적절히 표현하고 타인의 감정에 공감하며 자신의 감정을 상황에 맞게 조절하는 것을 의미한다. 이는 다양한 사회적 맥락에서 타인과 사회적 관계를 맺을 때 중요한 능력이 된다. 생애 초기에 갖게 되는 감정인식과 조절능력은 유아의 성격형성에 장기적인 영향을 미치기 때문에 유아의 이후 발달에 많은 영향을 미칠 수 있다(김지은 외, 2013). 영아기에 주 양육자와의 관계에서 형성된 애착의 영향을 받으며 정서능력의 기본을 형성하기 시작하고 이후 유아기 동안 경험하는 다양한 정서학습의 기회를 통하여 자신과 다른 사람의 감정을 이해하기 시작한다. 감정을 이해할 수 있는 유아는 이러한 능력을 사회적 관계에 적용해 가며 감정조절능력을 발달시키게 된다. 변화가 빠른 것이 특징인 현대사회에서 여유를 가지고 천천히 주위를 둘러보며 생활할 수 없는 유아의 생활을 고려할 때, 사회관계영역에서 제시된 내용을 경험하는 것은 유아의 감정인식과 조절능력발달에 중요한 영향을 준다고 볼 수 있다(여성가족부, 2005).

최근 정서지능이란 개념이 등장하면서 정서지능의 구성요소로서 '나와 다른 사람의 감정 알고 조절하기'가 중요하게 다루어지고 있다. 유아는 타인과 상호작용할 때 타인의 표정을 살피거나 언어나 행동 등을 단서로 정서상태에 대한 지식을 얻게 되며, 이를 통해 타인의 행동을 예측하고, 자신의 정서반응을 해석하며, 정서표현방식을 결정하게 된다(Burgental, Blue, Cortez, Fleck & Rodriguez, 1992). 또한 특정 상황에서 적절하다고 여겨지는 정서표현을 학습하게 되고, 점차 수용되는 표현방식을 학습하게 되어 표현해도 되는 정서와 그렇지 않은 정서를 인식하게 된다. 유아가 타인의 정서상태에 대해 정확하게 사고하고 판단하는 능력은 대인 상황에서 대처할 수 있는 수단을 강구할 수 있게 해주며, 타인과의 심리적 거리를 좁혀 주는 좋은 사회적 기술이 되고, 나아가 타인의 고통과 필요성을 공감하고 도울 수 있는 친사회적 행동의 기초가 된다. 또한 정서조절능력은 효과적인 대인관계를 가능하게 해주고, 유아의 긍정적인 또래 지위나 사회적 유능성과 밀접하게 관련된다(임연진, 2002).

(2) 예술경험영역에 반영된 정서발달

예술경험영역은 유아가 자연과 사물의 예술적 요소를 인식하고 창의적 표현 능력과 심미감을 기르며 정서적 안정감을 목표로 두는 영역으로 아름다움 찾아보기, 예술적 표현하기, 예술 감상하기 등으로 구성되어 있다. 이 영역은 자신의 생각과 느낌을 음악, 율동, 조형, 극놀이와 같은 다양한 활동을 통하여 자발적, 창의적으로 표현해 볼 수 있는 기회를 제공함으로써 풍부한 감수성과 표현능력 및 심미감을 기르고 정서적 안정감을 가지도록 돕는다.

인간성 회복 차원에서 인성교육의 기본이라 할 수 있는 예술경험영역은 유아들이 주변 세계를 탐색하고 표현하며 감상하는 욕구, 즉 자신의 내면적 세계를 표현하려는 예술적 욕구를 해결하는 데 도움을 준다. 생후부터 영아는 자신이 느끼는 생각들을 표현하고자 하는 기본적 욕구를 지니고 있다. 그러나 아직 자신의 생각과 느낌을 언어로 표현하는 능력이 능숙하지 못하기 때문에 언어보다는 조금 더 쉬운 형식의 소리, 음악, 몸 움직임, 춤, 극놀이, 만들기와 그리기 등을 통해서 표현하고자 한다. 이처럼 예술경험은 자기표현의 중요한 수단이 된다. 그러나 유아에게 이러한 표현은 즉흥적으로 언제나 가능한 것이 아니다. 유아는 표현에 앞서 또는 표현하는 과정이나 그 후에 자신이 표현하고자 했던 예술적 요소들에 대해 끊임없이 탐색하는 과정을 시도한다. 예술적 요소에 대한 유아의 탐색은 처음에는 무의식적이고 비체계적으로 이루어지다가 점차 의식적이고 체계적으로 이루어지며 아름다움을 느끼게 된다(김지은 외, 2013).

예술경험 영역과 관련된 이론 가운데 호프만(Hoffman et al., 1991)은 음악적 경험은 유아가 느낀 바를 표현하는 능력을 증진시키며 정서적 예민성을 증진시켜 준다고 하였다. 즉, 음악은 유아 자신의 감정을 자연스럽게 표현할 뿐만 아니라 타인의 감정을 민감하게 의식하게 함으로써 보다 성숙한 감정표현 및 통제를 발달시키도록 돕는다. 다이크로제Daicroze는 인간 내면의 감정은 여러 가지 몸짓으로 표현될 수 있다(안재신, 1996)고 하였는데, 노래와 악기 같은 음악은 신체의 움직임을 더욱 즐겁게 해주며, 신체 탐색과 함께 신체 움직임을 박자에 맞추어 보는 리듬 탐색을 더욱 확장시켜 준다고 하였다. 또한 겔라휴(Gallahue, 1993)는 음악의 실제적 움직임과 동극을 통하여 유아는 자신의 내면의 감정을 표현할 수 있으며, 더불어 감상할 수 있는 능력도 기른다고 하였다.

최근에는 유아를 둘러싼 주변환경이나 일상생활 속에서의 느낌, 경험, 생각을 중심으로 표현활동이 실시되어야 함을 통해 미술활동의 중요성이 강조되고 있다. 미술표현은 유아들이 각자가 독특한 방법으로 생각한 것을 분명하게 드러내는 활동이며, 탐색, 구별, 선택, 시각적 세계를 즐기는 과정을 의미하고, 명화를 통한 다양한 감상활동이 유아의 그리기 표현 및 태도에 미치는 영향을 연구해오고 있다. 이러한 연구들은 감상활동이 표현능력에 긍정적인 영향을 미친다는 결과를 제시하고 있지만 자연환경과 유아의 일상생활 속에서의 아름다움을 인식할 수 있는 폭넓은 미적 체험 기회의 필요성도 함께 제기하고 있다(이미희, 2001).

예술경험영역 가운데 극놀이를 살펴볼 수 있다. 극놀이는 2세부터 나타나기 시작해 3세 이후에야 분명해지며, 4세 이후 유아들이 즐기는 극놀이는 사회적 · 정서적 · 지적 재능을 필수적으로 활용하는 매우 복합적인 활동이라 할 수 있다. 유아들은 극놀이를 통하여 자신의 현실 세계에서는 불가능한 역할이나 행동을 실현해 봄으로써 정서적인 만족감, 대리만족을 느끼고 사회 조직에 대한 적응기술 및 지식을 습득할 수 있다.

2) 정서발달과 관련된 교육과정 비교

유아의 정서발달과 관련된 국가 수준의 교육과정을 비교하여 정리한 내용은 표 9-2 와 같다.

표 9-2 | 정서발달과 관련된 교육과정의 비교

구 분	영 역	내용범주	내 용
2007 개정 유치원 교육과정	사회생활	나를 알고 사랑하기	나의 감정 알고 조절하기
	표현생활	예술적 표현 즐기기	• 음악으로 표현하기 • 움직임과 춤으로 표현하기 • 조형활동으로 표현하기 • 극놀이로 표현하기 • 통합적으로 표현하기 • 창의적인 표현과정 즐기기
		감상하기	• 아름다움 느끼기 • 예술적 표현 존중하기 • 우리 전통예술 감상하기
표준보육과정	사회관계	자기존중	• 자신의 소중함을 알기 • 자신감과 독립심 기르기
		정서인식과 조절	• 자신과 다른 사람의 다양한 정서를 인식하고 표현하기 • 자신의 정서를 조절하고 활용하기
	예술경험	예술적 표현	• 노래 부르기 • 미술활동 즐기기
		예술 감상	• 음악 감상하기 • 춤 감상하기 • 극놀이 감상하기 • 미술작품 감상하기
누리과정	사회관계	나를 알고 존중하기	• 나를 알고 소중히 여기기 • 나의 일 스스로 하기
		나와 다른 사람의 감정 알고 조절하기	• 나와 다른 사람의 감정 알고 표현하기 • 나의 감정 조절하기
	예술경험	예술적 표현하기	• 음악으로 표현하기 • 움직임과 춤으로 표현하기 • 미술활동으로 표현하기 • 극놀이로 표현하기 • 통합적으로 표현하기
		예술 감상하기	• 다양한 예술 감상하기 • 전통예술 감상하기

표 9-2 에 제시된 국가 수준의 교육과정에서 정서발달을 다루는 영역 분류를 비교해서 살펴보면, 2007 개정 유치원교육과정은 건강생활, 사회생활, 표현생활, 언어생활, 탐구생활의 5개 생활영역 중 사회생활과 표현생활에서 정서발달 관련 내용을 다루고 있다. 기본생활, 신체운동, 사회관계, 의사소통, 자연탐구, 예술경험의 6개 영역으로 구성되어 있는 표준보육과정에서는 사회관계와 예술경험에서 정서발달의 내용을 다루고 있다. 누리과정은 신체운동 · 건강, 의사소통, 사회관계, 예술경험, 자연탐구의 5개 영역으로 이루어져 있으며, 정서발달은 표준보육과정과 마찬가지로 사회관계와 예술경험의 영역에서 다루어지고 있다. 이처럼 정서발달은 국가 수준의 교육과정 내에서 용어상의 변화가 있기는 하지만 크게 개인과 다른 사람의 감정을 다루는 사회관계와 예술적 활동으로 연결되는 예술경험의 2가지 측면으로 분리되어 다루어지고 있음을 알 수 있다.

각각의 국가 수준 교육과정에서 제시하고 있는 목표를 살펴보면, 2007 개정 유치원교육과정의 사회생활영역의 목표는 자신과 다른 사람을 존중하고 더불어 살아가는 능력을 기르는 것이며, 표현생활영역의 목표는 생각하고 느낀 것을 예술적으로 표현하고 감상함으로써 심미적 태도와 창의적 표현력을 기르는 것이다. 표준보육과정의 경우 사회관계영역은 나를 인식하고 다른 사람과 더불어 생활하는 경험을 하는 것이고, 예술경험영역은 아름다움에 관심을 가지고 예술경험을 즐기는 것이다. 누리과정의 사회관계영역의 목표는 자신을 존중하고 다른 사람과 더불어 생활하는 능력과 태도를 기르는 것이고, 예술경험영역의 목표는 아름다움에 관심을 가지고 예술경험을 즐기며 창의적으로 표현하는 능력을 기르는 것이다. 국가 수준의 교육과정은 생태학적 관점에서 영유아를 둘러싼 환경의 변화를 인식하고, 전인으로서의 바람직한 인간상을 구축해 나갈 수 있도록 목표를 제시하고 있다. 이에 사회관계영역에서는 영유아들이 자신 및 타인의 감정을 인식하고 조절능력을 발달시킬 수 있는 정서지능의 개념이 포함되었다. 또한 예술경험의 측면에서도 예술을 자기표현의 중요한 수단으로 인식하고 다양한 예술적 경험을 통해 정서적 안정감을 갖도록 제시하고 있다.

마지막으로 국가 수준의 교육과정에 제시되어 있는 각각의 내용을 비교하여 살펴보면, 먼저 2007 개정 유치원교육과정은 사회생활영역에서 '나를 알고 사랑하기'와 표현생활영역에서 '예술적 표현 즐기기', '감상하기'의 내용범주로 구성되어 있다. 표준보육과정의 경우 사회관계영역에서는 '자기존중' 및 '정서인식과 조절', 예술경험영역에서는 '예술적 표현' 및 '예술감상'으로 구성되어 있다. 누리과정에서는 사회관계영역의 경우 '나를 알고 존중하기'와 '나와 다른 사람의 감정 알고 조절하기', 그리고 예술경험영역에서는 '예술적 표현하기'와 '예술 감상하기'로 구성되어 있다. 사회관계의 측면에서 볼 때, 2007 개정 유치원교육과정 이후 변화된 부분은 자신의 감정뿐만 아니라 다른 사람의 감정에까지 그 초점을 확대하고 있으며, 정서를 인식하고 조절하는 것의 중요성을 더욱 강조하고 있다. 또한 자아존중이 더 강화되고 독립심의 개념이 포함되었다. 예술경험의 측면에서는 최근 미술활동의 중요성이 강조되고 있는 경향에 따라 2007 개정 유치원교육과정의 조형활동이 미술활동으로 구체화되어 표현되어 있으며, 예술감상에서도 '아름다움 느끼기'와 '예술적 표현 존중하기'가 누리과정에서는 '다양한 예술 감상하기'로 보다 명료하게 제시되어 있다. 한편, 표준보육과정과 누리과정에서의 예술경험은 음악, 춤, 미술활동, 극놀이 등 다양한 활동으로 제시되어 있으며, 누리과정에서는 아름다움에 관심을 가지고 예술경험을 즐기는 것에서 더 나아가 창의적으로 표현하는 것에 초점을 두었다.

3. 인지발달

1) 누리과정에 반영된 인지발달

3~5세 누리과정의 구성 방향 중 인지발달과 관련된 부분은 '사람과 자연을 존중하고 우리 문화를 이해하는 데 중점을 두어 구성한다'가 해당된다고 볼 수 있다. 도시화·산업화된 현대사회를 살아가면서 인간이 도구화되며 산업사회의 부속물이 되어 인간성이 말살되고, 산업과 과학의 발달로 인한 생활의 신속함과 편리함에 반해 인간성 파괴 및 환경이 오염되었다. 이로 인해 자연을 경험할 기회가 적은 유아들에게 자연과의 교류를 통해 인간과 자연과의 공존적인 삶의 태도와 능력을 기를 수 있는 전인적인 교육을 강조한 구성방향인 것이다. 우리 문화를 이해하는 것은 '나와 가족' 및 '우리 동네'에서 확장된 개념으로 관계 중심의 맥락에서 관심을 갖고 우리 문화의 특성과 가치를 이해하여 미래의 민주시민이 되는 데 큰 주춧돌이 될 것이다.

인지발달과 관련하여 누리과정의 자연탐구영역의 목표는 호기심을 가지고 주변 세계를 탐구하며, 일상생활에서 수학적 · 과학적으로 생각하는 능력과 태도를 기르는 것이다. 이러한 목표와 같이 자연탐구영역 활동은 유아들에게 유아교육기관에서 형식적인 교육으로 일상생활과 연결되지 않는 내용을 다루기보다는 유아들의 주변생활 속에서 쉽게 접할 수 있는 다양한 활동을 준비한다. 유아들은 사회적인 맥락과 연결되었을 때 더 호기심과 흥미를 갖게 되고 탐구하려는 욕구가 생겨 적극적으로 활동에 참여하게 된다. 그러므로 유아들의 주변환경 속에서 탐색과 다양한 경험을 통해 인지발달이 이루어진다.

2) 인지발달과 관련된 교육과정 비교

2007 개정 유치원교육과정(교육과학기술부, 2007)과 표준보육과정(보건복지부, 2007) 및 누리과정(교육과학기술부 · 보건복지부, 2012)의 내용범주와 내용을 비교하면 표 9-3 과 같다.

표 9-3 | 인지발달과 관련된 교육과정 비교

구 분	영 역	내용범주	내 용
2007 개정 유치원 교육과정	탐구생활	탐구하는 태도 기르기	사물과 현상에 지속적인 관심 가지기
			탐구과정 즐기기
		과학적 기초능력 기르기	물체와 물질에 대해 알아보기
			생명체와 자연환경 소중하게 여기기
			자연현상에 대해 알아보기
			간단한 도구와 기계 활용하기
		수학적 기초능력 기르기	수 감각 기르기
			공간 및 도형에 대해 알아보기
			기초적인 측정해 보기
			규칙성 이해하기
			자료 정리 및 결과 나타내기

구 분	영 역	내용범주	내 용
표준보육과정	자연탐구	탐구적 태도	주변의 사물과 자연현상에 지속적으로 호기심 가지기
			탐구과정 즐기기
			기초탐구기술 활용하기
		수학적 탐구	수 개념 형성하기
			공간과 도형 개념 형성하기
			측정하기
			규칙성 이해하기
			자료 수집하기와 분석하기
		과학적 탐구	물체와 물질의 기본 특성 알기
			생명체와 환경과의 관계 알기
			자연현상 이해하기
			도구와 기계 활용하기
누리과정	자연탐구	탐구하는 태도 기르기	호기심을 유지하고 확장하기
			탐구과정 즐기기
			탐구기술 활용하기
		수학적 탐구하기	수와 연산의 기초 개념 알아보기
			공간과 도형의 기초 개념 알아보기
			기초적인 측정하기
			규칙성 이해하기
			기초적인 자료수집과 결과 나타내기
		과학적 탐구하기	물체와 물질 알아보기
			생명체와 자연환경 알아보기
			자연현상 알아보기
			간단한 도구와 기계 활용하기

2007 개정 유치원교육과정은 건강생활, 사회생활, 표현생활, 언어생활, 탐구생활의 5개 영역으로 구성되었다. 생활영역으로 이루어진 2007 개정 유치원교육과정 중 인지발달과 관련된 영역은 탐구생활영역이라 할 수 있다. 표준보육과정은 기본생활, 신체운동, 사회관계, 의사소통, 자연탐구, 예술경험 6개 영역으로 구성되어 있다. 그중 인지발달과 관련된 영역으로는 자연탐구영역이라 할 수 있다. 누리과정은 신체운동·건강, 의사소통, 사회관계, 예술경험, 자연탐구 5개 영역으로

인지발달과 관련된 영역은 표준보육과정과 같은 자연탐구영역이다. 이는 유아기를 통해 자연에서의 탐색과 공생적 관계의 경험이 평생에 걸쳐 자연에 관심을 갖게 되며, 생태교육 및 자연친화적 교육이 강조됨을 알 수 있다.

2007 개정 유치원교육과정 탐구생활영역의 목표는 자연을 존중하는 마음을 바탕으로 창의적으로 사고하고 탐구하며, 논리적이고 합리적으로 문제를 해결하는 능력과 태도를 기르기이다. 표준보육과정의 만 3~5세 자연탐구영역 목표는 사물과 자연환경에 대해 지속적으로 탐구하려는 마음과 탐구과정을 즐기는 태도를 기르고, 기초 탐구기술과 과학적 기초 지식을 확장하며, 자연을 사랑하는 마음을 가지는 것이다. 누리과정의 자연탐구영역 목표는 호기심을 가지고 주변세계를 탐구하며, 일상생활에서 수학적 · 과학적으로 생각하는 능력과 태도를 기르는 것으로 누리과정에 자연에 관한 내용이 삭제된 것은 3~5세 누리과정의 구성 방향에 '사람과 자연을 존중한다'라고 전반적인 내용이 녹아 있기 때문인 것으로 추정된다.

2007 개정 유치원교육과정 탐구생활영역 내용은 '탐구하는 태도 기르기', '과학적 기초능력 기르기', '수학적 기초능력 기르기'의 세 가지 내용으로 구성되었다. 표준보육과정의 자연탐구영역 내용은 '탐구적 태도', '수학적 탐구', '과학적 탐구'로 구성되었다. 누리과정의 자연탐구영역 내용은 '탐구하는 태도 기르기', '수학적 탐구하기', '과학적 탐구하기'로 구성되었다. 이는 표준보육과정 내용과 유사하게 나누어진 것이다.

2007 개정 유치원교육과정 '탐구하는 태도 기르기'는 주변의 사물과 자연환경에 대해 지속적으로 호기심을 가지고 적극적으로 탐구하며, 창의적으로 사고하는 태도를 기르는 것이다. 표준보육과정 '탐구적 태도'는 주변의 사물과 자연현상에 대해 호기심을 가지고 지속적으로 탐구하는 버릇 들이기이다. 누리과정의 '탐구하는 태도 기르기'는 주변의 사물과 자연 세계에 대해 알고자 하는 호기심을 가지고 탐구하는 태도를 기르는 것이다. 세 개의 교육과정의 공통점은 주변사물과 자연현상에 대해 호기심과 탐구하는 태도를 갖는 것이다. 다른 점은 표준보육과정과 누리과정에만 기초탐구기술에 대한 내용이 있다.

2007 개정 유치원교육과정 '과학적 기초능력 기르기'는 유아가 주변의 사물과 생명체 및 자연현상에 대하여 능동적으로 탐구하는 경험을 통하여 자연을 존중하는 마음과 과학적으로 사고하는 능력을 기르는 것이다. 표준보육과정에서는 주변의 사물과 자연현상에 대한 기초지식과 탐구능력을 기르고 자연을 사랑하는 마음을 키우는 데 중점을 둔다. 누리과정의 '과학적 탐구하기'는 주변의 관심 있는 사

물과 생명체 및 자연현상을 탐구하기 위한 기초능력을 기르는 것이다. 세 개의 교육과정의 공통점은 물체와 물질 알아보기와 도구와 기계 활용하기 내용이다. 제2차 개정 유치원교육과정과 누리과정은 생명체와 자연현상 알아보기로 구성되었고, 표준보육과정은 자연현상 이해하기로 구성되어 있다. 제2차 개정 유치원교육과정과 누리과정은 생명체와 자연환경이라고 구성되었고, 표준보육과정은 생명체와 환경이라고 구성되었다.

2007 개정 유치원교육과정 '수학적 기초능력 기르기'는 유아가 주변을 탐색하고 놀이하면서 부딪히는 문제를 논리 · 수학적으로 해결하는 경험을 통하여 기초적인 수, 공간 및 도형과 측정에 대한 통찰력을 기르며, 규칙성을 이해하고 자료 정리 및 결과 나타내기의 능력을 기르는 것이다. 표준보육과정의 '수학적 탐구'는 논리적으로나 수학적으로 사고하고 문제를 해결하기 위한 기초능력을 기르는 것이다. 누리과정의 '수학적 탐구하기'는 생활 속의 여러 상황과 문제를 논리 · 수학적으로 이해하고 해결하기 위한 기초능력을 기르는 것이다. 이는 2007 개정 유치원교육과정에서 주변 탐색을 통해 벌어지는 여러 상황에 대한 맥락을 첨가하였고 논리적 · 수학적 기초사고능력을 함양하는 것은 두 개의 교육과정과 일맥상통한다. 세 개의 교육과정의 공통점은 수 · 공간 · 도형 · 측정 · 규칙성 이해하기이다. 차이점은 2007 개정 유치원교육과정과 누리과정에 자료정리와 결과 나타내기로 구성되어 있다는 것과 누리과정에만 연산의 기초 개념 알기에 대한 내용이 첨가되어 있다는 점이다. 이는 높은 교육열을 자랑하는 우리나라 조기교육으로 인해 유아들이 연산에 대한 반복적인 훈련의 경험으로 연산이 일찍 이루어져 누리과정에 편성되었음을 알 수 있다.

누리과정은 유아교육과 보육에 대하여 질 높은 서비스를 제공하기 위해 도입된 국가 수준 공통교육과정으로 유아기에 필요한 기초능력을 향상시키는 데 도움을 준다.

생각해 보기

1. 사회성발달은 누리과정의 어떠한 영역에서 찾아볼 수 있는가?

2. 유아의 사회성발달과 관련된 교육과정(2007 개정 유치원교육과정과 표준보육과정, 누리과정)을 서로 비교하여 살펴보면 어떠한 차이점이 있는가?

3. 정서발달은 누리과정의 어떠한 영역에서 찾아볼 수 있는가?

4. 유아의 정서발달과 관련된 교육과정(2007 개정 유치원교육과정과 표준보육과정, 누리과정)을 서로 비교하여 살펴보면 어떠한 차이점이 있는가?

5. 인지발달은 누리과정의 어떠한 영역에서 찾아볼 수 있는가?

6. 유아의 인지발달과 관련된 교육과정(2007 개정 유치원교육과정과 표준보육과정, 누리과정)을 서로 비교하여 살펴보면 어떠한 차이점이 있는가?

- 참고문헌
- 찾아보기

참고문헌

국내문헌

강문규(2008). James Fowler의 신앙발달 단계에 대한 고찰과 문제점 연구. 기독교교육 논총, 18, 49-70.

강문희 · 김매희 · 유정은(2007). 아동발달. 공동체.

강봉규 · 신현숙 · 장선철(2006). 교사를 위한 아동발달. 태영출판사.

강성화 · 김경희(2001). 유아언어교육. 동문사.

강영희(2008). 생명과학대사전. 아카데미서적.

강위영 · 변찬석 · 서경희 · 윤치연 · 이상복 · 이효신(1999). 정서행동발달과 문제 예방. 대구대학교 출판부.

고영근 · 남기심(1987). 표준국어문법론. 탑출판사.

고윤주(1988). 아동물활론 사고와 생명개념에 관한 연구. 아동학회지, 9(1), 19-32.

고정곤 · 김의석 · 김운삼 · 류혜원(2011). 유아사회교육. 양서원

곽노의 · 김경철 · 김유미 · 박대근(2011). 영유아발달. 양서원.

교육과학기술부(2007). 2007 개정 유치원교육과정 해설.

교육과학기술부(2009). 유아교육 선진화 추진 계기. 교육과학기술부.

교육과학기술부(2009). 유치원교육과정 해설 II : 건강생활, 사회생활.

교육과학기술부(2013). 3~5세 연령별 누리과정 해설서. (사)한국시각장애인연합회.

교육과학기술부 · 보건복지부(2012). 3~5세 연령별 누리과정 : 해설서. 교육과학기술부 · 보건복지부.

교육과학기술부 · 보건복지부(2012). 5세 누리과정 교사용 지도서 : 봄 · 여름 · 가을 · 겨울. 교육과학기술부.

교육과학기술부 · 보건복지부(2013). 3~5세 연령별 누리과정 해설서. 교육과학기술부 · 보건복지부.

교육과학기술부 · 보건복지부 · 육아정책연구소(2013). 3~5세 연령별 누리과정 해설서.
교육심리학용어사전(2000). 학지사.
구광현 · 이희경 · 김보현(2012). 유아사회교육의 이해. 동문사.
구대희(1996). 섭식과 영양장애 현상이 유아행동 발달에 미치는 영향. 경북실업전문대학논집, 15(1), 23-44.
권대훈(2010). 교육심리학의 이론과 실제. 학지사.
권혜림(2012). 자연친화 교육활동이 유아의 언어표현력과 감정이입에 미치는 영향. 계명대학교 유아교육대학원 석사학위논문.
김경중 · 류왕효 · 류인숙 · 박은준 · 신화식 · 유규종 · 정갑순 · 조경미 · 조희숙 · 주리분 · 최인숙 · 최재숙(1998). 아동발달심리(개정판). 학지사.
김경희(1998). 교사용 유아정서지능 평정척도 개발에 관한 연구. 연세대학교 대학원 박사학위논문.
김명순 · 김의향 · 배선희 · 한찬희(2005). 유아보육프로그램. 서울특별시.
김수희 · 전대성 · 나용선 · 김지현(2007). 아동발달. 양서원.
김신옥 · 민혜영(2007). 영유아발달. 창지사.
김양선(2009). 5세 유아의 지적 능력과 만족지연능력 간의 관계. 한국교원대학교 교육대학원 석사학위논문.
김은심 · 조정숙(2013). 영유아 언어교육의 이론과 실제(개정판). 정민사.
김은자 · 유미숙(2004). 부모역할 지능이 유아의 자아개념 및 정서 지능에 미치는 영향. 한국가족복지학, 9, 5-20.
김정애(2000). 정서교육활동 경험이 유아의 감정이입 및 대인문제해결과 친사회적 행동에 미치는 효과. 경남대학교 대학원 석사학위논문.
김지은 · 문혁준 · 김경회 · 김현주 · 김혜금 · 김정희 · 신혜원 · 안선희 · 안효진 · 임연진 · 조혜정 · 황옥경(2013). 보육과정(3판). 창지사.
김춘경 · 문혁준 · 신유림 · 심미경 · 옥경희 · 위영희 · 이경희 · 이정희 · 정계숙 · 정현숙 · 제경숙 · 조성연 · 천희영(2006). 아동학개론. 학지사.
김현진(2009). 놀이를 통한 유아비만 예방의 일러스트레이션 표현 연구 : 가정 내 유아 접점 매체를 중심으로. 이화여자대학교 디자인대학원 석사학위논문.
김혜금 · 송영주 · 임양미 · 김현자 · 김진순 · 박진옥(2013). 유아사회교육. 학지사.
남궁정(2010). 학령기 단순언어장애 아동의 정서어휘이해력 특성. 이화여자대학교 대학원 석사학위논문.
류진희 · 황환옥 · 최명의 · 정희정 · 김유림(1999). 유아의 발달에 적합한 신체활동. 양서원.
박성연(2006). 아동발달. 교문사.
박성택(1994). 인지발달에 근거를 둔 수학학습 유형탐색. 과학교육연구, 19, 17-78.
박찬옥 · 서동미 · 엄은나(2012). 유아사회교육. 정민사.
박현진(2009). 비고츠키 예술심리학의 도덕교육학적 해석. 한국교원대학교 대학원 박사학위논문.
보건복지부(2007). 표준보육과정.
서울대학교교육연구소(1995). 교육학용어사전. 하우동설.

성미영(2002). 과제 상황별 유아의 스크립트 지식과 주제 수행 기술 및 스크립트 향상 훈련 효과 : 저소득층 유아와 중류층 유아의 비교. 서울대학교 대학원 박사학위논문.

성미영 · 권유정 · 유주연(2012). 영유아 언어지도. 학지사.

성영혜 · 김연진 · 이경화 · 윤혜경 · 송주미 · 장미경 · 윤석희 · 이배근 · 최원기(2005). 영유아발달의 이론과 실제(5판). 동문사.

성현란 · 이현진 · 김혜린 · 박영신 · 박선미 · 유연옥 · 손영숙(2001). 인지발달. 학지사.

손혜영(2008). 행동주의 학습이론을 중심으로 한 수학교육지도. 울산대학교 교육대학원 석사학위논문.

손홍숙(2009). 아동발달론. 공동체.

송명자(2008). 발달심리학. 학지사.

송미영(2004). 통합적 미술감상활동 경험이 유아의 정서이해 및 대인문제해결에 미치는 영향. 충남대학교 교육대학원 석사학위논문.

송선희(2003). 비고츠키의 비계설정이론에 대한 고찰. 교육방법연구, 16(1), 77-93.

송영란(2005). 유아의 신앙발달과 친사회적 행동발달 증진을 위한 성경동화 활동 프로그램 개발 및 효과 검증. 서울여자대학교 박사학위논문.

송준만 · 유효순(2000). 특수아지도. 방송통신대학교 출판부.

신명숙(2012). 전뇌발달에 기초한 교육프로그램이 유아의 인지능력과 창의성에 미치는 효과. 배제대학교 대학원 박사학위논문.

신명희 · 강소연 · 김은경 · 김정민 · 노원경 · 박성은 · 서은희 · 원영실 · 황은영(2010). 교육심리학. 학지사.

신화식 · 김헌수(1992). 몬테소리 교육 모형. 양서원.

신희경 · 김언주 · 민현숙 · 정찬우(2009). 학습자의 동기유발을 위한 교육심리학. 신정.

심숙영(2010). 만 5세 아동의 로봇에 대한 물활론적 사고와 지각적 인식. 아동과 권리, 14(4), 657-675.

_____(2013). 영유아 사회정서행동 I. 파란마음.

안영진(1998). 신 영유아 발달총서. 정일.

_____(2006). 21C 교사양성을 위한 아동발달. 공동체.

_____(2009). 교육심리학. 정민사.

안재신(1996). 유아음악교육. 교육과학사.

안정민(2012). 5세 누리과정에 대한 유치원 교사의 인식. 덕성여자대학교 대학원 석사학위논문.

앤하위키미러(2013). 인터넷 백과사전.

양옥승(1991). 교육과정의 기초로서 비고츠키의 발생학적 인식론. 교육과정연구, 10(1), 3-16.

_____(1993). 유아교육과정 연구의 재개념화 2 : 비고츠키의 발생학적 인식론 활용. 유아교육연구, 13, 93-113.

에드워드 윌슨 저, 이병훈 역. (1992). 사회생물학 I, 사회생물학 II. 민음사.

여성가족부(2005). 표준보육과정 연구. 여성가족부.

우성희(2004). 만 1~2세 반 영아의 상징놀이에서 가작화 요소에 관한 연구. 덕성여자대학교 대학원 석사학위논문.
우수경(2002). 유아의 정서능력과 관련 변인 간의 구조분석. 한국교원대학교 대학원 석사학위논문.
우수경 · 김현자 · 신선희 · 유영의 · 김호 · 김현정(2012). 유아교육개론. 학지사.
이기숙(2000). 유아교육과정. 교문사.
이명조 · 김소아(2012). 교육심리학. 교문사.
이미희(2001). 생활 속에서의 미술 찾기 활동이 미적 반응과 표현능력에 미치는 영향. 덕성여자대학교 교육대학원 석사학위논문.
이성진 · 임진영 · 여태철 · 김동일 · 신종호 · 김동민 · 김민성 · 이윤주(2010). 교육심리학. 교육과학사.
이수정(2013). 유아의 정서지능과 만족지연능력과의 관계. 한국교원대학교 교육대학원 석사학위논문.
이숙재(1984). 유아의 상상놀이와 재변인과의 관계 연구. 연세대학교 대학원 박사학위논문.
이순형 · 권미경 · 최인화 · 김미정 · 서준현 · 최나야 · 김지현(2010). 영유아언어지도. 교문사.
이순형 · 이성옥 · 권혜진 · 이소은 · 황혜신 · 이혜승 · 한유진 · 정윤주 · 이영미 · 이옥경 · 성미영 · 권기남 · 김지현(2013a). 보육과정. 학지사.
이순형 · 이혜승 · 이성옥 · 황혜신 · 이완정 · 이소은 · 권혜진 · 이영미 · 정윤주 · 한유진 · 성미영(2013b). 보육학개론. 학지사.
이슬기(2008). 어린이집에서의 낮잠에 대한 교사와 부모의 인식 및 실제. 이화여자대학교 교육대학원 석사학위논문.
이연섭 · 권경안 · 김성일(1979). 한국아동의 구문발달(1). 한국교육개발원.
이영신(2001). 다운증후군 아동의 노래를 통한 언어적 상호작용 강화에 대한 사례연구. 이화여자대학교 대학원 석사학위논문.
이영자(2013). 유아언어발달과 지도(3판). 양서원.
이영자 · 이종숙(1985). 비지시적 지도방법에 의한 유아의 읽기와 쓰기 행동의 발달. 덕성여대 논문집, 14, 367-402.
__________(1990). 유아의 문어발달과 구어 · 문어구별 능력 발달에 대한 질적 분석 연구. 유아교육연구, 10, 41-65.
__________(1996). 영아의 문해행동 발달과 영아 · 부모의 상호작용 유형의 변화. 유아교육연구, 16(1), 23-48.
이영자 · 유효순 · 이정욱(2007). 주제중심의 통합적 접근방법에 의한 유아사회교육. 교문사.
이정주(2000). 부모의 학력 및 유아의 언어적 가정환경과 언어능력과의 관계. 순천향대학교 교육대학원 석사학위논문.
이지연 · 김태준(2011). 유아교사를 위한 교육심리학. 양서원.
이차숙(2004). 유아언어교육의 이론적 탐구. 학지사.
이현섭 · 김상윤 · 추정선 · 조선희(2007). 아동발달심리. 학지사.
이화도(2009). 유아인지발달. 창지사.
임규혁 · 이차숙(1996). 발달심리학. 집문당.
임규혁 · 임웅(2010). 교육심리학. 학지사.
임미정(2013). 「누리과정」 유아평가에 기초한 교육과정 운영 사례 연구. 덕성여자대학교 대학원 석사학위논문.
임양금(2005). 유아의 이름 글자를 활용한 균형 잡힌 문자 언어접근법의 효과. 원광대학교 대학원 박사학위논문.
임연진(2002). 어머니의 양육태도 및 아동의 정서조절 능력과 또래 유능성 간의 관계. 대한가정학회지, 40(1), 113-124.
임인선(2004). 무용요법이 다운증후군 아동의 신체이동 기술 및 정서에 미치는 영향. 성균관대학교 박사학위논문.
장옥남(2004). 글 없는 그림책을 통한 극화활동이 유아의 그리기 표상능력 및 감정이입에 미치는 효과. 전남대학교 교육대학원 석사학위논문.
장혜순(2007). 유아사회교육의 이론과 실제. 창지사.
장휘숙(2001). 아동발달. 박영사.
전남련 외(2012). 영아발달. 양서원.
전남련 · 김재환 · 이혜배(2009). 아동행동 연구 및 관찰평가. 창지사.
정옥분(2006). 사회정서발달. 학지사.
_____(2006). 영유아발달의 이해. 학지사.
_____(2007). 아동발달의 이해. 학지사.
_____(2007). 영유아발달의 이해. 학지사.
_____(2008). 발달심리학. 학지사.
_____(2008). 사회정서발달. 학지사.
정옥분 · 정순화 · 임정하(2007). 정서발달과 정서지능. 학지사.
정혜경(2012). 영유아건강교육. 공동체
조광순 · 전병운 · 이준석(2004). 유아용 발달 선별도구(DIAL~3)의 한국형 표준화 연구. 정서 · 행동장애연구, 20(1), 95-121.
조복희(2008). 아동발달. 교육과학사.
조복희 · 도현심 · 유가효(2010). 인간발달. 교문사.
조순옥 · 이경화 · 배인자 · 이정숙 · 김정원 · 민혜영(2013). 유아사회교육. 창지사.
존 보울비 저, 김창대 역(2009). 애착. 나남.
지성애 · 김미경(2007). 유아사회교육의 이론과 실제. 학지사.
질병관리본부(2007). 소아비만 후보유전자의 genotype 분석 및 질환지표상관성 분석 : 결과보고서.
채경선 · 김주아(2007). 아동정신건강. 창지사.
최경숙 · 박정아(2005). 아동발달. 창지사.
콘라트 로렌츠 저, 유영미 역(2004). 야생거위와 보낸 일 년. 한문화.
클라우스타슈버 · 베네딕트 푀거 저, 안인희 역(2006). 콘라트 로렌츠. 사이언스북스.
프란츠 부케티츠(2002). 사회생물학 논쟁. 사이언스북스.
한국교육심리학회(2000). 교육심리학용어사전. 학지사.
한국유아교육학회(1999). 유아교육사전 : 용어 편. 한국사전연구사.
한성희(2004). 비고츠키의 언어발달이론과 초등국어교육에의 시사점. 서울교육대학교 교육대학원 석사학위논문.

한영미(2009). 유아의 도덕적 자아와 정서조망수용 및 정서조절능력의 관계. 이화여자대학교 대학원 석사학위논문.

황명희(1994). 학령기 아동의 물리적 인과관계 개념 발달에 대한 연구. 이화여자대학교 대학원 석사학위논문.

황해익 · 이혜은 · 고은미 · 정명숙 · 유수경 · 송주연 · 오경녀 · 하은옥 · 김은희 · 이정아 · 김윤희 · 조준오 · 김선형 · 조은래 · 김병만 · 김미진(2012a). 유아용 검사 편람 III. 정민사.

____(2012b). 유아용 검사 편람 IV. 정민사.

황희숙 · 이희영 · 이경호 · 이정화 · 신경숙 · 윤경미 · 김승희 · 윤소정 · 황순영(2008). 아동발달과 교육. 학지사.

국외문헌

Alexander, P.(2006). *Psychology in learning and instruction*. Upper Saddle River, NJ; Prentice Hall.

Amold, M. L.(2000). Stage, sequence, and sequels: Changing conceptions of morality, post_ kohlberg. *Educational Psychology Review, 12,* 365–383.

Bates, E., & Snyder, L.(1987). The cognitive hypothesis in language development, In I. Uzgiris & J. Mcv. Hunt(Eds.), *Research with scales of psychological development in infancy.* Chapaign–Urbana, IL: University of Illinois Press.

Beers, G. V.(1971). *Family bible library.* Nashville: Southwestern

Berk, L. E.(1996). Infants, children, and adolescents(2nd ed), Needham Heights, MA: Allyn & Bacon

________(2000). *Child development*. Boston: Allyn & Bacon.

________(2009). 생애발달. 이옥경 · 박영신 · 이현진 공역. 시그마프레스.

Berk, L. E., & Winsler, A.(2000). 어린이들의 학습에 비계설정~비고스키와 유아교육 홍용희 역. 창지사.

Berko Gleason, J.(1977). Some nates on feedback. In C. E. Snow & C. A. Ferguson(Eds.), *Talking to children: Language input and acquisition,* Cambridge, UK: Cambridge University Press.

Bradshaw, J.(1990). *Homecoming: Reclaiming and championing your inner child*. NY: Bantam Dell Publishing.

Bredo, E.(1997). *The social construction of learning*. In G. Phye(Ed.), Handbook of academic learning: Construction of knowledge. San Diego. CA: Academic Press.

Brenner, E. M., & Salovey, P.(1997). Emotion regulation during childhood: Developmental interpersonal and individual consideration. In P. Salovey & D. Sluyter(Eds.), *Emotional development and emotional intelligence: Educational implications,* 168–192. NY: Basic Books.

Bricker, D., Squires, J. & Mounts, L.(1995). *Ages and stages questionnaires: A parent–completed, child monitoring system*. Baltimore, MS : Brookes.

Bromley, K.(1988). *Language arts: Exploring connections*. Needham Heights, MA: Allyn and Bacon.

Bronfenbrenner, U.(1979). *The ecology of human development: Experiments by nature and design*. Harvard University Press.

________________(1992). 인간발달 생태학. 이영 역. 교육과학사.

Brown, L. B., & Thouless, R. H.(1965). Animistic thought in civilized adults. *Journal of Genetic Psychology, 107*, 33–42.

Brown, R.(1965). *Social psychology*. New York: Free Press.

Bruner, J.(1975). The ontogenesis of speech acts. *Journal of Child Language, 2,* 1–19.

Burgental, D. B., Blue, J., Cortez, V., Fleck, K., & Rodriguez, A.(1992). Influences of witnessed affect on information processing in children. *Child Development, 63*(4), 774-768.

Cazden, C.(1988). *Classroom discourse: The language of teaching and learning*. Portsmouth, NH: Heinemann.

Clay, M. M.(1975). *What did I write?* Auckland, New Zealand: Heinemann Educational Books.

Cole, M., Cole, S. R., & Lightfoot, C.(2005). *The development of children*(5th ed.). New York: W. H. Freeman.

Crystal, D.(1995). *The Cambridge encyclopedia of English language*. Cambridge: Cambridge University Press.

Daly, M. C.(2004). *Developing the whole child: The importance of the emotional, social, moral, and spiritual in early years education and care*. Lewiston, NY: The Edwin Mellen Press.

David, A. S.(2009). 뇌는 어떻게 학습하는가. 박승호 · 서은희 공역. 시그마프레스(3판).

David R., Shaffer, R., & Kipp, K.(2005). 발달심리학. 송길연 · 장유경 · 이지연 · 정윤경 공역. 시그마프레스.

Denham, S .A., & Couchoud, E.(1990). Young preschoolers' ability to identify emotions in equvocal situation. *Child Study Journal, 20*(3), 153-170.

Dennis, W.(1953). Animistic thinking among college and university students. *Scientific Monthly, 76*, 247-249

Dolgin, K. G., & Behrend, D. A.(1984). Children's knowledge about animates and inanimates. *Child Development, 55*, 1645-1650.

Dowling, M.(2005). *Young children's personal, social, and emotional development*(2nd ed.). London: Paul Chapman Publishing.

Dunlap, L. L.(1997). *An introduction to early childhood special education*. Needham Heights : Allyn & Bacon.

Edward O. W.(2000). 인간 본성에 대하여. 이한음 역. 사이언스북스.

Eggen, P. D. & Kauchak, D.(2009). 교육심리학 : 교육실제를 보는 창. 신종호 · 김동민 · 김정섭 · 김종백 · 도승이 · 김지현 · 서영석 공역. 학지사.

Eisenberg, N., Wentzel, N. M., & Harris, J. D.(1998). The role of emotionality and regulation in empathy-related responding. *School Psychology Review, 27*(4), 506-521.

Ekman, P., Davidson, R. J., & Friesen, W. V.(1990). The Duchenne smile: Emotional expression and brain physiology Ⅱ. *Journal of Personality and Social Psychology, 58*, 342-353.

Elder, G. H. Jr., & Rockwell, R. C.(1978). Economic depression and postwar opportunity in men's lives : a study of life patterns and health, In R. A. Simmons(Ed.), *In Research in community and mental health*, (ed. R. A. Simmons). Greenwich, Conn. : JAI press. 240–303.

Emerson, M. J., & Miyake, A.(2003). The role of inner speech in task switching : A dual-task inverstigation. *Journal of Memory and Language, 48*, 148–168.

Erickson, E. H.,(1963). *Childhood and society*. NY: W. Norton & Co., Inc.

Essa, E. L.(2011). *Introduction to early childhood education*(6th ed.). Belmont, CA: Wadworth.

Essa, E.(2010). 나를 좀 도와주세요. 정갑순 · 김현경 · 김성원 공역. 창지사.

Flavell, J. H. Miller, P. H., & Miller, S. A.(2002). *Cognitive development*(4th ed.). Englewood Cliffs, NJ: Prentice Hall.

Flavell, J. H., Miller, P. H., & Miller, S. A.(1993). *Cognitive development*(3rd ed.). New Jersey: Prentice Hall.

Frijda, N.(2000). The psychologist's point of view. In M. Lewis & J. M. Haviland-Jones(Eds.), *Handbook of emotions*, 59–74. NY: Guildford.

Gallahue, D. L., & Ozmun, J. C.(2002). *Understanding Motor Development*. New York : McGraw-Hill.

Gallahue, D.(1993). *Developmental physical education for today's children*. Dubugue, LA : Brown & Benchmark.

Gelman, R, & Baillargeon, R.(1983). A Review of some piagetian concepts, In J. H Flavell & E. M. Markman,(Eds). *Handbook of Child Psycholigy*, Vol. 3, 4th, 167–230. New York : Wiley.

Gelman, R.(2000). Domain specificity and variability in cognitive development. *Child Development, 71*, 854–856.

Giovanoni, J., Billingsley, A.(1970). Child neglect among the poor : a study of parental adequacy in families of three ethnic groups. *Child Welfare, 49*. 196–204.

Goleman, D.(1995). *Emotional Intelligence*. NY: Bantan Book.

Halford. G., & Andrews, G.(2006). Reasoning and problem solving. In D. Kuhn & R. Siegler(Eds.), *Handbook of Child Psychology, Vol.2 : Cognitio, Perception, and Language*(6th ed.), 34, 1325–1340. Hoboken, NJ: John Wiley & Sons.

Halliday, M.(1973). *Explorations in the functions of language*. London: Edward Arnold.

Hinnant, J. B., & O'brien, M.(2007). Cognitive and emotional control and perspective taking and their relations to empathy in 5-year-old children. *The Journal of Genetic Psychology, 168*(3), 301–322.

Hiscock, R. E., & Kinsbourne, M.(1987). Specialization of the cerebral Hemispheres: Implications for learning. *Journal of Learning Disabilities, 20*, 130–143.

Hoff, E.(2007). 언어발달. 이현진 역, 시그마프레스. 이현진 · 박영신 · 김혜리 공역(2007). 언어발달. 시그마프레스.

Hoffman, M. L.(1984). Interaction of affect and cognition in empathy. In C. E. Izard, J.

Kagan, & R. B. Zajonc(Eds.). *Emotion, cognition, and behavior,* 35–46. Cambridge, MA: Cambridge University Press.

Hoffman, S., Kantner, L., Colbert, C., & Sims, W.(1991). Nurturing the expressive arts. *Childhood Education, 68*(1), 23–26.

Hughes, F. F.(1999). *Children, play, development*. Boston, MA: Allan & Bacon.

Jakobson, R.(1968). *Child language: Aphasia and phonological universals*. Paris: Mouton.

Joseph, G. E., & Strain, P. S.(2003). Enhancing emotional vocabulary in young children. *Young Exceptional Children, 6*(4), 18–26.

Kagan, J.(1997). Temperament and the reactions to unfamiliarity. *Child Development, 68,* 139–143.

Kalat, J. W., & Sjiota, M. N.(2007). 정서심리학. 민경환 · 이옥경 · 김지현 · 김민희 · 김수안 공역(2007). 센게이지러닝코리아.

Klein, M. D., Cook, R. E. & Richardson–Gibbs, A. M.(2008). 유아교육현장 장애유아 통합교육 전략. 유수옥 · 문연심 · 김호연 · 송미선 · 김혜경 · 심성경 · 박주희 공역. 창지사.

Kostelnik, M. J., Whiren, A, P., Soderman, A. K. & Gregory, K.(2009). 영유아의 사회정서발달과 교육. 교문사. 박경자 · 김송이 · 권연희 · 김지현 공역(2009).

________________________________(2005). 박경자 · 김송이 · 권연희 역. 유아를 위한 사회정서지도. 교문사.

________________________________(2011). 영유아의 사회정서발달과 교육. 박경자 · 김송이 · 권연희 · 김지현 역. 교문사.

Krauss, M. A., & Glucksberg, S.(1969). The development of communication: Competence as a function of age. *Child Development*, *42*, 255–266.

Lavine, L.(1977). Differentiation of letter forms in prereading children. *Developmental Psychology*, *13*(2), 89–94.

Leekam, P. S. R., & Wimmer와, H.(1986). *The insincerity of conservation questions: Children's growing insensitivity to experimenter's epistemic intentions*. Brighton: University of Sussex press.

Lerner, J.(1997). *Learning disabilities: Theories, diagnosis, and teaching strategies*(7th ed). Boston: Houghton–MIfflin.

Levin, I., & Druyan S.(1993). When sociocognitive transaction among peers fails: The case of miscoceptions in science. *Child Development, 64*, 1571–1591.

Lorenz, K. Z.(1965). *Evolution and the modification of behavior*. Chicago: University of Chicago Press.

Lynch, E. W., & Hanson, M. J.(1998). *Developing cross–cultural competence: A guide for working with young children and their families(2th ed)*. BM: Paul H. Brookes Publishing Co.

Machado, J. M.(1999). *Early Childhood experiences in Language arts*(*6th ed.*). Albany, NY: Delmar.

Machado, J. M.(2003). *Early Childhood experiences in Language arts(7th ed.)*. Clifton, NY: Thomson/Delmar Learning.

Maslow, A. H.(1970). *Motivation and personality(2nd ed)*. New York: Harper & Row.

McDevitt, T. M., & Ormrod, J. E.(2007). *Child development and education(3rd ed.)*. NJ: Pearson.

McGee, L. M., & Richgels, D. J.(1996). *Literacy's beginnings: Supporting young readers and writers*(2nd ed.). Needham, MA: Allyn & Bacon.

Miller, P. H.(1993). *Theories of Developmental Psychology(3rd ed.)*. New York: W. H. Freeman and Company.

Mischel, W. R.(1983). *Delay of gratification as process and as person variable in development.* In D. Magnnusson & P. V. Allen(Eds.), Interactions in human development, 149–165. NY: Academic Press.

Mischel, W. R., Shoda, Y., & Peake, P. K.(1988). The nature of adolescent competencies predicted by preschool delay of gratification. *Journal of Personality and Social Psychology, 54*(4), 687–696.

Naglieri, J. A.(1996). Cognitive assessment: Nontraditoinal intelligence tests. In T. Fagan & P. Warden(Eds.), *Endyclopedia of school psychology*, 69–70. Westport, CT: Greenwood Press.

Ninio, A., & Snow, C.(1999). The development of pragmatics: Learning to use language appropriately. In W. Ritchie & T. Bhatia(Eds.). *Handbook of child language acquisition*, 347–386. New York: Academic Press.

OECD(2006). *Starting strong Ⅱ: Early childhood education and care*. Paris: OECD Publishing.

OECD(2012). *Staring strong Ⅲ : Early childhood education and care*. Paris: OECD Publishing.

Owens, R.(2001). *Language development: An introduction(5th ed.)*. Boston, MA: Allyn & Bacon.

Piaget, J.(1929). *The child's conception of the world.* N. J:Adama & Co.

piaget, J.(1952). *The origins of intellligence in children.* New York: International Universities Press.

Piaget, J.(1962). *Play, dreams and imitation in childhood.* New York: Norton.

Piaget, J.(1980). The psychogenesis of knowledge and its epistemological significance. In M. Piatelli–Palmarini(Ed.), *Language and Learning*, 23–34. Cambridge, MA: Harvard University Press.

Piaget, J., & Inhelder. B.(1972). 피아제의 아동심리학. 김재은 역, 익문사.

Richards, D. D., & Siegler, R. S.(1984). The effects of task requirements on children's life judgments. *Child Development, 55,* 1687–1696.

Rogoff, B.(1990, 1998). *Apprenticeship in thinking: Cognitive development in social context*. Oxford University Press. USA

Russell, R. W.(1942). Studies in animism: Ⅴ. Amimism in older children. *Journal of Genetic Psychology, 60*, 329-335.

Salovey, P., & Mayer, J. D.(1996). *What is emotional intelligence*. NY: Basic Books.

Shaffer, D. R(1999). *Developmental psychology : Childhood and adolescence*. Belmont:Wadsworth Pub.

Shaffer, D. R.(2000). *Social and personality development*. Belmont:Wadsworth Pub.

Shaffer, D. R.(2001). 발달심리학. 송길연 · 장유경 · 이지연 · 정윤경 공역, 시그마프레스.

Shields, M. M.(1979). Dialogue, monologue, & egocentric speech by children in nursery schools. In O. K. Garnica and M. L. King(Eds.). *Language, children, and society*. Oxford: Pergamon Press.

Siegal, M., Waters, L. J. & Dinwiddy L. S.(1988). Misleading children: Causal attributions for inconsistency under repeated questioning. *Journal of Experimental Child Psychology. 45*, 438-56.

Siegler, R. S.(2006). Microgenetic analyses of learning. In D. Kuhn & R. S. Siegler(Eds.), *Handbook of child psychology: Cognition perceptions, and language(6th ed)*, 464-510. Hoboken, NJ: John Wiley & Sons.

Singer, J. L.(1973). *The child's world of make-believe*. New York: Academic Press.

Snow, C. E.(1972). Mother's speech to children learning language, *Child Development, 43*, 549-565.

Snow, C. E.(1977). Mother's speech reserch: From input to interaction. In C. Snow & C. A. Ferguson(Eds.), *Talking to Children: Language input and acquisition*, Cambridge, UK: 31-49. Cambridge University Press.

Squires, J., & Bricker, D.(2007). *An activity-based approach to developing young children's social emotional competence*. Baltimore, ML: Paul H. Brookes Publishing.

Thomas, R. A.(1998). Early socio-personality development. In N. Eisenberg (Ed.), *Handbook of child psychology(Vol. 3). Social, emotional, and personality development(5th ed)*, 25-104. New York: Wiley.

Tudge, J. R. H.(1992). Processes and consequences of peer collaboration: A Vygotskian analysis. *Child Development, 61*, 123-138.

Vygotsky, L. S.(1962). *Thought and language* (E. Hanfmann & G. Vaker, Trans.), Cambridge: MIT Press.

Vygotsky, L. S.(1978). *Mind in society: The development of higher psychological process* (edited by M. Cole, J. Scribner, V. John-Steiner, & E. Souberman). Cambridge: Harvard University Press.

Wadsworth, J. B.(1972). *Piaget's theory of cognitive development : An introduction for students of psychology and education*. New York : McKay.

Wertsch, J. V., & Tulviste, P.(1994). Lev Semyonovich Vygotsky and comtemporary developmental psychology. In R. D. Parke, P. A. Ornstein, J. J. Rieser, & C. Zahn~Waxler(Eds.), *A century of developmental psychology*, 333–356. Washington, DC: American Psychological Association.

Wertsch, J. V.(1985). *Vygotsky and the social formation of mind*. Cambridge, MA: Harvard University Press.

William C.(2000). *Theories of development, concepts and applications*. Prentcice Hall.

William C.(2012). 발달의 이론 개념과 적용. 송길연 · 유봉현 공역(2012). 시그마프레스.

Wilson, E. O.(1975). *Sociobiology: The new synthesis*. Cambridge, MA: Harvard University Press.

Witelson, S. F.(1987). Neurobiological aspects of language in children. *Child development, 58,* 653~688.

Wood, D. J., Bruner, J. S., & Ross, G. (1978). The role of tutoring in problem solving. *Journal of Child Psychiatry and Psychology, 17*(2), 89–100.

Wood, D. J., & D. Middieton.(1975). A study of assisted problem solving. *British Journal of Psychology, 66*, 181–91.

Wood, D. J.(1989). Social interaction as tutoring. *In* M. H. Bornstein & J. S. Bruner(Eds.). *Interaction in human development. Eds*. 59–80. HIllsdale, NJ: Eribaum.

홈페이지

http://en.wikipedia.org.

http://wdfpark.tistory.com.

http://www.nanam.net.

http://100.daum.net/encyclopedia

http://search.naver.com.

찾아보기

ㅂ

ㅅ

ㅇ

저자 소개

정희영

영국 Aberdeen대학교 기독교유아교육 전공(철학박사)
현재 총신대학교 유아교육학과 교수
총신대학교 부속유치원 원장

이성복

가톨릭대학교 아동가족학 전공(이학박사)
현재 칼빈대학교 아동보육학과 교수

김성원

Southwestern Baptist Seminary 기독교교육 전공(철학박사)
현재 아세아연합신학대학교 강사

윤선화

숙명여자대학교 아동복지 전공(문학박사)
현재 한국생활안전연합 공동대표
교육부 교육과정심의위원회(유치원소위원회) 위원
안전행정부 정책자문위원

김정희

가톨릭대학교 아동가족학 전공(이학박사)
현재 경동대학교 유아교육과 교수

김선아

중앙대학교 유아교육 전공(문학박사)
현재 국제디지털대학교, 청강문화산업대학교, 한국복지사이버대학교 강사

방승미

총신대학교 기독교유아교육 전공(철학박사)
현재 총신대학교 유아교육학과 강사

유아발달

2014년 6월 25일 초판 인쇄
2014년 6월 30일 초판 발행

지은이 | 정희영 · 이성복 · 김성원 · 윤선화
김정희 · 김선아 · 방승미
발행인 | 유제구
발행처 | 파워북
주 소 | 경기도 고양시 일산동구 호수로 358-25 동문굿모닝타워2차 529호
전 화 | (02)730-1412
F A X | (031)908-1410
등 록 | 1997. 1. 1 제 300-1997-13
편 집 | 민하디지탈아트(02-3274-1333)

정가 23,000원
ISBN 978-89-8160-225-3 (93590)

잘못된 책은 바꿔드립니다.